Lawrie Ryan

TGAU GWYDDONIAETH

Haen Sylfaenol

Cemeg

Addaswyd i'r Gymraeg gan Sian Owen

Cyhoeddwyd dan nawdd
Cynllun Cyhoeddiadau Cyd-bwyllgor Addysg Cymru

DREF WEN

TGAU Gwyddoniaeth Haen Sylfaenol : Cemeg

Addasiad Cymraeg o *Science for You : Chemistry* gan Lawrie Ryan a gyhoeddwyd yn wreiddiol yn Saesneg gan Nelson Thornes Limited, Delta Place, 27 Bath Road, Cheltenham GL53 7TH UK.

Comisiynwyd â chymorth ariannol
Awdurdod Cymwysterau, Cwricwlwm ac Asesu Cymru

Cyhoeddwyd dan nawdd
Cynllun Cyhoeddiadau Cyd-bwyllgor Addysg Cymru

Cyhoeddwyd yng Nghymru gan Dref Wen Cyf.
28 Church Road, Yr Eglwys Newydd, Caerdydd CF14 2EA
Cyhoeddwyd trwy gydweithrediad Nelson Thornes Ltd

Argraffiad Cymraeg cyntaf 2005

Mae cofnod catalog ar gael gan y Llyfrgell Brydeinig

ISBN 1-85596-696-4

Argraffwyd yn yr Emiradau Arabaidd Unedig

Yn gydymaith i *Science For You Chemistry*, mae gan Nelson Thornes CD-ROM i gefnogi athrawon (*Chemistry Teacher Support* 0 7487 6790 8). Mae'r CD-ROM yn darparu cyfarwyddyd am waith ymarferol a TGCh, atebion i gwestiynau, a deunyddiau ar gyfer Gw1 – Sgiliau Ymchwiliol. Hefyd, mae gwefan (**www.scienceforyou.co.uk**) sy'n cynnig cymorth ychwanegol i athrawon a myfyrwyr.

Cyflwyniad

Mae *TGAU Gwyddoniaeth Haen Sylfaenol : Cemeg* wedi ei gynllunio i helpu disgyblion sy'n astudio Gwyddoniaeth Ddwyradd neu Radd Unigol ar yr Haen Sylfaenol.

Mae trefn y llyfr yn hawdd ei dilyn, gyda phob syniad newydd yn cael ei drafod ar dudalen ddwbl newydd. Rydym wedi ceisio cyflwyno gwybodaeth mewn ffyrdd diddorol. Byddwch hefyd yn dod ar draws digonedd o gartwnau a rhigymau i'ch helpu i fwynhau'r gwaith. Mae pob gair cemegol newydd wedi ei argraffu mewn print trwm ac mae pwyntiau pwysig wedi eu gosod mewn blychau melyn.

Mae cwestiynau byr wedi eu cynnwys yn y testun, yn ogystal ag ychydig o gwestiynau ar ddiwedd pob tudalen ddwbl. Pwrpas y rhain yw eich helpu i wneud yn siŵr eich bod yn deall y gwaith wrth weithio drwyddo. Pwrpas y cwestiynau ar ddiwedd pob pennod yw eich annog i edrych yn ôl dros y bennod a defnyddio'r syniadau newydd y byddwch wedi eu dysgu. Ar ddiwedd pob adran, mae nifer o gwestiynau o hen bapurau arholiad i'ch helpu i adolygu. Mae'r rhain i'w gweld ar y tudalennau lliw trwy'r llyfr.

Ar ddiwedd pob pennod, cewch grynodeb defnyddiol o'r ffeithiau pwysig y bydd angen i chi eu gwybod. Gallwch roi prawf ar eich gwybodaeth trwy ateb Cwestiwn 1 sy'n dilyn pob crynodeb.

Wrth i chi ddarllen trwy'r llyfr, byddwch yn sylwi ar yr arwyddion hyn:

Mae hwn yn dangos bod cyfle i chi ddefnyddio cyfrifiadur i ddod o hyd i wybodaeth neu wylio efelychiadau.

Mae hwn yn dangos lle gallwch wneud arbrofion er mwyn eich helpu i ddeall y gwaith yn well.

Mae yna adran ychwanegol ar ddiwedd y llyfr. Yn hon cewch help â'ch gwaith cwrs, eich adolygu, sefyll eich arholiadau, a Sgiliau Allweddol.

Dylai defnyddio'r llyfr hwn wneud eich gwaith cemeg yn haws ei ddeall a dod â llwyddiant i chi yn eich arholiad.

Yn olaf, gobeithio y cewch chi hwyl wrth astudio cemeg – mae'r rhan fwyaf ohonom yn mwynhau'r pethau rydyn ni'n gallu eu gwneud yn dda!

Dymuniadau gorau!

Lawrie Ryan

Cynnwys

SYLFEINI CEMEG

▶▶▶ 1a Gronynnau

Fydd arogl bwyd yn tynnu dŵr i'ch dannedd weithiau?
Ydych chi erioed wedi meddwl sut mae'r arogl yn eich cyrraedd?
Gronynnau bwyd mân yn cyrraedd eich trwyn yw'r arogl – gronynnau
rhy fach i'w gweld. Y bwyd poeth sy'n rhyddhau'r gronynnau.

a) Enwch 3 math o siop y gallwch eu hadnabod wrth eu harogl.

Mae popeth wedi ei wneud o ronynnau – hyd yn oed chi!

Mae trylediad yn cludo aroglau bendigedig (weithiau!).

> Pan fydd gronynnau un sylwedd yn symud trwy ganol gronynnau
> sylwedd arall a chymysgu, yr enw ar hyn yw **trylediad**.

Trylediad sy'n dangos i ni fod gronynnau yn bodoli.

b) Rhestrwch rai pethau cosmetig sy'n defnyddio trylediad.

Solidau

Rydyn ni'n credu mai fel hyn y mae'r gronynnau mewn solid:

gronynnau'n
dirgrynu

Falle bod gronynnau wedi eu gwasgu'n dynn,
Ond dy'n nhw ddim yn llonydd hyd yn oed fel hyn.
Er na welwch chi'r gronynnau'n crynu,
Coeliwch chi fi, maen nhw yn dirgrynu.

c) Ydy'r gronynnau yn symud o gwbl mewn solid? Eglurwch eich ateb.
ch) Meddyliwch am un o briodweddau pethau solid:
Allwch chi egluro hyn gan ddefnyddio'r 'model gronynnau'?

TGCh

d) Beth sy'n digwydd i'r gronynnau mewn solid wrth iddo ymdoddi, yn eich barn chi?

Hylifau

Wrth i ni wresogi solid, mae ei ronynnau yn dechrau dirgrynu yn gyflymach a chyflymach.

Ar yr ymdoddbwynt, bydd y gronynnau yn dod yn rhydd i symud o gwmpas.

Edrychwch ar y diagram:

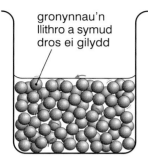

gronynnau'n llithro a symud dros ei gilydd

Gronynnau agos yn symud a llithro,
Does fawr o le fan hyn i grwydro!
Er bod y grymoedd atynnu yn dal yn gryf,
Gall y gronynnau symud yn araf a rhydd.

dd) Beth yw'r term am oeri hylif nes ei fod yn ffurfio solid?

e) Disgrifiwch beth sy'n digwydd i'r gronynnau yng nghwestiwn dd).

Nwyon

Pan fydd tegell yn berwi, beth sy'n dod o'i big?

Beth sy'n digwydd i'r gronynnau dŵr?

Mewn nwy, mae llawer mwy o le rhwng y gronynnau.

Maen nhw'n symud o gwmpas yn gyflym iawn.

Edrychwch ar y diagram:

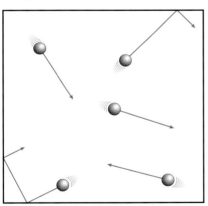

gronynnau'n symud yn gyflym iawn i bob cyfeiriad; wrth iddyn nhw daro yn erbyn waliau'r cynhwysydd, maen nhw'n rhoi grym, sy'n achosi gwasgedd

Gronynnau yma, gronynnau draw,
Gronynnau'n gwibio ar bob llaw!
I'r chwith, i'r dde, mae'r bocs yn llawn
O ronynnau cyflym, ysgafn iawn.

f) Ysgrifennwch enwau 3 nwy.

I'ch atgoffa!

1 Copïwch a chwblhewch:
Mewn ...... mae'r gronynnau wedi eu pacio yn ...... at ei gilydd. Maen nhw'n ...... 'yn yr unfan'.
Mewn ...... mae ychydig mwy o le ac mae'r gronynnau yn dod yn ...... i lithro a symud dros ei gilydd.
Mewn nwy mae llawer o ...... rhwng y gronynnau, ac maen nhw'n symud o gwmpas yn ...... iawn.

2 Lluniwch fap cysyniad i ddangos popeth rydych yn ei wybod am solidau, hylifau a nwyon.
Ceisiwch gynnwys y geiriau:
gronynnau, ymdoddi, berwi, cyddwyso, rhewi

3 Dychmygwch eich bod yn ronyn dŵr mewn tegell. Disgrifiwch beth sy'n digwydd i chi pan fydd rhywun yn gwneud paned o de.

Wnaethoch chi feddwl am nwy hydrogen wrth ateb cwestiwn f) ar y dudalen flaenorol? Mae'n siŵr eich bod wedi dod ar draws hydrogen wrth brofi nwyon mewn gwersi gwyddoniaeth.

> **Prawf nwy hydrogen** – mae'n llosgi â 'phop' gwichlyd wrth i chi roi sblint wedi ei gynnau wrth geg tiwb profi sy'n llawn o'r nwy.

a) Beth sy'n digwydd pan fyddwch yn profi nwy hydrogen â sblint wedi ei gynnau?

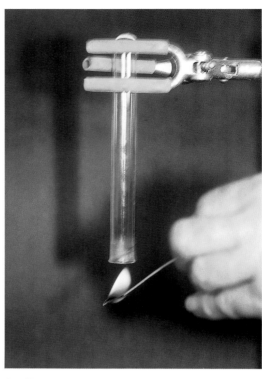

Profi a oes nwy hydrogen yn bresennol.

Mae hydrogen wedi ei gymysgu ag ocsigen o'r aer yn ffurfio cymysgedd ffrwydrol. Dyna lle daw'r POP gwichlyd!

Hydrogen yw'r nwy ysgafnaf.
Felly cafodd ei ddefnyddio yn yr awyrlongau cyntaf.
Balwnau enfawr o gynfas oedd y rhain. Roedd peiriant i'w gyrru drwy'r awyr ac roedd ystafelloedd mawr i'r teithwyr.
Roedden nhw'n anferth, a hydrogen oedd yn eu codi ar gyfer hedfan.

Ond, roedd un o briodweddau eraill hydrogen yn farwol.
Meddyliwch am y prawf hydrogen:
Mae nwy hydrogen yn fflamadwy iawn.
Edrychwch ar y llun:

Trychineb Hindenburg ym 1937.

b) Meddyliwch am resymau pam y gallai'r hydrogen fod wedi ffrwydro.

c) Gyda pha nwy yn yr aer yr oedd yr hydrogen yn adweithio?

ch) Pa nwy sydd mewn awyrlongau modern?
(Cliw: mae enw hwn yn dechrau â H hefyd.)

Defnyddio hydrogen

Fel y gwelsoch, mae nwy hydrogen yn fflamadwy iawn.
Felly gallwn ei ddefnyddio yn danwydd mewn rocedi.
Bob tro y bydd gwennol ofod yn cael ei lansio, mae hydrogen yn helpu i'w gyrru i'r gofod.

d) Beth allai fod yn broblem wrth ddefnyddio nwy yn danwydd?

Edrychwch ar y diagram:

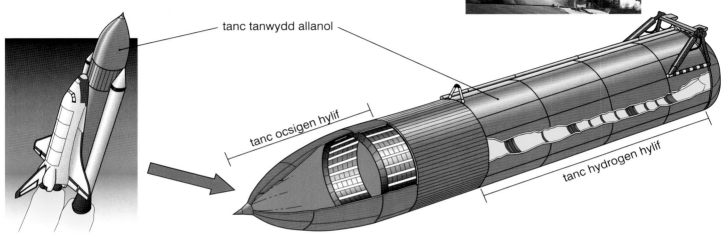

tanc tanwydd allanol

tanc ocsigen hylif

tanc hydrogen hylif

dd) Sut gallwch chi roi cymaint o hydrogen â phosib yn nhanciau tanwydd y wennol ofod?

Mae nwy hydrogen wedi ei wneud o 2 **atom** hydrogen wedi uno.
Mae'n gwneud **moleciwl** hydrogen.

Moleciwl hydrogen.

Moleciwlau yw grwpiau o 2 neu fwy o atomau wedi bondio at ei gilydd.

e) Lluniwch ddau flwch.
Mewn un blwch, dangoswch y moleciwlau hydrogen sydd yn nwy hydrogen.
Yn y llall, dangoswch y moleciwlau hydrogen yn nhanc tanwydd y wennol ofod.

f) Mae hydrogen hefyd yn cael ei ddefnyddio yn y celloedd tanwydd mewn llongau gofod. Chwiliwch am wybodaeth am gelloedd tanwydd ac yna ysgrifennwch adroddiad byr amdanynt.

I'ch atgoffa

1 Copïwch a chwblhewch:

Rydyn ni'n defnyddio sblint …… …… i brofi am nwy hydrogen. Mae'r hydrogen yn llosgi â …… gwichlyd.

Hydrogen yw'r nwy …… o'r holl nwyon.

2 a) Beth sy'n cael ei wneud pan fydd hydrogen yn adweithio ag ocsigen?

b) Pam mae eich ateb i a) yn golygu bod hydrogen yn danwydd da ar gyfer y dyfodol?

3 Ysgrifennwch adroddiad byr i bapur newydd am drychineb Hindenburg.

9

Fuoch chi erioed yn sâl a gorfod gwisgo masg i gael nwy ocsigen? Wrth gael pwl o asthma, mae'n haws anadlu os cewch chi fwy o ocsigen. Tua 20% yn unig o'r aer sy'n ocsigen. Oeddech chi'n gwybod hynny? Felly mae eich ysgyfaint yn gallu amsugno mwy o ocsigen trwy anadlu'r nwy o'r silindr.

Dyma rai ffyrdd eraill o ddefnyddio ocsigen:

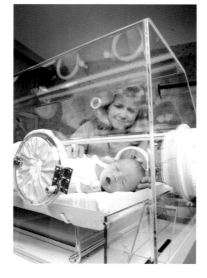
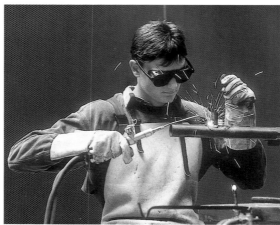

Ocsigen yw'r nwy rydyn ni ei angen wrth anadlu, neu wrth losgi pethau.

a) Pa ffracsiwn o'r aer sy'n ocsigen (yn fras)?

b) Pa nwy yw'r rhan fwyaf o'r aer?

c) Edrychwch ar y ffotograffau uchod:
Meddyliwch am ddwy sefyllfa arall ble'r ydym yn defnyddio nwy ocsigen ychwanegol i'n helpu ni i anadlu.

Mae pethau'n llosgi'n dda iawn mewn ocsigen pur. Ym 1967 roedd hyn yn beth anffodus iawn i'r gofodwyr yn llong ofod Apollo 1.

Roedden nhw'n ymarfer ar gyfer taith i'r gofod pan ddaeth gwreichion o offer trydanol gwallus.
Ocsigen pur oedd yr atmosffer yn y llong ofod.
Y canlyniad oedd tân ffyrnig. Cafodd y 3 dyn eu lladd ar unwaith.
Nid yw ocsigen pur yn cael ei ddefnyddio mewn llongau gofod heddiw.

Mae'r prawf ar gyfer ocsigen yn defnyddio'r ffaith fod pethau'n llosgi'n dda yn y nwy:

Mae nwy ocsigen yn ailgynnau sblint sy'n mudlosgi.

Fel hydrogen, mae ocsigen yn ffurfio moleciwlau 'dau atom':
Mae hydrogen ac ocsigen yn enghreifftiau o **elfennau cemegol**.
Edrychwch ar y diagramau:

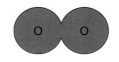

Moleciwl ocsigen.

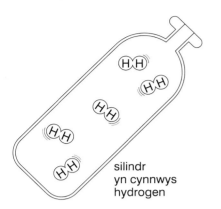

silindr
yn cynnwys
hydrogen

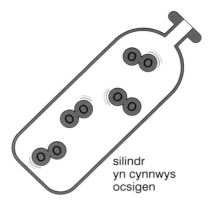

silindr
yn cynnwys
ocsigen

ch) Beth y gallwch chi ei ddweud am y mathau o atomau sydd mewn silindr o ocsigen?

Mae **elfen** yn cynnwys un math o atom yn unig.

Mae gan gemegwyr ffordd gyflym o ddisgrifio atomau a moleciwlau.
Mae symbol ar gyfer atomau pob elfen.
Dyma rai symbolau cyffredin:

Elfen	Symbol
Hydrogen	H
Ocsigen	O
Nitrogen	N
Carbon	C
Heliwm	He
Clorin	Cl
Magnesiwm	Mg
Sinc	Zn
Sodiwm	Na
Haearn	Fe
Plwm	Pb
Tun	Sn

d) Dewiswch 10 elfen a rhowch brawf i'ch partner i weld a yw'n cofio eu symbolau.

I'ch atgoffa!

1 Copïwch a chwblhewch:
Rydym yn defnyddio nwy ocsigen bob tro rydym yn ...... i mewn.
Mae angen ocsigen wrth ...... pethau hefyd.
Yn y prawf ar gyfer ocsigen, bydd sblint sy'n ...... yn ail ......

2 Edrychwch ar y tabl uchod:
Trefnwch yr elfennau yn setiau, yn ôl sut mae enw'r elfen yn perthyn i'w symbol cemegol.

3 Chwiliwch am wybodaeth am ddefnyddio ocsigen wrth wneud dur. Lluniwch daflen am wneud dur ar gyfer disgyblion Blwyddyn 7.

Ydych chi'n hoffi diodydd pop? Ydych chi weithiau'n teimlo'r swigod yn dod yn ôl i fyny'ch trwyn? Carbon deuocsid yw hwnnw!

Mae nwy carbon deuocsid yn cael ei hydoddi mewn diodydd pop o dan wasgedd. Pan fyddwch yn rhyddhau'r gwasgedd, trwy agor can neu botel, bydd y nwy yn dianc.

> Yr uchaf y gwasgedd, y mwyaf o nwy sy'n hydoddi mewn dŵr.

a) Brasluniwch graff i ddangos faint o garbon deuocsid sy'n hydoddi wrth i ni newid y gwasgedd:

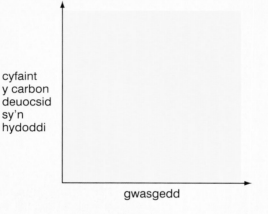

b) Dychmygwch eich bod yn berchen ar gwmni diodydd pop. Rydych chi eisiau diodydd sydd â chymaint o swigod â phosib. Ond rydych chi eisiau gwneud arian hefyd! Beth fyddai'n rhaid i chi feddwl amdano?

Os na fydd caead y botel wedi ei gau yn dynn, bydd y ddiod yn mynd yn fflat wrth i'r nwy carbon deuocsid ddianc.

Ar y dudalen flaenorol, gwelsom fod symbol ar gyfer pob elfen.

Efallai eich bod yn gwybod beth yw **fformiwla gemegol** carbon deuocsid. Y fformiwla yw **CO_2**.

Moleciwl carbon deuocsid.

c) Pa ddwy elfen sy'n gwneud carbon deuocsid?

ch) Sawl atom sydd mewn moleciwl CO_2?

Nid elfen yw carbon deuocsid, ond **cyfansoddyn**.

> Mae **cyfansoddion** wedi eu gwneud o fwy nag un elfen. Maen nhw'n cynnwys mwy nag un math o atom wedi bondio â'i gilydd.

d) Rhowch enw a fformiwla cyfansoddyn cemegol arall.

Ydych chi erioed wedi gwneud carbon deuocsid mewn arbrawf?
Mae'r prawf am garbon deuocsid yn defnyddio dŵr calch.

> Mae nwy carbon deuocsid yn troi dŵr calch yn llaethog.

Edrychwch ar briodweddau carbon deuocsid:

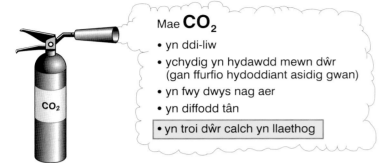

Mae CO_2
- yn ddi-liw
- ychydig yn hydawdd mewn dŵr (gan ffurfio hydoddiant asidig gwan)
- yn fwy dwys nag aer
- yn diffodd tân
- yn troi dŵr calch yn llaethog

Mae dŵr calch yn troi'n llaethog wrth i nwy carbon deuocsid fyrlymu trwyddo.

Edrychwch ar y lluniau sy'n dangos rhai ffyrdd o ddefnyddio carbon deuocsid:

dd) Disgrifiwch ym mhle mae carbon deuocsid ym mhob un o'r lluniau uchod.

e) Pam mae'r ewyn yn bwysig os oes awyren ar dân fel hyn?

f) Math o win yw siampên. Sut mae'r swigod yn ymffurfio?

Ymchwiliwch. Edrychwch ar gorcyn y botel siampên yn y llun hwn: Eglurwch pam mae angen y wifren.

I'ch atgoffa!

Copïwch a chwblhewch:

1 Fformiwla gemegol carbon deuocsid yw ......
Mae'r nwy yn troi .... yn llaethog.
Nid yw pethau yn ...... mewn carbon deuocsid,
a dyna pam mae'n cael ei ddefnyddio i ...... tân.

2 Edrychwch ar y rhestr hon o fformiwlâu:
NH_3 N_2 H_2 CH_4 Cl_2 S_8 H_2S

a) Tynnwch luniau i ddangos yr atomau wedi bondio â'i gilydd ym mhob moleciwl.

b) Lluniwch dabl i ddangos pa rai sy'n elfennau a pha rai sy'n gyfansoddion.

Wrth i chi ddarllen y llyfr hwn, mae adweithiau cemegol yn eich cadw'n fyw. Yng nghelloedd eich corff, mae siwgr (glwcos) yn adweithio ag ocsigen. Mae'r adwaith yn ffurfio carbon deuocsid a dŵr.

> Yr enw ar y sylweddau sy'n adweithio â'i gilydd yw **adweithyddion**.
> Yr enw ar y sylweddau sy'n cael eu ffurfio yn yr adwaith yw **cynhyrchion**.

a) Enwch y ddau adweithydd yn eich celloedd.

b) Beth yw'r ddau gynnyrch yn yr adwaith hwn?

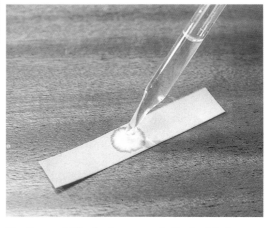
Profi am ddŵr â phapur cobalt clorid glas.

Gallwn ddefnyddio **hafaliad geiriau** i ddangos adwaith cemegol.
Ar gyfer yr adwaith yn ein celloedd, dyma'r hafaliad geiriau:

siwgr + ocsigen → carbon deuocsid + dŵr
adweithyddion   **cynhyrchion**

Rydym yn cael gwared ar gynhyrchion yr adwaith wrth anadlu allan.

c) Sut gallech chi ddangos bod dŵr yn un o'r cynhyrchion rydyn ni'n ei anadlu allan?
(Mae dŵr yn troi cobalt clorid glas yn binc neu gopr sylffad anhydrus gwyn yn las.)

ch) Sut gallech chi ddangos bod carbon deuocsid yn un o'r cynhyrchion rydyn ni'n ei anadlu allan? (Cliw: Edrychwch ar y dudalen flaenorol.)

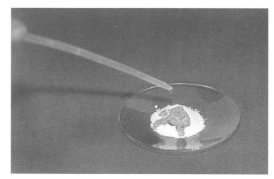
Profi am ddŵr â chopr sylffad anhydrus.

Ar dudalen 9, gwelsom fod hydrogen yn cael ei ddefnyddio fel tanwydd.
Wrth losgi mewn aer, mae'n adweithio â nwy ocsigen.
Caiff dŵr (hydrogen ocsid, H_2O) ei wneud yn yr adwaith.
Yr enw cemegol ar losgi yw **hylosgiad**.

d) Beth yw'r adweithyddion pan fydd hydrogen yn llosgi?

dd) Enwch gynnyrch yr adwaith hwn.

e) Ysgrifennwch hafaliad geiriau i ddangos hydrogen yn llosgi.

Pan fydd carbon yn llosgi, mae'n ffurfio carbon deuocsid.

f) Ysgrifennwch hafaliad geiriau i ddangos carbon yn llosgi.

ff) Beth yw'r enw ar y math hwn o adwaith?

Carbon yn llosgi mewn barbeciw.

Cydbwyso hafaliadau

Gallwch ddefnyddio symbolau i ddangos hafaliadau hefyd.
Yn yr adwaith diwethaf, roedd carbon (C) yn adweithio ag
ocsigen (O_2) i roi carbon deuocsid (CO_2). Mewn symbolau:

$$C + O_2 \rightarrow CO_2$$

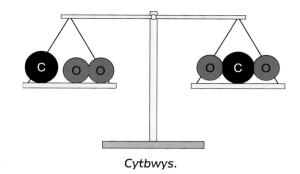

Cytbwys.

g) Cyfrwch nifer yr atomau carbon ac ocsigen cyn ac ar ôl yr
adwaith. Beth sy'n digwydd?

> Does dim atomau newydd yn cael eu ffurfio na'u dinistrio mewn adwaith cemegol.
> Mae cyfanswm màs yr adweithyddion yr un fath â chyfanswm màs y cynhyrchion.

Mae sylffwr (S) hefyd yn llosgi mewn aer gan roi sylffwr deuocsid (SO_2).

ng) Ysgrifennwch hafaliad symbolau i ddangos yr adwaith hwn.

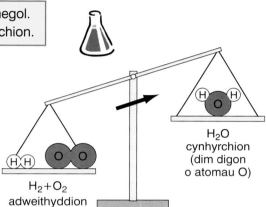

H_2O
cynhyrchion
(dim digon
o atomau O)

H_2+O_2
adweithyddion

Ddim yn gytbwys.

Nawr meddyliwch am hydrogen yn adweithio ag ocsigen:
Mae hydrogen ac ocsigen yn nwyon sy'n cynnwys moleciwlau â dau atom.
Y term am hyn yw **moleciwlau deuatomig**.
Pan fo'r rhain yn adweithio:

$$H_2 + O_2 \rightarrow H_2O \ ✗$$

h) Edrychwch ar nifer yr atomau H ac O ar bob ochr i'r saeth. Beth
sy'n bod? Ydy'r hafaliad yn 'gytbwys'? Pa atom sy'n brin?

Er mwyn gwneud hafaliad yn gytbwys *peidiwch byth â newid y fformiwla*.
Byddai newid H_2O yn H_2O_2 yn anghywir.
(H_2O_2 yw hydrogen perocsid – sy'n cael ei ddefnyddio i oleuo lliw'r
gwallt!)
Ond gallwn roi rhifau o flaen y fformiwlâu.
Er enghraifft, mae 2 H_2O yn golygu 2 foleciwl o H_2O.
Mewn 2 foleciwl o H_2O mae yna 4 atom H a 2 atom O.
Felly mae gennym ddigon o atomau O, ond nawr mae angen 2 atom H
arall ar yr ochr chwith. Gallwn wneud hyn trwy roi 2 mawr o flaen yr H_2:

$$\textbf{2 } H_2 + O_2 \rightarrow \textbf{2 } H_2O \ ✓$$

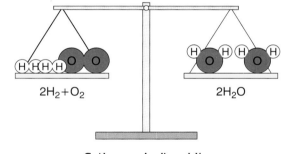

$2H_2+O_2$

$2H_2O$

Cytbwys o'r diwedd!

i) Cyfrwch nifer yr atomau H ac O ar bob ochr i'r hafaliad.
Ydy'r hafaliad yn gytbwys nawr?

I'ch atgoffa!

Copïwch a chwblhewch:

1 Gallwn ddefnyddio hafaliad g ...... i ddangos
adwaith. Does dim atomau newydd yn cael eu
...... na'u ...... mewn adwaith cemegol.

Os byddwch yn defnyddio fformiwlâu, mae'n
rhaid i'r hafaliad fod yn ......

2 Gorffennwch yr hafaliadau hyn:
a) haearn + ocsigen → ....
b) magnesiwm + ocsigen → ....

3 Gnewch y rhain yn hafaliadau cytbwys:
a) $H_2 + I_2 \rightarrow$ ...... HI
b) ...... Na + $Cl_2 \rightarrow$ ...... NaCl

Crynodeb

Mae popeth wedi ei wneud o ronynnau mân, rhy fach i'w gweld.
Mewn solidau, mae'r gronynnau yn agos at ei gilydd ac yn dirgrynu.
Mewn hylifau mae'r gronynnau yn dal i fod yn agos at ei gilydd
ond yn rhydd i lithro a symud dros ei gilydd.
Mewn nwyon mae'r gronynnau yn gwibio o gwmpas gyda
llawer o le rhyngddyn nhw.

Atomau.

Yr enw ar grwpiau o **atomau** wedi bondio â'i gilydd yw **moleciwlau**.
Yr enw ar sylwedd wedi ei wneud o un math o atom yn unig yw **elfen**.
Yr enw ar sylwedd wedi ei wneud o wahanol fathau
o atomau (elfennau) yw **cyfansoddyn**.

Moleciwl elfen.

Gallwn ddangos adweithiau cemegol â hafaliad geiriol neu
hafaliad symbolau. Mae'r hafaliad yn dangos beth sydd yna ar
y dechrau (**adweithyddion**) a beth sy'n cael ei ffurfio (**cynhyrchion**).

Adweithyddion → Cynhyrchion

Moleciwl cyfansoddyn.

Cwestiynau

1 Tynnwch luniau 3 blwch i ddangos sut mae'r gronynnau wedi eu trefnu mewn:

a) solid   b) hylif   c) nwy

2 a) Disgrifiwch sut y gallwch arogli persawr cryf rai metrau i ffwrdd.

b) Beth yw enw'r broses hon?

c) Meddyliwch am enghraifft arall sy'n dangos y broses hon.

3 Pa rai o'r sylweddau hyn sy'n elfennau a pha rai sy'n gyfansoddion?

a) fflworin (F_2)

b) clorin (Cl_2)

c) dŵr (H_2O)

ch) ffosfforws (P_4)

d) ffosffin (PH_3)

dd) sodiwm clorid (NaCl)

e) calsiwm carbonad ($CaCO_3$)

Edrychwch ar y cyfansoddion yn eich atebion uchod:

f) Nodwch sawl elfen sydd ym mhob cyfansoddyn.

ff) Nodwch faint o atomau sydd yn y moleciwlau a) i d) uchod.

4 Pan fydd hydrogen (H_2) yn llosgi mewn nwy clorin (Cl_2), caiff y nwy hydrogen clorid (HCl) ei gynhyrchu.

a) Pa rai yw'r adweithyddion a pha rai yw'r cynhyrchion yn yr adwaith?

b) Ysgrifennwch hafaliad geiriau sy'n dangos yr adwaith hwn.

c) Beth sydd â'r màs mwyaf, yr hydrogen a'r clorin, neu yr hydrogen clorid?

ch) Tynnwch luniau o'r holl foleciwlau sy'n rhan o'r adwaith.

d) Ysgrifennwch hafaliad cemegol cytbwys ar gyfer yr adwaith.

5 Lluniwch fap cysyniad sy'n cysylltu'r geiriau hyn:

elfen
cyfansoddyn
atom
moleciwl

Cofiwch roi labeli ar y llinellau sy'n cysylltu'r geiriau.

Adran Un
Metelau

Yn yr adran hon byddwch yn darganfod rhagor
am fetelau a pha mor bwysig ydyn nhw.
Cewch weld ym mhle mae'r metelau yn y Tabl Cyfnodol,
sut mae echdynnu metelau, a dysgu am adweithiau
asidau i wneud cyfansoddion metelau.

PENNOD **2** — Grwpiau o Fetelau

▶▶▶ 2a Priodweddau metelau

Mae metelau yn bwysig iawn yn ein bywydau.
Ceisiwch ddychmygu byd heb fetelau.

a) Beth fyddai'r newid mwyaf yn eich bywyd heb fetelau, yn eich barn chi?

Tannau dur sydd ar y gitâr hwn.

Dyma ddiagram i'ch atgoffa am briodweddau'r rhan fwyaf o fetelau:

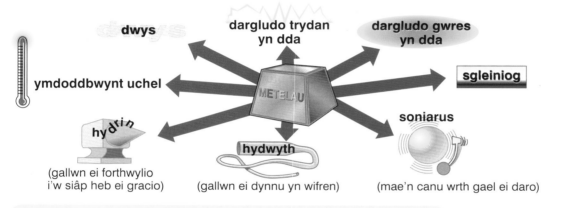

dwys

dargludo trydan yn dda

dargludo gwres yn dda

ymdoddbwynt uchel

sgleiniog

hydrin

(gallwn ei forthwylio i'w siâp heb ei gracio)

hydwyth

(gallwn ei dynnu yn wifren)

soniarus

(mae'n canu wrth gael ei daro)

Dyma'r metelau magnetig:

haearn
cobalt
nicel

Pa briodweddau o'r rhai uchod sy'n egluro pam rydyn ni'n defnyddio metelau ar gyfer gwneud:

b) sosbenni

c) clychau gwynt

ch) ffensys weiren bigog?

Ar gyfer beth y byddai'n rhaid i chi gael metel:

d) sgleiniog?

dd) â dwysedd uchel (sy'n drwm am ei faint)?

Yn y bennod ddiwethaf, fe welsom sut mae pob elfen wedi ei gwneud o un math o atom.
Mae yna 92 gwahanol fath o atom sy'n bodoli ym myd natur.
(Ac mae gwyddonwyr wedi creu tua 20 arall yn y 60 mlynedd diwethaf.)
Ond mae miliynau o sylweddau cemegol gwahanol ar y Ddaear.

e) Eglurwch sut mae yna gymaint o wahanol sylweddau.

Trefnu'r elfennau

Metelau yw'r rhan fwyaf o elfennau.
Yn wir, mae **dros dri chwarter yr elfennau yn fetelau**.

> **f)** Pa rif (nid %) sydd ar goll yma:
> O'r 112 o elfennau, mae mwy na ...... yn fetelau.

O'r cychwyn, mae cemegwyr wedi bod yn chwilio am batrymau a fyddai'n helpu i roi trefn ar yr elfennau.
Yng nghanol yr 1800au, rhoddwyd yr elfennau mewn trefn yn ôl eu màs. Yna rhoddwyd elfennau tebyg mewn colofn, un uwchben y llall.
Ar y cyfan, roedd hyn yn gweithio'n iawn. Ond roedd hi'n ymddangos bod rhai elfennau, fel potasiwm ac argon, yn y lle anghywir.
(Ar dudalen 192, byddwn yn egluro sut cafodd hyn ei ddatrys.)

Yr enw ar y tabl elfennau yw y **Tabl Cyfnodol**.
Edrychwch ar y Tabl isod:
Cafodd ei rannu yn fetelau, anfetelau a rhywfaint o elfennau sydd â phriodweddau'r ddau. Yr enw ar y rhain yw lled-fetelau neu feteloidau.

Y Tabl Cyfnodol (gan ddangos yr 86 elfen gyntaf a'u màs atomig).

Athro cemeg yn Rwsia oedd Dmitri Mendeleev. Dyfeisiodd y Tabl Cyfnodol. Mae rhagor amdano ar dudalen 191.

☐ metelau

☐ anfetelau

☐ lled-fetelau neu feteloidau

1 H hydrogen																	4 He heliwm
7 Li lithiwm	9 Be beryliwm											11 B boron	12 C carbon	14 N nitrogen	16 O ocsigen	19 F fflworin	20 Ne neon
23 Na sodiwm	24 Mg magnesiwm											27 Al alwminiwm	28 Si silicon	31 P ffosfforws	32 S swlffwr	35 Cl clorin	40 Ar argon
39 K potasiwm	40 Ca calsiwm	45 Sc scandiwm	48 Ti titaniwm	51 V fanadiwm	52 Cr cromiwm	55 Mn manganîs	56 Fe haearn	59 Co cobalt	59 Ni nicel	64 Cu copr	65 Zn sinc	70 Ga galiwm	73 Ge germaniwm	75 As arsenig	79 Se seleniwm	80 Br bromin	84 Kr crypton
85 Rb rwbidiwm	88 Sr strontiwm	89 Y ytriwm	91 Zr sirconiwm	93 Nb niobiwm	96 Mo molybdenwm	99 Tc technetiwm	101 Ru rutheniwm	103 Rh rhodiwm	106 Pd paladiwm	108 Ag arian	112 Cd cadmiwm	115 In indiwm	119 Sn tun	122 Sb antimoni	128 Te telwriwm	127 I ïodin	131 Xe senon
133 Cs cesiwm	137 Ba bariwm	139 La lanthanwm	178 Hf haffniwm	181 Ta tantalwm	184 W twngsten	186 Re rheniwm	190 Os osmiwm	192 Ir iridiwm	195 Pt platinwm	197 Au aur	201 Hg mercwri	204 Tl thaliwm	207 Pb plwm	209 Bi bismwth	210 Po poloniwm	210 At astatin	222 Rn radon

I'ch atgoffa!

1 Copïwch a chwblhewch:

Gallwch rannu'r rhan fwyaf o elfennau cemegol yn 2 set – y metelau a'r ......
Mae dros ...... % o'r elfennau yn fetelau.

2 Edrychwch ar y Tabl Cyfnodol:
Chwiliwch am enghreifftiau ble nad yw'r elfennau yn eu trefn o ran màs atomig.

3 Chwiliwch am ffyrdd o ddefnyddio un metel. Yna lluniwch hysbyseb yn egluro sut y gall pobl ddefnyddio eich metel.

TGCh

Mae'r metelau yn y grŵp cyntaf yn y Tabl Cyfnodol
(y golofn gyntaf) yn **adweithiol iawn**.

Edrychwch ar eu symbolau a'u henwau:

Li   lithiwm
Na   sodiwm
K   potasiwm
Rb   rwbidiwm
Cs   cesiwm

a) Pa fetelau yng Ngrŵp 1 sydd â symbolau sy'n edrych
yn wahanol iawn i'w henwau?
Darganfyddwch o ble daeth y symbolau hyn?

Pryd roedd y tro diwethaf i chi ddod ar draws metel Grŵp 1?
Mae'r metelau eu hunain yn rhy beryglus i chi eu defnyddio.
Ond mae'n debyg eich bod wedi defnyddio eu cyfansoddion heddiw.
Wnaethoch chi lanhau eich dannedd y bore yma? Y tro nesaf,
edrychwch ar y tiwb pâst dannedd. Os oes fflworid yn y pâst, fel arfer
mae'n rhan o gyfansoddyn sodiwm.
Neu ydych chi wedi bwyta rhywbeth sy'n cynnwys halen heddiw?
Sodiwm clorid yw halen cyffredin.

b) Pa gyfansoddion metel Grŵp 1 sydd yn y pâst dannedd
yn y llun?
c) Enwch un cyfansoddyn metel cyffredin arall o Grŵp 1.

Yn aml bydd sodiwm fflworid mewn pâst
dannedd i gadw'ch dannedd rhag pydru.

Priodweddau metelau Grŵp 1

Mae'r rhain yn grŵp rhyfedd o fetelau.
Yn sicr, dydyn nhw ddim yn debyg iawn i'r metelau
welwn ni bob dydd.
Edrychwch ar y ffotograffau gyferbyn:

Pethau pwysig am fetelau Grŵp 1:
● maen nhw'n feddal (gallwch eu torri â chyllell)
● dydyn nhw ddim yn ddwys (mae lithiwm, sodiwm a
photasiwm yn arnofio ar ddŵr)
● rhaid eu cadw o dan olew.

ch) Enwch fetel sy'n fetel 'nodweddiadol'.
d) Pam mae metelau Grŵp 1 yn cael eu cadw mewn jariau
olew, yn eich barn chi?

Mae sodiwm yn fetel meddal.

Adweithiau metelau Grŵp 1

Mae gan rai grwpiau yn y Tabl Cyfnodol enw arbennig,
yn ogystal â rhif grŵp.
Enw'r metelau yng Ngrŵp 1 yw'r **metelau alcalïaidd**.
Y rheswm am hyn yw sut maen nhw'n adweithio â dŵr.
Edrychwch ar y ffotograff hwn:

Maen nhw'n adweithio yn ffyrnig, gan ryddhau nwy *hydrogen*.
Pan fyddwch chi'n profi'r hydoddiannau sydd ar ôl ar y diwedd,
maen nhw'n *alcalïaidd*.
Dyma'r hafaliad geiriau ar gyfer sodiwm:

Potasiwm yn adweithio â dŵr.

> sodiwm + dŵr → sodiwm hydrocsid + hydrogen

dd) Sut byddech chi'n cynnal prawf i weld a yw'r hydoddiant sy'n cael ei
ffurfio yn alcalïaidd?

e) Pa gyfansoddyn sy'n hydoddi yn y dŵr i'w wneud yn alcalïaidd?

f) Petaech chi'n casglu'r nwy, sut byddech chi'n dangos mai hydrogen
oedd ef?

*Gallwn dorri'r metelau
alcalïaidd â chyllell.*

Unwaith y gwyddoch am un adwaith sy'n digwydd ar gyfer grŵp yn y
Tabl Cyfnodol, dyna'r adwaith ar gyfer pob elfen yn y grŵp.
Felly, ar gyfer lithiwm, byddai:

lithiwm + dŵr → lithiwm hydrocsid + hydrogen

ff) Ysgrifennwch yr hafaliad geiriau ar gyfer potasiwm
yn adweithio â dŵr.

Mae'r metelau alcalïaidd yn adweithio ag anfetelau hefyd.
Edrychwch ar y ffotograff gyferbyn:
Mae'r sodiwm yn adweithio ag ocsigen.
Mae'n ffurfio solid gwyn o'r enw sodiwm ocsid.

g) Ysgrifennwch hafaliad geiriau ar gyfer yr adwaith hwn.

> Mae'r metelau alcalïaidd yn adweithio ag anfetelau gan ffurfio
> *solidau gwyn*. Mae'r solidau hyn *i gyd yn hydoddi mewn dŵr*.

Sodiwm yn adweithio â nwy ocsigen.

I'ch atgoffa!

1 Copïwch a chwblhewch:

Yr enw ar fetelau Grŵp 1 yw'r metelau ......
Mae ganddyn nhw ddwysedd ...... ac maen
nhw'n cael eu cadw o dan ...... Maen nhw'n
ad...... iawn. Er enghraifft, maen nhw'n
adweithio'n ffyrnig â dŵr gan ryddhau nwy ......
a gadael hydoddiant ......

Maen nhw'n adweithio ag anfetelau, gan ffurfio
solidau ...... sy'n ...... mewn dŵr.

2 a) Ysgrifennwch hafaliad geiriau ar gyfer
cesiwm yn adweithio â dŵr.

b) Lluniwch boster i ddangos beth fyddai'n
digwydd yn yr adwaith hwn, yn eich barn chi.

▶▶▶ 2c Metelau trosiannol

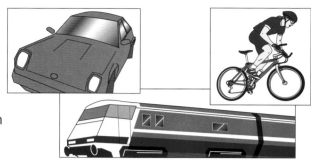

Dyma i chi elfennau sy'n **fetelau 'go iawn'**!
Mae priodweddau arferol metelau (tudalen 18) gan y
rhan fwyaf ohonyn nhw.

Sut byddwch chi'n dod i'r ysgol? Oni bai eich bod yn cerdded,
mae'n debyg mai metel trosiannol sy'n haeddu'r clod. Mae'r rhan
fwyaf o geir, beiciau, bysiau a threnau wedi eu gwneud o ddur.
Mae dur wedi ei wneud o **haearn (Fe)** bron yn gyfan gwbl – sef,
un o'r **metelau trosiannol**.
Mae'r metelau trosiannol ym mloc canol y Tabl Cyfnodol:

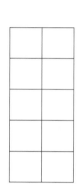

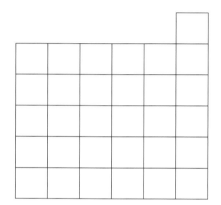

Sc	Ti	V	Cr	Mn	Fe	Co	Ni	Cu	Zn
scandiwm	titaniwm	fanadiwm	cromiw m	rranganis	haearn	cobalt	nicel	copr	sinc
Y	Zr	Nb	Mo	Tc	Ru	Rh	Pd	Ag	Cd
ytriwm	sirconiwm	niobiwm	molybdenwm	technetiwm	rwtheniwm	rhodiwm	paladiwm	arian	cadmiwm
La	Hf	Ta	W	Re	Os	Ir	Pt	Au	Hg
lanthanwm	haffniwm	tantalwm	twngsten	rheniwm	osmiw m	iridiwm	platinwm	aur	mercwri

a) Pa rai o'r metelau yn y bloc canol nad ydych chi wedi clywed amdanyn
nhw o'r blaen? Pa rai sy'n gyfarwydd?
Lluniwch dabl i ddangos eich atebion.

b) Ar gyfer beth y mae arian, aur a phlatinwm yn cael eu defnyddio?
Eglurwch pam.

c) Pa fetel yn y tabl uchod sydd heb rai o briodweddau nodweddiadol
metel trosiannol? (Cliw: Mae'n hylif ar dymheredd ystafell.)

Mae'r metelau trosiannol yn ddefnyddiol iawn.
Oes gennych chi arian yn eich poced? Er ein bod yn eu galw'n ddarnau
arian, mae llawer o'r metel **copr (Cu)** ynddyn nhw. Mae hyd yn oed ddarnau
lliw arian fel 50c yn dri chwarter copr (nicel yw'r gweddill – nid arian!).

*Mae metelau trosiannol yn
gryf, gwydn a chaled.*

ch) Meddyliwch am ddwy ffordd arall o ddefnyddio copr.

d) Pam mae copr yn fetel da ar gyfer gwneud darnau arian a'r
defnyddiau eraill yn ch)?

Mae copr yn **ddargludydd trydan da**.
Mae'n cael ei ddefnyddio mewn gwifrau yn y cartref ac mewn ceblau.
Welsoch chi sosban a thegell copr erioed? Dur gwrthstaen yw
sosbenni'r dyddiau hyn. Mae dur gwrthstaen yn cael ei wneud o
haearn ac ychydig o gromiwm a nicel.

dd) Beth yw priodweddau sosban dda?

Nwyddau copr yw'r rhain.

Metelau trosiannol:

- yn gryf, gwydn a chaled,
- yn dargludo gwres a thrydan yn dda (yn ddargludyddion da),
- ag ymdoddbwynt uchel (heblaw mercwri!),
- yn gallu cael eu curo yn haenau a'u tynnu yn wifrau.

Dyma rai ffyrdd o ddefnyddio metelau trosiannol:

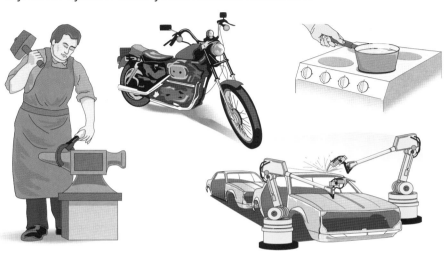

e) Cysylltwch y defnyddiau uchod â'r priodweddau ar frig y dudalen.

Nid yw metelau trosiannol yn adweithiol iawn.
Mae hynny'n eu gwneud yn ddefnyddiol hefyd.

Mae'r metelau trosiannol yn llawer *llai adweithiol* na'r metelau alcalïaidd.

Dydyn nhw ddim yn adweithio ag ocsigen na dŵr yn gyflym iawn.
Yn anffodus mae haearn yn **rhydu** dros amser. Yna mae'r rhwd yn briwsioni.
Ond fe allwn ni amddiffyn haearn rhag rhydu. (Edrychwch ar dudalen 37.)

Welsoch chi do gwyrdd fel hyn erioed?
Mae'r tywydd yn effeithio ar gopr yn araf iawn. Mae haen werdd o gyfansoddyn copr yn ymffurfio ar y metel. Yn wahanol i'r metelau alcalïaidd:

Mae'r metelau trosiannol yn ffurfio cyfansoddion *lliw*.

Cyfansoddion metelau trosiannol sy'n rhoi'r lliw mewn gwydredd ar grochenwaith.

Mae'n cymryd blynyddoedd i'r copr ar y to hwn adweithio ag aer.

I'ch atgoffa!

1 Copïwch a chwblhewch:

Mae'r metelau trosiannol yn dda am ...... gwres
a ...... Maen nhw'n gryf, ... a chaled.
Nid ydynt yn ...... iawn â dŵr nac ocsigen.
Pan fyddant yn adweithio, maent yn ffurfio
cyfansoddion ......
Maent yn ddefnyddiol i liwio'r ...... ar grochenwaith.

2 Lluniwch dabl sy'n cynnwys copr a haearn, gan nodi cymaint o ffyrdd â phosib o ddefnyddio'r metelau.

3 Chwiliwch am wybodaeth am ffyrdd o ddefnyddio metelau trosiannol fel catalyddion. Dangoswch eich canlyniadau ar ffurf tabl.

Crynodeb

Metelau yw dros dri chwarter yr holl elfennau. Yn y Tabl Cyfnodol, mae'r metelau yng Ngrwpiau 1 a 2, y bloc canol ac mae rhai yn y bloc ar y dde.

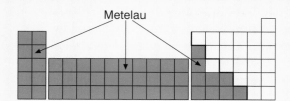

Yr enw ar fetelau **Grŵp 1** yw'r **metelau alcalïaidd**.
O'u cymharu â'r rhan fwyaf o fetelau, mae ganddyn nhw ddwyseddau isel ac maen nhw'n feddal.
Maen nhw'n fetelau adweithiol iawn.
Wrth eu gollwng ar ddŵr, maen nhw'n symud a ffisian ar wyneb y dŵr, gan ryddhau nwy hydrogen. Maen nhw'n ffurfio hydoddiant alcalïaidd o hydrocsid y metel.
Mae'r rhan fwyaf o gyfansoddion metelau alcalïaidd yn wyn. Mae pob un ohonyn nhw'n hydoddi mewn dŵr.

Y metelau alcalïaidd. (Caiff anwedd sodiwm ei ddefnyddio mewn goleuadau stryd melyn.)

Ym mloc canol y Tabl Cyfnodol, mae'r **metelau trosiannol**. Mae'r rhain yn fetelau nodweddiadol ac mae ganddyn nhw'r priodweddau hyn:

- mae'r ymdoddbwynt yn uchel,
- maen nhw'n dargludo gwres yn dda,
- maen nhw'n dargludo trydan yn dda,
- gallwn eu morthwylio yn siapiau (maen nhw'n hydrin),
- gallwn eu tynnu yn wifrau (maen nhw'n hydwyth).

Dydy'r metelau trosiannol **ddim yn adweithiol iawn**.
Ond mae rhai yn adweithio'n araf mewn aer (ocsigen) a dŵr.
Maen nhw'n ffurfio **cyfansoddion lliw**. Dyna pam maen nhw'n cael eu defnyddio mewn gwydredd ar grochenwaith.

Mae metelau trosiannol yn gryf.

| copr(II) clorid | nicel clorid | haearn(III) clorid | cobalt(II) clorid | manganîs(II) clorid |

Mae metelau trosiannol yn **gatalyddion** pwysig ym myd diwydiant hefyd.
(Mae catalyddion yn cyflymu adweithiau. Nid ydyn nhw'n newid yn gemegol yn ystod yr adwaith.)
(Edrychwch ar dudalen 132.)
Er enghraifft, caiff haearn ei ddefnyddio wrth wneud amonia. (Edrychwch ar dudalen 154.)
Platinwm yw un o'r catalyddion sy'n cael ei ddefnyddio i wneud asid nitrig.
Hefyd mae'n cael ei ddefnyddio yn y trawsnewidydd catalytig sydd mewn systemau gwacáu ceir.
(Edrychwch ar dudalen 132.)
Mae trawsnewidydd catalytig yn helpu i leihau'r llygredd aer sy'n cael ei achosi gan geir.

1 Copïwch a chwblhewch:

Mae dros 75% o'r elfennau cemegol yn ......
Trwy drefnu'r elfennau yn ôl eu màs atomig (ag ambell eithriad) fe gawn ni'r Tabl ......

Yng Ngrŵp 1 mae'r metelau ......
Yn y bloc canol mae'r metelau ......

Wrth gymharu'r metelau hyn, gwelwn fod y metelau ...... yn adweithiol iawn. Mewn dŵr, maen nhw'n rhyddhau nwy ...... ac yn ffurfio hydoddiant ...... o ...... y metel. Ond, o ran y metelau yn y bloc canol, os ydyn nhw'n adweithio o gwbl, maen nhw'n cyrydu yn ...... mewn aer a dŵr.
Mae'r metelau trosiannol yn ddefnyddiol yn y diwydiant cemegol fel ...... i wneud i adweithiau ddigwydd yn fwy ......

Mae'r rhan fwyaf o gyfansoddion metelau alcalïaidd yn ......, tra bo cyfansoddion metelau trosiannol yn ...... Er enghraifft, mae sodiwm clorid yn wyn a chrisialau copr sylffad yn ......

Mae priodweddau ffisegol y 2 set hyn o fetelau yn ...... iawn hefyd. Er enghraifft, ni fyddai blociau solid o fetelau ...... yn arnofio mewn dŵr, ond mae'r tri metel cyntaf yng Ngrŵp ...... yn arnofio – mae ganddyn nhw ...... isel.

Hefyd, mae'r metelau trosiannol yn ......, cryf a gwydn.

2 Pa fetel trosiannol:

a) sy'n cael ei ddefnyddio mewn gwifrau trydanol

b) yw'r prif fetel sydd mewn dur

c) yw un o'r catalyddion sy'n cael ei ddefnyddio i wneud asid nitrig

ch) yw'r metel lliw arian mewn darn 50c

d) yn ogystal â nicel, sy'n cael ei ychwanegu at haearn i wneud dur gwrthstaen

dd) sydd â'r symbol Ti?

3 Edrychwch ar ddwyseddau'r metelau alcalïaidd hyn:

metel alcalïaidd	Dwysedd (g/cm^3)
lithiwm	0.53
sodiwm	0.97
potasiwm	0.86
rwbidiwm	1.53
cesiwm	1.88

a) Lluniwch siart bar i ddangos y data yn y tabl (ar gyfrifiadur, os yw'n bosib).

b) Pa rai o'r metelau fydd yn arnofio mewn dŵr?

c) Pam mae'r metelau alcalïaidd yn cael eu cadw mewn olew?

ch) Disgrifiwch beth **welwch chi** os bydd sodiwm yn cael ei roi mewn powlen o ddŵr.

d) Ysgrifennwch hafaliad geiriau ar gyfer sodiwm yn adweithio â dŵr.

dd) Pan fydd potasiwm yn adweithio â chlorin, mae'n ffurfio potasiwm clorid. Ysgrifennwch hafaliad geiriau i ddangos yr adwaith.

e) Allwch chi ragfynegi beth fydd lliw potasiwm clorid?

f) A fydd potasiwm clorid yn hydawdd mewn dŵr?

ff) Ysgrifennwch hafaliad geiriau ar gyfer potasiwm yn adweithio ag ocsigen.

g) Mae'r cynnyrch sy'n ymffurfio yn rhan ff) yn cael ei ychwanegu at ddŵr. A fydd yr hydoddiant sy'n cael ei ffurfio yn asidig, yn niwtral neu'n alcalïaidd?

4 Lluniwch dabl i grynhoi'r gwahaniaethau rhwng y metelau alcalïaidd a'u cyfansoddion a'r metelau trosiannol a'u cyfansoddion.

5 Cafodd yr elfennau eu trefnu yn ôl eu màs atomig am y tro cyntaf yn y 1800au.

a) Beth oedd y broblem wrth iddyn nhw geisio rhoi elfennau tebyg yn yr un colofnau? (Edrychwch ar dudalen 19.)

b) Enwch ddwy elfen oedd yn achosi problem iddyn nhw.

Echdynnu Metelau

▶▶▶ 3a Mwynau

Mae pawb yn cymryd metelau yn ganiataol, a does gan lawer o bobl ddim syniad o ble maen nhw'n dod.
Ydych chi'n gwybod o ble rydyn ni'n cael aur, haearn neu alwminiwm? Yn y bennod hon, fe gewch chi wybod.

Ym myd natur, mae'r rhan fwyaf o fetelau yn rhan o gyfansoddion ag anfetelau. Mae'r metel a'r anfetel wedi bondio'n gemegol (mewn ocsidau neu sylffidau yn aml iawn).
Os bydd llawer o'r cyfansoddyn metel mewn craig, yna mae'n werth tynnu'r metel ohoni.
Mwyn metel yw'r enw ar y graig.

Halen craig yw'r defnydd crai ar gyfer gwneud clorin. Mae'r metel sodiwm yn cael ei echdynnu o'r mwyn hwn hefyd.

a) Mae halen craig yn fwyn sy'n cynnwys sodiwm clorid.
Pa fetel sy'n cael ei echdynnu o halen craig?

Edrychwch ar y mwynau metel a'r cynhyrchion a ddaw ohonyn nhw:

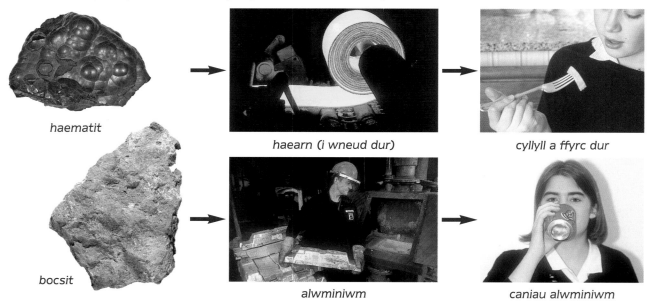

haematit

haearn (i wneud dur)

cyllyll a ffyrc dur

bocsit

alwminiwm

caniau alwminiwm

b) O ba fwyn y cawn ni haearn?

c) O ba fwyn y cawn ni alwminiwm?

ch) Chwiliwch am enwau'r prif gyfansoddion metel yn y mwyn haearn a'r mwyn alwminiwm.

Metelau sydd ddim yn adweithiol

Oes gennych chi hoff fetel? Mae llawer o bobl yn hoffi gemwaith aur neu arian. Mae platinwm, a chopr weithiau, yn cael eu defnyddio i wneud gemwaith hefyd.

d) Beth yw'r priodweddau pwysicaf mewn metel ar gyfer gemwaith?

Gallwn ddod o hyd i'r metelau hyn i gyd ym myd natur ar ffurf y metelau eu hunain.
Maen nhw yno fel elfennau – heb fondio ag anfetelau (yn wahanol i'r rhan fwyaf o fetelau eraill). Dywedwn eu bod yn rhai **brodorol**.
Pam? Oherwydd nad ydyn nhw'n adweithiol iawn.
Dydyn nhw erioed wedi adweithio â'r anfetelau ar y Ddaear.

dd) Mae'r rhan fwyaf o fetelau eraill yn adweithio ag anfetel yn yr aer. Pa anfetel?

Edrychwch ar y darn aur hwn:

Mae aur yn fetel prin. Mewn mwyngloddiau, mae'n rhaid cloddio tunelli o graig er mwyn cael ychydig iawn o aur.

e) Mae aur yn cael ei gloddio yn Ne Affrica o wythiennau aur yn ddwfn o dan y ddaear. Mae rhai pobl yn casglu aur o afonydd. Sut mae'r aur yn cyrraedd gwely'r afon?

f) Pam mae aur mor ddrud, yn eich barn chi?

Mae copr ac arian yn fwy adweithiol nag aur a phlatinwm.
Maen nhw i'w cael ar ffurf metelau brodorol, ond hefyd ar ffurf cyfansoddion. Yna rhaid echdynnu'r metel o'i gyfansoddyn.
Ond mae'n eithaf hawdd cael y metel yn ôl o'r mwyn.
Er enghraifft, mae copr i'w gael mewn mwyn o'r enw calcosit.
Gallwn **echdynnu'r copr trwy wresogi'r mwyn**.

Chwilio am aur mewn afon.

I'ch atgoffa!

1 Copïwch a chwblhewch:

Mae'r rhan fwyaf o fetelau i'w cael mewn cyfansoddion, wedi eu cyfuno ag …… Mae rhai creigiau yn cynnwys digon o'r cyfansoddion hyn i …… y metel ohonynt.
Yr enw ar y creigiau hyn yw ……

2 Mae rhai metelau i'w cael yn frodorol.

a) Beth yw ystyr hyn?

b) Pa fath o fetelau sydd i'w cael yn frodorol?

c) Enwch 4 metel sydd i'w cael yn frodorol.

ch) Ymchwiliwch i gloddio am aur.

▶▶▶ 3b Y Gyfres Adweithedd

Ydych chi'n gwisgo neu'n cario metelau sydd ddim yn adweithiol iawn? Pam mae hyn yn bwysig? Rydych chi'n gwybod bod yna fetelau eraill sy'n adweithiol iawn.

Gallwn roi'r metelau mewn trefn yn ôl eu hadweithedd. Mae fel tabl cynghrair bêl-droed, ond ar gyfer metelau. Yr enw arni yw'r **Gyfres Adweithedd**.

> **a)** Enwch ddau fetel adweithiol iawn.
>
> **b)** Enwch ddau fetel sydd ddim yn adweithiol iawn.

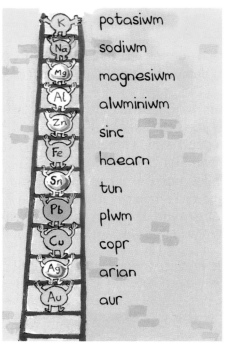

K potasiwm
Na sodiwm
Mg magnesiwm
Al alwminiwm
Zn sinc
Fe haearn
Sn tun
Pb plwm
Cu copr
Ag arian
Au aur

Y Gyfres Adweithedd.

Edrychwch ar adweithiau rhai o'r metelau yn y tabl hwn:

Trefn adweithedd	Adwaith wrth gael ei wresogi mewn aer	Adwaith â dŵr	Adwaith ag asid gwanedig
potasiwm sodiwm lithiwm calsiwm magnesiwm alwminiwm sinc haearn	llosgi'n llachar, gan ffurfio ocsid	ffisian, gan ryddhau hydrogen; ffurfio hydoddiannau alcalïaidd (hydrocsidau)	ffrwydro
		adweithio ag ager, gan ryddhau hydrogen; mae ocsid y metel yn ymffurfio	ffisian, gan ryddhau hydrogen
tun plwm copr arian aur platinwm	haen ocsid yn ffurfio heb losgi	mymryn o adwaith ag ager	adweithio'n araf ag asid cynnes
	dim adwaith	dim adwaith, hyd yn oed ag ager	dim adwaith

> **c)** Enwch fetel sy'n adweithio ag ager, ond nid â dŵr oer.
>
> **ch)** Enwch fetel sy'n ffurfio haen o ocsid wrth gael ei wresogi mewn aer, ond sydd ddim yn adweithio ag ager.
>
> **d)** Pam na ddylen ni fyth ychwanegu sodiwm at asid gwanedig?
>
> **dd)** Trefnwch y metelau yn y tabl yn dri thabl cynghrair. Galwch nhw yn Uwch Adran, Adran 1 ac Adran 2. Eglurwch sut y gwnaethoch chi benderfynu sut i rannu'r metelau.

PENCAMPWYR POTASIWM!

Adweithiau dadleoli

Yn ogystal â gwneud tabl cynghrair, fe allwn ni roi'r metelau i gystadlu â'i gilydd. (Digon tebyg i Gwpan yr F.A.!)
Er enghraifft:

copr sylffad + sinc → sinc sylffad + copr

Y term am hyn yw **adwaith dadleoli.**
Mae'r sinc yn fwy adweithiol na'r copr.
Mae'n dadleoli ('cicio allan') y copr o'r hydoddiant.
Mae'r copr ar ôl ar ffurf metel, a'r sinc yn mynd i'r hydoddiant.

Caiff sinc ei ychwanegu at y copr sylffad.

> Mae metel mwy adweithiol yn **dadleoli**
> metel llai adweithiol o'i gyfansoddion.

e) Ysgrifennwch hafaliad geiriau ar gyfer magnesiwm yn adweithio â hydoddiant copr sylffad. Beth y byddech chi'n ei weld yn digwydd?

Caiff copr a sinc sylffad eu ffurfio.

Mae'r adwaith uchod yn digwydd mewn hydoddiant.
Ond mae hi hefyd yn bosib dangos dadleoliad trwy wresogi powdr metel a phowdr metel ocsid â'i gilydd:

haearn ocsid + alwminiwm → alwminiwm ocsid + haearn

Mae'r adwaith hwn yn mynd mor boeth nes bod yr haearn sy'n cael ei ffurfio yn ymdoddi.
Caiff yr adwaith hwn ei ddefnyddio i uno cledrau ar y rheilffordd.
Edrychwch ar y ffotograffau gyferbyn:

Weldio cledrau gan ddefnyddio 'adwaith thermit'.

f) Eglurwch sut mae'r gweithiwr yn y ffotograff yn uno'r cledrau.

Mae Alwminiwm a Haearn yn cystadlu am yr ocsigen.

Alwminiwm sy'n ennill y frwydr.

I'ch atgoffa!

1 Copïwch a chwblhewch:

Gallwn roi'r metelau yn nhrefn adweithedd yn y ...... Adweithedd.
Mae metelau adweithiol iawn, fel ......, yn cael eu rhoi ar y brig a'r metelau lleiaf ...... yn y ......

Mae metel sy'n uwch i fyny'r rhestr yn gallu ...... metel ...... adweithiol o'i gyfansoddion.

2 Pa rai o'r rhain fydd yn adweithio â'i gilydd?
Os oes adwaith, ysgrifennwch hafaliad geiriau.

a) copr ocsid + sinc

b) magnesiwm ocsid + plwm

c) plwm ocsid + copr

ch) arian ocsid + copr

d) sinc + plwm nitrad

Bob tro rydych chi'n cynnau bwlb golau, y metel twngsten sy'n gyfrifol am wneud iddo weithio!

Twngsten sy'n cael ei ddefnyddio i wneud y darn gwifren tenau y tu mewn i fwlb golau.

Nid yw'r metel i'w gael fel elfen ym myd natur.

Rhaid i ni echdynnu twngsten o'i fwyn.

a) Ydych chi'n credu bod twngsten yn ymdoddi'n hawdd? Sut rydych chi'n gwybod?

b) Pam mae'n rhaid i ni echdynnu twngsten o'i fwyn?

Mae angen i ni wybod ychydig mwy o gemeg i egluro sut rydyn ni'n cael twngsten o'i fwyn.

Ym myd natur, mae twngsten i'w gael fel twngsten ocsid.

Rhaid i ni dynnu'r ocsigen ohono er mwyn cael y metel twngsten.

Y term am dynnu ocsigen o ocsid yw **rhydwytho**.

Rydych chi'n gwybod am Gyfres Adweithedd y metelau.

Ond gallwn gynnwys dau anfetel defnyddiol yn y Gyfres hefyd.

Edrychwch ar y rhan hon o'r Gyfres Adweithedd:

Rydyn ni'n defnyddio twngsten i wneud y ffilament mewn bwlb golau.

magnesiwm
alwminiwm
CARBON
sinc
haearn
tun
plwm
HYDROGEN
copr
arian
aur

c) Pa ddau fetel yn y rhestr hon sy'n fwy adweithiol na charbon?

ch) A yw carbon yn gallu 'tynnu' ocsigen o fagnesiwm ocsid?

d) A yw carbon yn gallu 'tynnu' ocsigen o sinc ocsid? Eglurwch eich ateb.

Edrychwch ar yr adwaith hwn:

Plwm ocsid + carbon → plwm + carbon deuocsid

Mae'r plwm ocsid wedi ei **rydwytho** gan y carbon (yr ocsigen wedi ei dynnu ohono).

Rydyn ni'n galw'r carbon yn **rhydwythydd**.

Caiff carbon ei ddefnyddio i echdynnu metelau o fwynau.

Mae'n rhad ac mae llawer ohono ar gael (glo sy'n rhoi carbon i ni).

Echdynnu metel twngsten

Mae twngsten yn ffitio yn y Gyfres Adweithedd o dan garbon a hydrogen.
Felly gallwn ddefnyddio carbon i rydwytho twngsten ocsid.
Yn anffodus mae'r carbon yn adweithio â'r twngsten sy'n ymffurfio,
gan ei wneud yn frau. Ond gallwn ddefnyddio hydrogen:

twngsten ocsid + hydrogen → twngsten + hydrogen ocsid (ager)

dd) Beth gafodd ei rydwytho yn yr hafaliad uchod?

e) Beth yw'r rhydwythydd yn yr hafaliad?

Edrychwch ar rai ffyrdd o ddefnyddio metel twngsten:

Mae'n bosib gwneud coes y dart yn denau iawn gan ddefnyddio twngsten.

Dur twngsten sy'n cael ei ddefnyddio fel ymyl dorri ar durn.

Weithiau bydd aloiau twngsten yn cael eu defnyddio i wneud clybiau golff.

f) Pa rai o briodweddau twngsten sy'n ei wneud yn addas ar gyfer y pethau uchod?

I'ch atgoffa!

1 Copïwch a chwblhewch:

Gallwn ddefnyddio carbon fel …… i echdynnu metelau o ocsidau.
Dywedwn fod yr ocsid metel wedi ei …… yn yr adwaith.
Caiff nwy …… ei ddefnyddio i echdynnu metel twngsten o'i fwyn (twngsten ……).

2 **a)** Gorffennwch yr hafaliad:

carbon + sinc ocsid → …… + carbon deuocsid

b) Fformiwla sinc ocsid yw ZnO a'r symbol ar gyfer carbon yw C.
Ysgrifennwch hafaliad symbolau cytbwys ar gyfer yr adwaith yn rhan a).

Y metel pwysicaf mewn bywyd modern yw dur.
Fel arfer mae dur yn fwy na 97% haearn.
Felly, cyn y gallwn wneud dur, mae'n rhaid i ni echdynnu haearn.
Rydyn ni'n echdynnu haearn o'i fwyn, sef **haematit**.
Haearn(III) ocsid (Fe_2O_3) yw haematit.

a) Edrychwch yn ôl ar y rhestr ar dudalen 30:
   Allwn ni ddefnyddio carbon i echdynnu haearn o'i fwyn?
   Pam?

Mae'r mwyn haematit yn cael ei fewnforio mewn llongau.
O'r porthladd, mae'n mynd i **Ffwrnais Chwyth**.

Mae'r haearn(III) ocsid yn cael ei gymysgu â **golosg**, sef ffurf rad ar garbon.
Caiff **calchfaen** ei ychwanegu a chaiff y cyfan ei roi ym mhen uchaf y ffwrnais.
Mae aer poeth yn cael ei chwythu i waelod y ffwrnais.
Edrychwch ar y diagram isod:

Mae Ffwrnais Chwyth dros 50 metr o uchder.

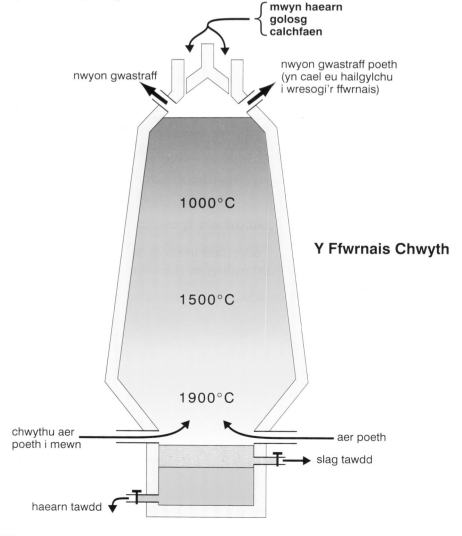

mwyn haearn
golosg
calchfaen

nwyon gwastraff

nwyon gwastraff poeth
(yn cael eu hailgylchu
i wresogi'r ffwrnais)

1000°C

Y Ffwrnais Chwyth

1500°C

1900°C

chwythu aer
poeth i mewn

aer poeth

slag tawdd

haearn tawdd

Mae rhywfaint o'r haearn(III) ocsid yn cael ei **rydwytho** gan garbon:

$$haearn(III)\ ocsid\ +\ carbon\ \rightarrow\ haearn\ +\ carbon\ deuocsid$$
$$2\ Fe_2O_3(s)\ +\ 3\ C(s)\ \rightarrow\ 4\ Fe(h)\ +\ 3\ CO_2(n)$$

b) Beth yw'r tymheredd yng nghanol y Ffwrnais Chwyth?

c) A yw'r haearn sy'n ymffurfio yn solid, hylif neu nwy? Pam?

ch) Ym mhle y mae'r haearn yn ymgasglu yn y ffwrnais?

Ond **nwy carbon monocsid** yw'r *prif rydwythydd* yn y Ffwrnais Chwyth. Dyma sut y mae'n ymffurfio:
Mae'r golosg yn dechrau llosgi, fel siarcol mewn barbeciw:

$$carbon + ocsigen \rightarrow carbon\ deuocsid$$
$$C(s)\ +\ O_2(n)\ \rightarrow\ CO_2(n)$$

d) O ble y daw'r ocsigen yn y ffwrnais?

Yna mae'r carbon deuocsid yn y ffwrnais yn adweithio â mwy o olosg (carbon) poeth:

$$carbon\ deuocsid\ +\ carbon\ \rightarrow\ carbon\ monocsid$$
$$CO_2(n)\ +\ C(n)\ \rightarrow\ 2\ CO(n)$$

dd) Beth sy'n cael ei rydwytho (colli ocsigen) yn yr hafaliad uchod?

Gall y carbon monocsid gymysgu'n dda â'r haearn(III) ocsid.
Mae'n nwy, felly gall fynd i unrhyw fylchau bach.
Mae'n rhydwytho'r haearn(III) ocsid fel y gwelwch chi yma:

haearn(III) ocsid + carbon monocsid → haearn + carbon deuocsid

$$Fe_2O_3(s)\ +\ 3\ CO(n)\ \rightarrow 2\ Fe(h)\ +\ 3\ CO_2(n)$$

Mae'r **calchfaen** yn y ffwrnais yn *cael gwared ag amhureddau asidig* (darnau o graig). Mae'n dadfeilio ac yna'n adweithio â'r darnau, gan ffurfio **slag**. Mae hwn yn arnofio ar ben yr haearn tawdd yng ngwaelod y ffwrnais. Mae'r slag yn cael ei gasglu a'i oeri. Yna caiff ei ddefnyddio i wneud ffyrdd ac adeiladau.

I'ch atgoffa!

1 Copïwch a chwblhewch:

Mae haearn yn cael ei echdynnu o'i fwyn, sef ...... mewn Ffwrnais ...... Mae'r mwyn yn cael ei gymysgu â ...... (math o garbon) a ......
Mae ...... poeth yn cael ei chwythu i'r ffwrnais a ...... tawdd yn cael ei gasglu o'r gwaelod.

2 a) Beth sy'n rhydwytho'r rhan fwyaf o'r haearn(III) ocsid yn y Ffwrnais Chwyth?

b) Sut mae'r rhydwythydd yma'n cael ei wneud yn y ffwrnais?

c) Sut mae'r amhureddau asidig (darnau o graig a thywod) yn cael eu tynnu o'r ffwrnais?

ch) I beth y caiff slag ei ddefnyddio?

Dychmygwch eich bod yn cael damwain fach yn eich car – a'i fod yn hollti yn ei hanner! Byddai'n dipyn o syndod i chi, ond gallai hynny ddigwydd petai eich car wedi ei wneud o haearn yn syth o'r Ffwrnais Chwyth.

Mewn haearn o Ffwrnais Chwyth mae yna garbon, ac amhureddau eraill, wedi eu cymysgu. Mae hyn yn ei wneud yn galed, ond yn frau. Yn y cyflwr hwn, mae'n cael ei alw yn haearn crai.

Rydyn ni'n troi haearn fel hyn yn fetel mwy defnyddiol, sef **dur**.

a) Pam mae dur yn fetel mwy defnyddiol na haearn crai?

I droi haearn yn ddur, mae yna ddau gam:
- tynnu'r rhan fwyaf o'r amhureddau ohono
- ychwanegu mymryn bach o fetelau eraill (**gwneud aloi**).

b) Enwch un amhuredd sy'n cael ei dynnu o haearn crai.

Cam 1

Mae'r rhan fwyaf o'n dur yn cael ei gwneud trwy'r **Broses Fasig Ocsigen**. Mae hyn yn tynnu'r carbon o'r haearn trwy ei adweithio ag ocsigen. Mae'r carbon deuocsid sy'n ymffurfio yn gadael ar ffurf nwy. Edrychwch ar y diagram hwn:

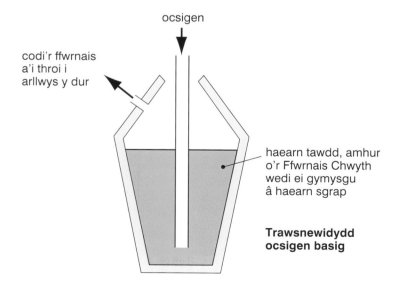

ocsigen

codi'r ffwrnais a'i throi i arllwys y dur

haearn tawdd, amhur o'r Ffwrnais Chwyth wedi ei gymysgu â haearn sgrap

Trawsnewidydd ocsigen basig

Haearn yn cael ei droi yn ddur. Mae'r ocsigen yn llosgi'r carbon ac amhureddau anfetelau eraill.

c) Yn y Broses Fasig Ocsigen, haearn crai a pha fath arall o haearn sy'n cael eu newid yn ddur?

ch) Ysgrifennwch hafaliad geiriau a symbolau ar gyfer yr adwaith sy'n gwaredu'r carbon yn y Broses.

d) Pam mae hi'n bwysig *ailgylchu* haearn a dur?

Caiff cyrff ceir eu gwneud o ddur meddal.

Mae'r dur sy'n cael ei wneud yn y Broses yn dal i gynnwys rhywfaint o garbon. Faint o garbon sydd ynddo sy'n penderfynu pa mor galed yw'r dur. Er enghraifft, mae dur meddal, sy'n cael ei ddefnyddio mewn cyrff ceir, yn cynnwys 0.2% o garbon.

dd) Mae haearn crai yn cynnwys 3.5% o garbon. Pa ganran o garbon sy'n cael ei thynnu ohono wrth i ni wneud dur meddal?

e) Sut mae priodweddau dur meddal yn wahanol i haearn crai?

Cam 2

Mae'n bosib gwneud dur arbennig trwy ychwanegu mymryn bach o fetelau eraill. Yr enw ar y rhain yw **aloiau dur**.

> Cymysgedd o fetelau yw **aloi**.

Er enghraifft, cawn ddur caled a gwydn iawn trwy ddefnyddio ychydig o *dwngsten*. Cawn ddur gwrthstaen trwy ychwanegu ychydig o *nicel a chromiwm*. Nid yw'n rhydu.

f) Awgrymwch ffordd o ddefnyddio:
  i) dur twngsten
  ii) dur gwrthstaen.

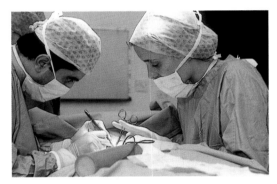

Mae llawfeddygon yn defnyddio offer dur gwrthstaen.

I'ch atgoffa!

1 Copïwch a chwblhewch:

Nid yw ...... o'r Ffwrnais Chwyth yn bur. Y prif amhuredd yw ......

I wneud dur, mae'n rhaid i ni ...... yr amhureddau. Mae nwy ...... yn cael ei ychwanegu at y cymysgedd tawdd ac mae llawer o'r carbon yn ffurfio nwy ....

Gallwn ychwanegu mymryn bach o fetelau eraill i ffurfio ...... dur sydd â gwell priodweddau.

2 a) Beth yw aloi?

b) Sut mae'r cymysgedd mewn aloi yn cael ei ffurfio, yn eich barn chi?

c) Pa fetel sy'n cael ei ychwanegu at ddur i wneud aloi caled a gwydn iawn?

ch) Pa fetelau y gallwn ni eu hychwanegu at ddur i wneud dur gwrthstaen?

d) Dyluniwch boster yn perswadio pobl i ailgylchu haearn a dur.

Problem haearn (a bron pob math o ddur) yw ei fod yn rhydu. Mae rhydu yn costio miliynau o bunnoedd i ni bob blwyddyn. Oes gennych chi bethau sydd wedi difetha oherwydd rhwd? Weithiau, os na fyddwch wedi reidio'ch beic ers sbel, bydd y gadwyn yn rhydu.

a) Sut mae amddiffyn cadwyn beic rhag rhydu?

b) Sut mae hyn yn atal yr haearn rhag rhydu?

Edrychwch ar ganlyniadau'r arbrawf hwn:

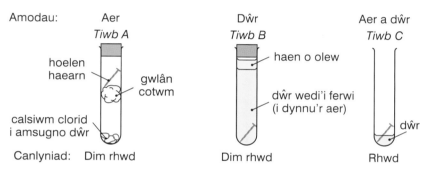

Mae'r haearn mewn dur meddal yn cyrydu gan ffurfio rhwd.

Yn yr arbrawf hwn:

c) Sut mae tynnu aer sydd wedi'i hydoddi o'r dŵr?

ch) Sut mae gwneud yn siŵr nad oes aer newydd yn mynd yn ôl i'r dŵr?

d) Sut mae cael gwared â'r anwedd dŵr o'r aer?

dd) Pa diwb sy'n cynnwys i) dŵr yn unig, ii) aer yn unig, iii) aer a dŵr?

Dyma mae'r arbrawf yn ei ddangos:

Mae angen aer (ocsigen) a dŵr er mwyn i haearn rydu.

e) Pa nwy yn yr aer sy'n adweithio â'r haearn i wneud iddo rydu?

f) Trefnwch y llythrennau hyn i ddod o hyd i air arall am rwd:

Gallwn feddwl am rwd fel math o haearn ocsid gyda dŵr wedi ei ddal yn gaeth yn ei adeiledd. Mae rhai metelau yn cyrydu ond bod yr haen o ocsid ar yr arwyneb yn eu hamddiffyn. Yn anffodus, wrth i'r rhwd freuo a briwsioni, mae rhannau newydd o haearn yn dod i gysylltiad ag aer a dŵr. Felly mae rhwd yn gwanhau haearn a dur.

Amddiffyn rhag rhydu

Y ffordd amlwg i amddiffyn haearn a dur yw cadw aer a dŵr ymhell oddi wrthyn nhw.

Rydych yn **ffurfio rhwystr** ar arwyneb yr haearn â:

● olew neu saim   ● paent   ● plastig, neu   ● metel arall.

ff) Enwch un peth sy'n cael ei amddiffyn gan bob dull uchod.

Caniau dur yw caniau tun mewn gwirionedd, â haen denau iawn o dun ar yr arwyneb. Mae'r tun yn cadw aer a dŵr rhag cyrraedd yr haearn. Ond beth sy'n digwydd os bydd crafiad ar y tun? Fydd y can yn rhydu? Gall pobl gael gwenwyn bwyd os bydd can yn rhydu a bacteria yn mynd i'r bwyd.

g) Edrychwch yn ôl ar y Gyfres Adweithedd ar dudalen 28. A yw tun yn fwy neu'n llai adweithiol na haearn?

Ffordd well i amddiffyn haearn neu ddur yw
rhoi haen o fetel mwy adweithiol arno.
Ydych chi wedi sylwi bod haen fetel sgleiniog ar rai biniau sbwriel mawr? Mae haen o sinc ar y bin dur, gan fod y bin yn debyg o gael ambell gnoc. Ond hyd yn oed os caiff ei grafu, bydd y sinc yn dal i amddiffyn yr haearn. Cofiwch fod sinc yn fwy adweithiol na haearn. Felly mae'r aer a'r dŵr yn ymosod ar y sinc yn hytrach nag ar yr haearn.
Yr enw ar hyn yw **amddiffyn aberthol.**

*Bin wedi ei **galfanu** (haen denau o sinc arno).*

ng) Ydych chi'n credu y byddai magnesiwm yn fetel da ar gyfer amddiffyn haearn? Eglurwch pam.

h) Pam mae'r dull yn cael ei alw yn amddiffyn **aberthol**, yn eich barn chi?

Ffordd dda arall o atal haearn rhag cyrydu yw gwneud **dur gwrthstaen**.
Buom yn edrych ar aloiau dur ar dudalen 35.
Trwy ychwanegu mymryn o **nicel** a **chromiwm** at ddur tawdd, gallwn ffurfio'r aloi hwn sydd ddim yn rhydu. Ond, mae hyn yn ddrud.
Dyna pam rydyn ni'n dal i ddefnyddio dulliau rhatach, ond llai effeithiol, fel peintio.

1 Copïwch a chwblhewch:

Er mwyn i haearn a dur rydu, mae'n rhaid cael ...... a ...... i adweithio â nhw.
Un ffordd o'i amddiffyn yw rhoi ...... o fetel o amgylch yr haearn.
Ond, mae rhoi haen o fetel ...... adweithiol arno, er enghraifft ......, yn amddiffyn yr haearn hyd yn oed os bydd yn cael ei grafu.

2 a) Pam nad yw llongau yn cael eu hadeiladu o ddur gwrthstaen?

b) Pam mae olew neu saim yn ddefnyddiol ar gyfer amddiffyn rhai pethau?

c) Gallwch amddiffyn pibellau haearn tanddaearol, a chyrff llongau, rhag rhydu trwy osod blociau o **fagnesiwm** arnyn nhw. Beth yw'r enw ar amddiffyn fel hyn? Sut mae'n gweithio?

Yn y bennod hon gwelsom mor hawdd yw echdynnu metelau ar waelod y Gyfres Adweithedd.

Mae rhai i'w cael fel y metel ei hun ym myd natur. Os ydyn nhw mewn cyfansoddyn, yn aml mae'n bosib cael y metel trwy wresogi'r mwyn.

Mae hi ychydig yn fwy anodd echdynnu metelau sydd ag adweithedd canolig.
Mae'r rhain i'w cael yn aml fel ocsidau yn eu mwynau.
Mae yna rai ar ffurf sylffidau (er enghraifft, plwm sylffid, PbS).
Gallwn newid y sylffidau yn ocsidau trwy eu gwresogi.

Yna rhaid i ni wneud tipyn o gemeg i dynnu'r ocsigen o'r ocsidau. Yn aml mae hyn yn golygu gwresogi â charbon.

Mae'n fwy anodd fyth 'ennill' y metelau ym mhen uchaf y Gyfres Adweithedd o'u mwynau.

I echdynnu metelau adweithiol mae'n rhaid:

1. gwahanu'r cyfansoddyn metel oddi wrth weddill y mwyn,

2. gwneud i'r cyfansoddyn metel ymdoddi, yna

3. gyrru trydan trwy'r cyfansoddyn tawdd.

Fel y gallwch ddychmygu, mae hon yn broses ddrud.
Mae angen llawer o egni i wneud i'r cyfansoddyn metel ymdoddi.
Yna cofiwch am yr holl drydan sydd ei angen i gael y metel yn y diwedd.

Mae rhagor am y broses hon (o'r enw **electrolysis**) yn y bennod nesaf.

> Mae'n fwy anodd echdynnu metelau adweithiol na metelau anadweithiol.

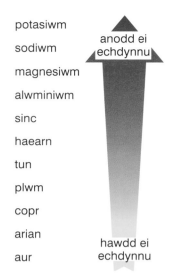

potasiwm
sodiwm
magnesiwm
alwminiwm
sinc
haearn
tun
plwm
copr
arian
aur

anodd ei echdynnu

hawdd ei echdynnu

Rydyn ni'n hapus iawn efo'n gilydd, diolch!

Mae metelau adweithiol yn ffurfio cyfansoddion sefydlog. Felly mae'n anodd eu hechdynnu!

TRYDAN

GWRES

Mae angen llawer o egni i hollti cyfansoddion metelau adweithiol, fel sodiwm.

Crynodeb

Mae metelau i'w cael yng nghramen y Ddaear ar ffurf metelau pur (er enghraifft aur) neu ar ffurf cyfansoddion metel.
Mwynau yw creigiau sy'n cynnwys digon o fetel,
neu ei gyfansoddyn, iddi fod yn werth ei echdynnu.

Gallwn ragfynegi sut i **echdynnu** metel trwy edrych ar ei safle yn y Gyfres Adweithedd.
Mae'r metelau adweithiol iawn yn anodd eu hechdynnu.
Rydym yn defnyddio **electrolysis** i echdynnu'r metelau hyn,
er enghraifft sodiwm neu alwminiwm.
Mae'n bosib echdynnu'r metelau sydd ag adweithedd canolig
trwy **rydwytho** eu hocsidau gan ddefnyddio carbon.
Y prif enghraifft o hyn yw haearn, sy'n cael ei echdynnu mewn Ffwrnais Chwyth.

Y mwyaf adweithiol yw metel, y mwyaf anodd yw ei echdynnu.

Cwestiynau

1 Copïwch a chwblhewch:

...... yw craig sy'n cynnwys metel, er enghraifft ......, neu gyfansoddyn metel, er enghraifft haearn(III) .... Mae metelau ...... yn haws eu hechdynnu na metelau adweithiol. Mae'r metelau adweithiol yn cael eu hechdynnu gan ddefnyddio ...... ond mae haearn yn cael ei echdynnu trwy ...... ei ocsid.

2 Copïwch a chwblhewch:

Mewn Ffwrnais Chwyth y byddwn yn echdynnu ...... Mae haematit (sef haearn ......), golosg a ...... yn cael eu hychwanegu yn gyson trwy ben uchaf y ffwrnais.
Y prif ...... yn y Ffwrnais Chwyth yw nwy carbon ...... Mae'r metel yn cael ei gasglu ar ffurf hylif o ...... y ffwrnais. Mae ...... tawdd yn arnofio ar ben yr ...... ac yn cael ei gasglu ar wahân.

3 a) Beth yw'r Gyfres Adweithedd?

  b) Pa fetelau yn y Gyfres Adweithedd sydd fwyaf anodd eu hechdynnu?

  c) Defnyddiwch y Gyfres Adweithedd i ragfynegi pa rai o'r rhain fydd yn adweithio â'i gilydd:
  i)   sinc ocsid a haearn
  ii) plwm ocsid a haearn
  iii) copr sylffad a sinc
  iv) copr sylffad ac arian

  ch) Ysgrifennwch hafaliadau geiriau ar gyfer yr adweithiau rydych chi'n rhagfynegi a fydd yn digwydd yn rhan c).

  d) Beth yw'r enw ar y math o adwaith yn rhan ch)?

4 a) Cwblhewch yr hafaliad geiriau:

  haearn ocsid + alwminiwm → ...... + ...

  b) Eglurwch yr adwaith yn rhan a).

  c) Sut mae'r adwaith hwn yn cael ei ddefnyddio ar y rheilffyrdd?

  ch) Dewiswch fetel arall a fyddai'n adweithio hyd yn oed yn fwy ffyrnig â haearn ocsid nag alwminiwm.

5 Edrychwch ar y tabl hwn:

Metel	Gwybod amdano er
potasiwm	1807
sinc	cyn 1500 yn India a Tseina
aur	hen wareiddiadau

  a) Pa fetel yn y tabl a gafodd ei ddarganfod fwyaf diweddar?

  b) Eglurwch pam y cafodd pob metel ei ddarganfod ar yr adeg a welwch chi yn y tabl.

6 Rydym yn echdynnu metel titaniwm gan ddefnyddio metel sodiwm neu fagnesiwm. Dyma'r cam olaf yn y broses:

titaniwm clorid + sodiwm → titaniwm + sodiwm clorid

  a) Eglurwch beth sy'n digwydd yn yr adwaith hwn.

  b) Ysgrifennwch hafaliad geiriau ar gyfer yr un adwaith ond gan ddefnyddio magnesiwm yn lle sodiwm.

  c) Ysgrifennwch hafaliad geiriau i ddangos sut y caiff metel twngsten ei echdynnu o'i ocsid gan hydrogen.

7 Edrychwch ar y ffotograff hwn:

  a) Mae darnau o fagnesiwm wedi eu bolltio wrth goesau'r pier. Eglurwch sut mae hyn yn atal y pier rhag rhydu.

  b) Beth yw enw'r dull hwn o atal haearn rhag rhydu?

  c) Pa fetel sy'n cael ei ddefnyddio i roi haen ar dun ffa pob? Pam nad yw hyn mor effeithiol am atal rhwd â'r dull yn rhan a)?

Felly pam rydyn ni'n defnyddio metel llai adweithiol mewn tuniau bwyd?

Metelau ac Electrolysis

▶▶▶ **4a Electrolysis**

Efallai eich bod wedi gweld y gair 'electrolysis' mewn hysbysebion ar gyfer triniaethau harddwch. Mae'n ffordd o gael gwared â blew. Ond yn y bennod hon, fe welwn ni sut y mae electrolysis yn bwysig er mwyn cael copr ac alwminiwm.

a) Enwch un ffordd o ddefnyddio copr ac alwminiwm.

Mae rhai sylweddau yn cael eu hollti'n ddarnau llai, sef eu dadelfennu, wrth i drydan fynd trwyddyn nhw.
Mae'n rhaid i'r sylweddau hyn ymdoddi, neu gael eu hydoddi mewn dŵr.

Electrolysis yw'r term am ddefnyddio trydan i hollti sylwedd.

b) Trefnwch y llythrennau hyn i ddod o hyd i air arall am 'hollti':

Edrychwch ar yr arbrawf hwn:
Mae plwm bromid yn cael ei ***electroleiddio*** (ei hollti gan drydan)

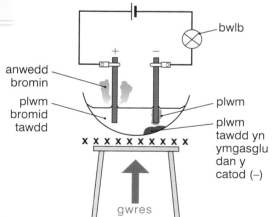

Mae'r electrolysis yn cychwyn pan fydd y plwm bromid yn ymdoddi. Does dim trydan yn llifo pan fydd yn solid.

c) Ar ba electrod (+ neu –) y mae'r plwm yn ymffurfio?

ch) Beth sy'n ymffurfio ar yr electrod arall?

d) Pam byddai'n rhaid gwneud y math hwn o arbrawf mewn cwpwrdd gwyntyllu?

Esbonio electrolysis

Mae sylweddau y gallwn eu helectroleiddio fel arfer yn gyfansoddion metelau ac anfetelau.

dd) Enwch yr elfennau metel ac anfetel mewn plwm bromid.

e) Ysgrifennwch hafaliad geiriau i ddangos beth sy'n digwydd wrth i blwm bromid gael ei hollti.

Mewn electrolysis, mae gwefrau dirgroes yn atynnu ei gilydd.
Mae'r plwm bromid wedi ei wneud o **ronynnau wedi eu gwefru**, o'r enw **ïonau**.
Mae'n cynnwys ïonau plwm ac ïonau bromid.

f) Edrychwch yn ôl ar yr arbrawf ar dudalen 40. Ceisiwch ddarganfod beth yw'r wefr (positif neu negatif) ar ïon plwm. Eglurwch eich ateb.

Mae ïonau yn cludo eu gwefr at yr electrod.

Gwefr bositif sydd ar ïonau metel bob tro.

Felly mae ïonau metel bob amser yn mynd at yr electrod negatif yn ystod electrolysis.
Enw'r **electrod negatif** yw'r **catod**.
Enw'r **electrod positif** yw'r **anod**.
Yn ystod electrolysis:

Mae metelau bob tro yn ymffurfio ar yr electrod negatif (y catod).

ff) Pam mae bromin yn ymffurfio ar yr electrod positif (yr anod)?

Sylwch nad yw **electrolysis ond yn digwydd pan fydd y plwm bromid wedi ymdoddi**.
Y rheswm am hyn yw bod angen i'r ïonau allu symud at yr electrodau.
Cofiwch nad yw'r gronynnau yn rhydd i symud o gwmpas mewn solid.
Maen nhw'n dirgrynu, ond yn cael eu dal yn eu lle.
Unwaith y bydd y solid yn cael ei wresogi nes iddo ymdoddi, gall y gronynnau lithro a symud dros ei gilydd.
Felly, unwaith y bydd plwm bromid wedi ymdoddi, bydd yr **ïonau yn rhydd i symud** at yr electrodau. Yna bydd electrolysis yn digwydd.

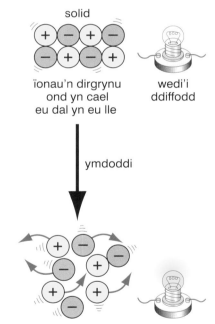

solid

ïonau'n dirgrynu ond yn cael eu dal yn eu lle

wedi'i ddiffodd

ymdoddi

ïonau yn rhydd i symud yn y cyfansoddyn tawdd

wedi'i gynnau

I'ch atgoffa!

1 Copïwch a chwblhewch:

Pan fydd sylwedd yn cael ei hollti gan drydan, yr enw ar hyn yw ......
Mae gan ïonau metel wefr ...... ac maen nhw'n cael eu hatynnu at yr electrod ...... (y catod).

2 a) Rydych chi'n electroleiddio magnesiwm clorid tawdd. Beth fyddai'n ymffurfio:

i) ar y catod   ii) ar yr anod?

b) Eglurwch pam mae'n rhaid i ni wneud i'r magnesiwm clorid ymdoddi cyn y gallwn ei electroleiddio.

Alwminiwm yw'r pwysicaf o'r metelau adweithiol sy'n cael eu hechdynnu trwy electrolysis. Caniau alwminiwm sy'n dal diodydd pop fel arfer. Fyddwch chi'n ailgylchu caniau pop?

Edrychwch yn ôl ar dudalen 30 i weld ym mhle mae alwminiwm a charbon yn y Gyfres Adweithedd:

a) Pa un sydd uchaf yn y Gyfres, alwminiwm neu garbon?

b) Eglurwch pam na allwn ni ddefnyddio carbon i rydwytho alwminiwm ocsid.

Caniau alwminiwm.

Mae alwminiwm i'w gael mewn mwyn o'r enw **bocsit**.
Mae ffotograff o'r mwyn ar dudalen 26.
Mae'r mwyn yn cynnwys alwminiwm ocsid.
Ein gwaith ni yw cael gwared â'r ocsigen a gadael y metel alwminiwm ar ôl.
Hynny yw, mae'n rhaid i ni rydwytho'r alwminiwm ocsid.
Ond oherwydd bod alwminiwm yn adweithiol, nid yw hyn yn hawdd.
Cofiwch fod rhaid gwneud i'r cyfansoddyn metel ymdoddi, yna gyrru trydan trwyddo.

c) Pam mae'n rhaid i'r cyfansoddyn metel ymdoddi cyn electrolysis?

Mwyngloddio bocsit.

Yn yr achos hwn, y cyfansoddyn metel yw alwminiwm ocsid.
Cyfansoddyn gwyn yw hwnnw. Felly, oherwydd y lliw, mae'n amlwg ei fod yn gymysg â phethau eraill yn ei fwyn, sef bocsit.
Y cam cyntaf yw gwahanu'r alwminiwm ocsid oddi wrth y cymysgedd.
Mae'r gwastraff brown yn cael ei gadw mewn lagwnau.
Edrychwch ar y llun hwn:

ch) Sut mae mwyngloddio bocsit yn effeithio ar ein hamgylchedd?

d) Sut gallwn ni helpu i wella'r broblem?

Unwaith y mae gennych alwminiwm ocsid, gallwch ei electroleiddio.
Mae hyn yn digwydd mewn ffatri gan ddefnyddio llawer o gelloedd fel hyn:

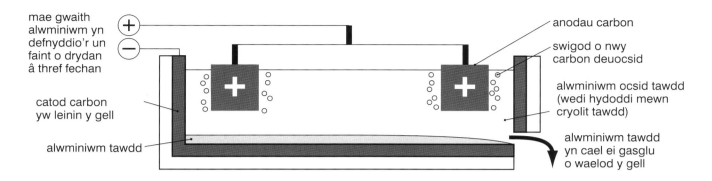

mae gwaith alwminiwm yn defnyddio'r un faint o drydan â thref fechan

anodau carbon

swigod o nwy carbon deuocsid

alwminiwm ocsid tawdd (wedi hydoddi mewn cryolit tawdd)

catod carbon yw leinin y gell

alwminiwm tawdd

alwminiwm tawdd yn cael ei gasglu o waelod y gell

Edrychwch ar y diagram uchod:

dd) O beth y mae'r electrodau wedi eu gwneud?

e) Ar ba electrod (+ neu –) y mae'r alwminiwm yn ymffurfio?

f) Beth sy'n ymffurfio ar yr electrod arall?

Mae'r alwminiwm ocsid yn cael ei gymysgu â **chryolit tawdd** ac yn hydoddi ynddo yn y gell. Mae hyn yn gwneud ei ymdoddbwynt uchel yn is. Gallwch wneud i'r alwminiwm ocsid ymdoddi ar dymheredd is ac arbed arian ar y gwresogi!

> Ar yr electrod *negatif* (catod) rydyn ni'n cael *alwminiwm*.
> Ar yr electrod positif (anod) rydyn ni'n cael nwy ocsigen.

Mae'r nwy ocsigen sy'n ymffurfio ar yr electrod positif yn adweithio â'r anodau carbon poeth. Mae'r rheini yn llosgi, gan ffurfio nwy *carbon deuocsid*. Felly rhaid gosod anodau newydd yn aml.

ff) Ysgrifennwch hafaliad geiriau ar gyfer adwaith ocsigen â charbon.

g) Pam rydyn ni'n defnyddio electrodau carbon yn hytrach nag electrod na fyddai'n adweithio â'r ocsigen, er enghraifft platinwm?

I'ch atgoffa!

1 Copïwch a chwblhewch:

Mae alwminiwm yn cael ei gloddio o fwyn o'r enw ......
Mae'r alwminiwm ...... yn cael ei wahanu oddi wrth weddill y mwyn. Yna mae'n cael ei electroleiddio mewn cell ag anodau ......
Mae ymdoddbwynt yr alwminiwm ...... yn cael ei ostwng trwy ei gymysgu â ......

2 Eglurwch y pethau hyn am echdynnu alwminiwm:

a) Dydyn ni ddim yn defnyddio metel, fel sodiwm, i ddadleoli alwminiwm yn y broses.

b) Yn aml, bydd gwaith alwminiwm yn agos at orsaf drydan dŵr.

c) Rhaid gosod anodau newydd yn rheolaidd.

Ydych chi erioed wedi meddwl pam mae alwminiwm
yn fetel mor ddefnyddiol ac yntau mor adweithiol?
Edrychwch ar ei safle yn y Gyfres Adweithedd:

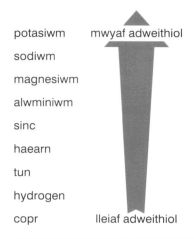

potasiwm   mwyaf adweithiol

sodiwm

magnesiwm

alwminiwm

sinc

haearn

tun

hydrogen

copr   lleiaf adweithiol

a) Beth fyddai'n digwydd i'r asid mewn diod pop petai'r
can wedi ei wneud o sinc neu fagnesiwm?

Ond nid yw caniau alwminiwm yn cyrydu. Dydyn nhw ddim yn
adweithio ag aer na dŵr (nac asid hyd yn oed). Pam hynny?
Nid yw hyn yn gwneud synnwyr, yn ôl y Gyfres Adweithedd.
Fe allwch chi hyd yn oed ddefnyddio alwminiwm i wneud fframiau ffenestri.
Maen nhw'n para am flynyddoedd.

b) Pam mae'n rhaid rhoi ffenestri alwminiwm newydd weithiau,
er nad ydyn nhw wedi cyrydu?

Mae alwminiwm mor anadweithiol oherwydd yr haen sydd arno.
Nid ni sy'n rhoi'r haen ar y metel, fel y gwnawn ni ar haearn neu ddur.
Does dim angen i ni wneud dim!
Mae alwminiwm yn adweithio mewn aer i ffurfio **haen o alwminiwm ocsid**.

Mae'r haen ocsid yn wydn. Mae'n ffurfio rhwystr ar arwyneb yr
alwminiwm. Ni fydd aer na dŵr yn gallu cyrraedd yr alwminiwm oddi
tano. Felly ni fydd yn adweithio (cyrydu) dim mwy.

Alwminiwm yw ffrâm y tŷ gwydr.

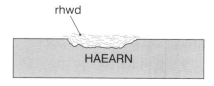

rhwd

HAEARN

haen wydn
o alwminiwm ocsid
ar yr arwyneb

ALWMINIWM

c) Pam nad yw haen o rwd yn amddiffyn haearn rhag i aer a dŵr
ymosod arno ymhellach? Sut mae alwminiwm yn wahanol?

Mae hyn yn golygu y gallwn ni ddefnyddio alwminiwm ar gyfer pob math o adeiledd sydd angen gwrthsefyll y tywydd. Mae ganddo briodweddau defnyddiol, yn enwedig ei **ddwysedd isel**. Beth fyddai orau gennych chi ei reidio i ben mynydd, beic â ffrâm ddur neu un â ffrâm alwminiwm? Pam? Ond beth petaech yn cael damwain ar y beic – efallai y byddech yn newid eich meddwl. Pa fetel yw'r cryfaf o'r ddau, tybed?

Gallwn **wneud alwminiwm yn gryfach trwy greu aloi** â metelau eraill. Er enghraifft, mae yna aloi o alwminiwm wedi'i gymysgu ag ychydig o fagnesiwm a chopr. Mae'n cael ei ddefnyddio i wneud awyrennau.

ch) Pam mae alwminiwm yn fetel ardderchog ar gyfer gwneud awyrennau cludo teithwyr?

Felly sut mae creu aloi yn gwneud y metel yn gryfach?
Edrychwch ar y diagram hwn:

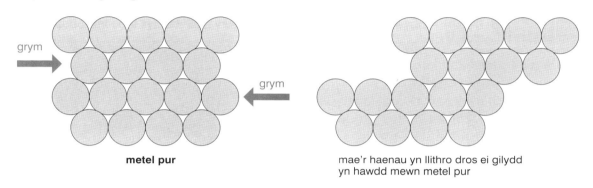

metel pur

mae'r haenau yn llithro dros ei gilydd yn hawdd mewn metel pur

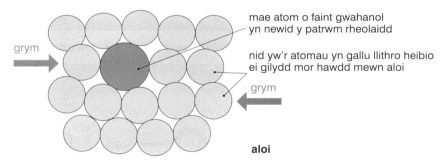

mae atom o faint gwahanol yn newid y patrwm rheolaidd

nid yw'r atomau yn gallu llithro heibio ei gilydd mor hawdd mewn aloi

aloi

Pan fydd atomau o wahanol feintiau wedi eu cymysgu, nid yw'r haenau yn gallu llithro heibio i'w gilydd mor hawdd. Yn ddigon tebyg i garreg fechan yn cadw drws rhag cau!

I'ch atgoffa!

1 Copïwch a chwblhewch:

Nid yw alwminiwm mor ...... â'r disgwyl o edrych ar ei safle yn y Gyfres ......
Mae'n cael ei amddiffyn gan ...... wydn o alwminiwm ...... ar arwyneb y metel.
Gallwn wneud alwminiwm yn fwy caled, ... neu yn llai hyblyg trwy ychwanegu metelau eraill i wneud ......

2 a) Pa fetelau sy'n cael eu hychwanegu at alwminiwm i wneud aloi sy'n cael ei ddefnyddio mewn awyrennau?

b) Pam mae angen defnyddio aloiau alwminiwm ar gyfer y gwaith hwn?

c) Eglurwch sut mae creu aloi yn gwneud metel yn gryfach.

ch) Rhestrwch aloiau eraill.
Pa fetelau sydd ynddyn nhw?

Pryd roedd y tro diwethaf i chi ddefnyddio metel copr?
Efallai eich bod yn meddwl am yr aloiau copr mewn darnau arian.
Ond beth am y tro diwethaf i chi agor tap?
Mae'n debyg mai pibellau copr oedd yn cludo'r dŵr i'r tap.
Neu beth am gynnau'r golau?
Ar hyd gwifrau copr y mae'r trydan yn llifo.

a) Pa rai o briodweddau copr sy'n ei wneud yn dda ar gyfer y pethau uchod?

Dyma bibellau copr i gludo dŵr.

Ond pam mae copr yn y bennod hon o'r enw 'Metelau ac electrolysis'?
Onid y metelau adweithiol yn unig sy'n cael eu hechdynnu trwy electrolysis?
Ac fe wyddon ni pa mor **anadweithiol** yw copr!
Wel, mae electrolysis yn cael ei ddefnyddio i gael **copr pur**.

Mae angen copr pur iawn i wneud gwifrau trydan.
Ond mae yna ormod o amhureddau mewn copr sydd wedi ei echdynnu o'i fwyn. Felly nid yw'r copr gystal am ddargludo trydan.
Felly rhaid rhoi'r copr amhur mewn celloedd fel yr un ar y dudalen nesaf.

b) Pam mae angen copr pur i wneud gwifrau trydan?

c) Edrychwch yn ôl ar dudalen 41. Ai gwefr bositif neu un negatif sydd ar ïon copr, yn eich barn chi?

Edrychwch ar yr arbrawf electrolysis hwn:

Copr yw'r gwifrau sy'n cludo trydan.

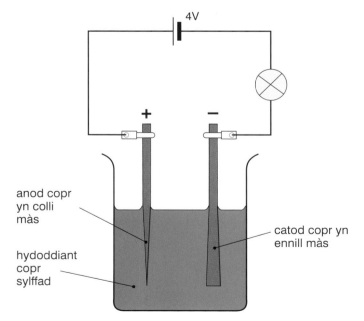

anod copr
yn colli
màs

catod copr yn
ennill màs

hydoddiant
copr
sylffad

Dyma'r canlyniad:

màs wedi'i golli ar yr anod (+) = màs wedi'i ennill ar y catod (−)

ch) Beth sy'n digwydd i'r anod copr (+)?

d) Beth sy'n digwydd i'r catod copr (−)?

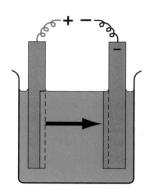

Mae'r màs sydd wedi'i golli ar yr anod yr un faint â'r màs sydd wedi'i ennill ar y catod.

Ym myd diwydiant, celloedd fel hyn sy'n cael eu defnyddio:

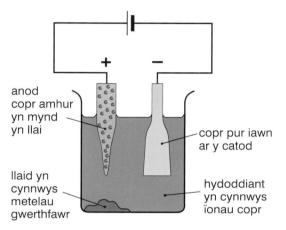

anod copr amhur yn mynd yn llai

copr pur iawn ar y catod

llaid yn cynnwys metelau gwerthfawr

hydoddiant yn cynnwys ïonau copr

Ym myd diwydiant, bydd llawer o'r celloedd hyn yn gweithio yr un pryd. Bydd y catodau yn cael eu newid ar ôl tua phythefnos.

Mae'r **anod (+) wedi ei wneud o gopr amhur** o'r mwyn.
Mae'r **catod (−) yn ddarn o gopr pur**.
Mae yna ïonau copr yn yr hydoddiant o'u cwmpas. Mae gwefr bositif ar y rhain.

dd) Beth sy'n digwydd i'r amhureddau?

e) Ydych chi'n credu bod yr amhureddau yn cael eu taflu ymaith? Pam?

Rhaid rhoi catodau newydd bob tua phythefnos.

f) Pam mae angen newid y catodau yn rheolaidd?

I'ch atgoffa!

1 Copïwch a chwblhewch:

Mae'n hawdd echdynnu copr o'i ...... ond mae angen copr ...... iawn i wneud ...... trydan.
Copr amhur yw'r ...... yn y gell, a chopr ...... yw'r ......
Mae'r hydoddiant yn cynnwys ...... copr. Mae'r ...... yn tyfu a rhaid rhoi un newydd bob tua ...... o amser.

2 Gallwn ddefnyddio electrolysis i blatio metelau â haen denau o fetel gwahanol. Y term am hyn yw electroplatio.

a) Rydych chi eisiau platio fforc ddur â nicel. Beth y byddech chi'n ei ddefnyddio i wneud y catod?

b) Pa fetel fyddai'r anod?

c) Lluniwch ddiagram o'ch cylched.

Crynodeb

Electrolysis yw'r broses o hollti sylwedd gan ddefnyddio trydan.
Mae'n cael ei ddefnyddio i echdynnu metelau adweithiol, fel **alwminiwm**.
Mae alwminiwm yn dod o'i fwyn **bocsit**, sy'n cynnwys alwminiwm ocsid.

Mae'r alwminiwm ocsid yn ymdoddi mewn cymysgedd â chryolit tawdd.
Mae hyn yn gwneud ymdoddbwynt yr alwminiwm ocsid yn is.
Carbon yw'r electrodau.
Mae alwminiwm yn ymffurfio ar y catod (−).
Mae carbon deuocsid yn cael ei ryddhau ar yr anod (+).
(Mae'r ocsigen o'r alwminiwm ocsid yn adweithio â'r anod carbon i wneud carbon deuocsid.)
Felly mae'r anod yn llosgi yn yr ocsigen a rhaid rhoi anod newydd yn aml.

Mae'r alwminiwm yma yn fetel defnyddiol iawn.
Nid yw'n cyrydu gan fod haen wydn iawn o alwminiwm ocsid ar ei arwyneb.

Gallwn wneud alwminiwm yn gryfach trwy ffurfio **aloiau**, trwy ei gymysgu â mymryn bach o fetelau eraill, fel magnesiwm.
Mae'r aloiau hyn yn gallu bod yn llawer cryfach a chaletach nag alwminiwm pur.

Caiff electrolysis ei ddefnyddio i *buro* **copr**.
Copr amhur yw'r anod. Copr pur yw'r catod.
Maen nhw'n cael eu gosod mewn hydoddiant sy'n cynnwys ïonau copr â gwefr bositif.
Mae'r catod yn mynd yn fwy wrth i gopr pur ymffurfio arno.
Rhaid tynnu'r catod a rhoi un newydd yn ei le bob tua phythefnos.

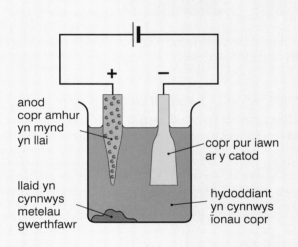

anod
copr amhur
yn mynd
yn llai

copr pur iawn
ar y catod

llaid yn
cynnwys
metelau
gwerthfawr

hydoddiant
yn cynnwys
ïonau copr

Cwestiynau

1 Copïwch a chwblhewch:

Rydym yn defnyddio ...... i echdynnu metelau adweithiol iawn. Er enghraifft rhaid echdynnu ...... o'i fwyn, sef bocsit. Mae alwminiwm ...... yn cael ei wahanu oddi wrth y mwyn, yna mae'n ymdoddi mewn cymysgedd â ...... (er mwyn gwneud ei ymdoddbwynt yn ......). Yn y gell, mae'r electrodau wedi eu gwneud o ...... Mae ...... tawdd yn ymffurfio ar y catod (yr electrod ......). Caiff ocsigen ei gynhyrchu ar yr anod, ac mae'n adweithio â'r electrod carbon gan ffurfio nwy carbon ...... Mae hyn yn golygu bod angen ...... yr anodau yn rheolaidd.

Mae metel alwminiwm yn cael ei ...... rhag cyrydu gan haen o alwminiwm ...... Mae'n bosib gwneud y metel yn fwy cryf, caled a gwydn trwy wneud ......

Caiff electrolysis ei ddefnyddio i ...... copr. Copr amhur yw'r electrod .... Caiff ...... pur ei ddefnyddio i wneud y catod. Mae'r cyfan mewn hydoddiant o ...... copr.

2 Edrychwch ar y diagram hwn:

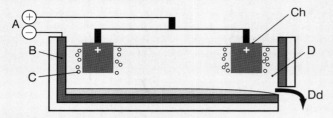

a) Beth yw'r labeli sydd ar goll, yn A i Dd?

b) Pam mae'n bwysig ailgylchu metelau, fel alwminiwm?

3 a) Beth yw ystyr y gair 'electrolysis'?

b) Beth sy'n ymffurfio ar bob electrod pan fydd y cyfansoddion tawdd yma'n cael eu helectro-leiddio? Dywedwch beth sy'n ymffurfio ar y catod (–) a beth sy'n ymffurfio ar yr anod (+).
   i) sodiwm bromid
   ii) potasiwm ocsid
   iii) magnesiwm clorid
   iv) lithiwm ïodid

c) Pam mae'n rhaid i'r cyfansoddion yn rhan b) ymdoddi cyn y gallwn eu helectroleiddio?

4 Dwralwmin yw enw un o aloiau alwminiwm. I'w wneud, mae ychydig o gopr a magnesiwm yn cael eu hychwanegu at alwminiwm. Caiff dwralwmin ei ddefnyddio i wneud awyrennau.

a) Pam mae'r metelau eraill yn cael eu hychwanegu at yr alwminiwm?

b) Lluniwch ddiagram o'r atomau mewn metel pur ac mewn aloi. Defnyddiwch hwn i ddangos sut mae gwneud aloi o fetel pur yn newid ei briodweddau.

5 a) Lluniwch ddiagram i ddangos sut rydym yn cael copr pur o gopr amhur ym myd diwydiant.

b) Mewn arbrawf yn y labordy, bu myfyrwraig yn electroleiddio hydoddiant copr sylffad. Fe ddefnyddiodd electrodau copr, a'u pwyso cyn ac ar ôl yr arbrawf.

   Mae'r electrod positif wedi colli 2.0 g. Beth ddigwyddodd i'r electrod negatif?

c) Petaen ni'n gadael i'r cerrynt lifo, pam y byddai'r electrolysis yn dod i ben yn y diwedd?

6 Mae sodiwm yn fetel adweithiol sy'n cael ei echdynnu trwy electrolysis mewn Cell Down:

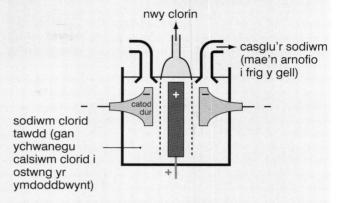

Cell Down ar gyfer echdynnu sodiwm.

a) O ba gyfansoddyn rydyn ni'n echdynnu sodiwm?

b) Ar ba electrod y mae'r sodiwm yn ymffurfio? Pam?

c) Beth sy'n ymffurfio ar yr electrod arall?

7 a) Pa rai o'r metelau hyn allwch chi ddim eu hechdynnu trwy eu rhydwytho â charbon?

   potasiwm
   copr
   sinc
   magnesiwm
   plwm
   alwminiwm

   Sut gwnaethoch chi benderfynu ar eich ateb?

b) Beth sy'n rhaid i ni ei wneud i echdynnu'r metelau yn rhan a)?

c) Pam mae'r metelau hyn yn ddrud?

8 Pa rai o'r datganiadau hyn sy'n gywir?

a) Anodau copr sy'n cael eu defnyddio wrth echdynnu alwminiwm.

b) Gwefr bositif sydd ar yr anodau.

c) Mae'r alwminiwm yn ymffurfio ar yr anod.

ch) Mae'r alwminiwm yn ymffurfio ar y catod.

d) Wrth buro copr, mae'r catod yn mynd yn drymach yn ystod y broses.

Metelau, Asidau a Halwynau

▶▶▶ 5a Niwtralu

Asidau o'n cwmpas

Am beth y byddwch chi'n ei feddwl wrth glywed y gair asid?

a) Siaradwch â'ch partner am yr holl bethau rydych chi'n eu gwybod neu'n eu teimlo am asidau.
Lluniwch fap meddwl yn cynnwys eich syniadau.

Mae finegr yn cynnwys asid ethanoig *(asid gwan).*

asidau

Nid yw pob asid yn hylif peryglus.
Fel arfer, mae pobl yn hoffi mymryn o asid ar eu sglodion!
Mae blas finegr yn siarp a sur, fel blas asid.
Mae'n cynnwys asid ethanoig.

b) Rhestrwch 4 peth sydd â blas siarp.

Ydych chi wedi rhoi oren neu lemwn ar eich rhestr?
Maen nhw'n cynnwys asid citrig.
Mae diodydd pop yn asidig hefyd.

Edrychwch ar label potel Coca-Cola:

c) Enwch asid sydd yn y cola.

Asidau yn y labordy

Ydych chi wedi defnyddio asid yn eich gwersi Gwyddoniaeth?
Ydych chi'n cofio pa rai?
Mae yna 3 asid cyffredin sy'n cael eu defnyddio mewn ysgolion.
Dyma nhw:

asid hydroclorig	HCl
asid sylffwrig	H_2SO_4
asid nitrig	HNO_3

ch) Ewch ati i ddarganfod pa un o'r asidau cryf hyn sydd yn eich stumog.

d) Beth yw gwaith yr asid hwn yn eich stumog?

Niwtralu asid

Gawsoch chi gamdreuliad erioed?
Mae'r teimlad 'llosgi' yn digwydd oherwydd bod gormod o asid yn eich stumog. Un ffordd o gael gwared â'r boen yn gyflym yw llyncu tabled. Mae'r dabled yn cynnwys **alcali** (neu fas) sy'n cael gwared â'r asid.

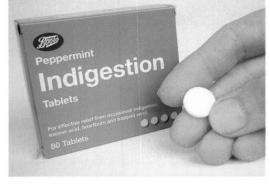

dd) Enwch wahanol fathau o dabledi camdreuliad.

Yn gemegol, mae asidau ac alcalïau yn groes i'w gilydd.
Maen nhw'n adweithio â'i gilydd ac yna'n 'canslo ei gilydd'.

Trwy gymysgu'r union faint o asid ac alcali â'i gilydd, fe gawn ni hydoddiant **niwtral**.

Bydd tabled fel hon yn niwtralu'r gormodedd o asid yn eich stumog.

> Yr enw ar yr adwaith rhwng asid ac alcali yw **niwtraliad**.

Y raddfa pH

Ydych chi wedi defnyddio **dangosydd cyffredinol** o'r blaen?
Dyma'r dangosydd sy'n gallu newid yn wahanol liwiau.
Rydyn ni'n ei ddefnyddio i fesur pH hydoddiant.
Mae'r rhif pH yn dangos a yw hydoddiant yn:
- asidig
- alcalïaidd
- niwtral
… ond mae hefyd yn dangos *pa mor asidig neu alcalïaidd* yw hydoddiant. Edrychwch ar y raddfa pH hon:

1	2	3	4	5	6	7	8	9	10	11	12	13	14

◄── mwy asidig ── | niwtral | ── mwy alcalïaidd ──►

pH yn llai na 7 = asidig	pH yn 7 = niwtral	pH yn fwy na 7 = alcaïaidd

e) Chwiliwch am 3 ffordd o fesur pH hydoddiant.

*Mewn graddfa pH
Mae lliwiau fyrdd,
Ond ar pH niwtral
Mae'r hydoddiant yn wyrdd.*

I'ch atgoffa!

1 Copïwch a chwblhewch:

Yn gemegol, mae asidau ac …… yn groes i'w gilydd.
Trwy ychwanegu asid at alcali, rydym yn cael adwaith ……
Mae'r rhif …… yn dangos a yw hydoddiant yn asidig, alcalïaidd neu …… Gallwn ddefnyddio dangosydd …… i ddod o hyd i'r rhif hwn.

2 a) Rhowch y gwerthoedd pH hyn mewn trefn, gan gychwyn â'r asid cryfaf: 5, 8, 2, 12, 7

b) Pa un sy'n niwtral?

3 Dyluniwch hysbyseb ar gyfer cylchgrawn neu'r teledu i werthu math newydd o dabledi stumog.

Dychmygwch baced o greision heb yr halen.
Byddai'r blas yn wahanol iawn!
Rydyn ni i gyd yn gyfarwydd â halen.
Mae mymryn o halen yn gallu rhoi gwell blas ar rai bwydydd.
Ond ydych chi'n gwybod enw cemegol yr halen
rydyn ni'n ei roi ar fwyd?
Sodiwm clorid yw halen. Ei fformiwla gemegol yw **NaCl**.

a) Enwch fwyd sy'n blasu'n well â mymryn o halen.

b) Enwch fwyd fyddai'n difetha petaech yn ychwanegu halen ato.

c) Pam mae meddygon yn poeni os byddwn ni'n bwyta gormod o halen?

Ym myd cemeg, mae yna enw arbennig ar deulu o sylweddau fel halen. Un yn unig o blith grŵp mawr o'r rhain yw sodiwm clorid. Mae'n perthyn i grŵp o *gyfansoddion metel* o'r enw *halwynau*. Gallwn wneud yr halwynau hyn trwy niwtralu asidau.

Cyfansoddyn metel wedi ei wneud o asid yw **halwyn**.

ch) Pam y gallwn ni alw sodiwm clorid yn 'halen cyffredin' neu 'halen coginio' a hefyd ei alw'n 'halwyn'?

Mae'r halwyn sy'n cael ei wneud mewn adwaith niwtralu yn dibynnu ar:
- yr asid sy'n cael ei ddefnyddio
- y metel sy'n rhan o'r adwaith.

Efallai fod y metel yn rhan o alcali sy'n cael ei ychwanegu at yr asid. Edrychwch ar yr adwaith hwn:

Grisialau sodiwm clorid.

Sodiwm hydrocsid + asid hydroclorig → sodiwm clorid + dŵr
halwyn

d) Pa asid sy'n cael ei ddefnyddio yn yr adwaith uchod?

dd) Mae sodiwm hydrocsid yn alcali.
   Pa fetel sydd ynddo?

e) Enwch yr halwyn sy'n cael ei wneud yn yr adwaith.

Yn gyffredinol gallwn ddweud:

asid + alcali → halwyn + dŵr

Enwi halwynau

Edrychwch ar un o adweithiau eraill asid hydroclorig:

Magnesiwm hydrocsid + asid hydroclorig → magnesiwm clorid + dŵr

Dyma'r adwaith sy'n digwydd wrth i rai tabledi camdreuliad weithio.

f) Beth yw enw'r halwyn sy'n cael ei wneud yn yr adwaith uchod?

ff) Beth sy'n gyffredin rhwng enwau'r halwynau sy'n cael eu gwneud o asid hydroclorig?

Ar dudalen 50 gwelsom yr asidau cyffredin a allai fod mewn labordy.

g) Enwch y tri asid cyffredin sy'n cael eu cadw mewn labordy cemeg.

Mae pob asid yn ffurfio halwynau. Yr asid sy'n rhoi 'cyfenw' yr halwyn (ail hanner enw'r halwyn).

> Mae asid hydroclorig yn gwneud halwynau o'r enw **cloridau**.
> Mae asid nitrig yn gwneud halwynau o'r enw **nitradau**.
> Mae asid sylffwrig yn gwneud halwynau o'r enw **sylffadau**.

Daw 'enw cyntaf' yr halwyn o'r metel.
Felly dyma enghreifftiau
o halwynau:
plwm clorid
sinc nitrad
haearn sylffad.

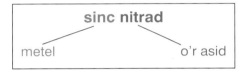

Metel a 'rhan ôl' yr asid yw halwyn.

Mae rhai metelau yn adweithio ag asidau.
Wrth iddyn nhw adweithio, maen nhw'n rhyddhau nwy hydrogen.
Mae halwyn yn cael ei wneud hefyd.
Er enghraifft:

sinc + asid sylffwrig → sinc sylffad + hydrogen

ng) Enwch yr halwyn sy'n cael ei wneud yn yr adwaith uchod.

I'ch atgoffa!

1 Copïwch a chwblhewch:

Caiff halwynau eu gwneud pan fydd ...... yn cael ei ...... gan alcali.
Mae asid hydroclorig yn gwneud halwynau o'r enw ......
Cawn nitradau o asid ......, a chawn ...... o asid sylffwrig.
Daw rhan gyntaf enw'r halwyn o'r ...... a'r ail ran o'r ......

2 Enwch yr halwynau sy'n cael eu gwneud yn yr adweithiau hyn:

a) sinc + asid hydroclorig

b) magnesiwm + asid sylffwrig

c) haearn + asid nitrig

3 Eglurwch pam na allwch chi wneud halwynau copr neu arian trwy ychwanegu'r metelau at asid. (Cliw: edrychwch yn ôl ar dudalen 28.)

Ydych chi'n gwybod beth yw'r gwrthwyneb i asid?
Efallai y byddech yn dweud 'alcali' a does dim yn anghywir yn hynny.
Ond byddai '**bas**' yn ateb gwell.
Rydyn ni wedi gweld yn barod sut mae asidau yn cael eu niwtralu gan alcalïau:

asid + alcali → halwyn + dŵr

Gallwn hefyd ddweud:

Mae calch yn fas sy'n cael ei roi ar bridd asidig i'w niwtralu.

asid + bas → halwyn + dŵr

Bas yw'r enw am unrhyw *gyfansoddyn sy'n niwtralu asid*.
Gallwn feddwl am alcali fel bas sy'n hydoddi mewn dŵr.
Unwaith y mae wedi hydoddi, mae'r hydoddiant sy'n cael ei ffurfio yn alcalïaidd.

Mae hydoddiannau alcalïaidd bob amser yn cynnwys **ïonau hydrocsid** wedi hydoddi yn y dŵr. Eu fformiwla yw **OH⁻ (d)**.

Edrychwch ar y diagram hwn:

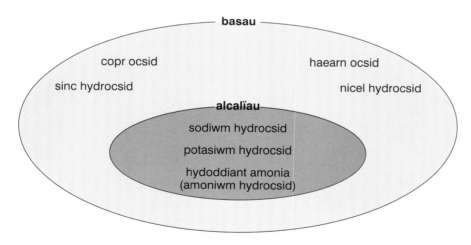

Alcalïau yn y labordy
Dyma dri hydoddiant alcalïaidd sy'n cael eu cadw yn labordy'r ysgol:
- hydoddiant sodiwm hydrocsid
- hydoddiant potasiwm hydrocsid
- hydoddiant calsiwm hydrocsid (dŵr calch)

a) Enwch ddau sylwedd sy'n ffurfio hydoddiannau alcalïaidd.
b) Enwch sylwedd a fydd yn niwtralu asid, ond sydd ddim yn hydoddi mewn dŵr.
c) Beth yw enw'r math o sylwedd sydd yn rhan b)?
ch) Beth gewch chi pan fydd bas yn adweithio ag asid?
d) Enwch un ffordd y mae ffermwyr yn defnyddio basau.
dd) Enwch un defnydd ar gyfer alcali cryf.

Caiff alcali cryf ei ddefnyddio i dynnu saim oddi ar bopty. Pam mae'r dyn yn gwisgo menig?

Amonia

Nwy yw amonia.

Ei fformiwla gemegol yw NH_3.

Amonia yw yr *unig nwy alcalïaidd cyffredin*.

Felly gallwn ddefnyddio'r ffaith hon er mwyn cynnal prawf ar gyfer nwy amonia:

> Mae nwy amonia yn troi papur litmws coch, llaith, yn las.

Mae amonia yn nwy alcalïaidd.

Wrth hydoddi mewn dŵr mae'n gwneud hydoddiant gwan o amoniwm hydrocsid. Ar y dudalen flaenorol, gwelsom fod ïonau hydrocsid wedi hydoddi yn gwneud hydoddiannau yn alcalïaidd.

e) Sut gallwn ni gynnal prawf ar gyfer nwy amonia?

f) Pam mae'n rhaid i'r papur litmws fod yn llaith?

Mae hydoddiant amonia (amoniwm hydrocsid) yn alcali.

Felly bydd yn adweithio ag asid. Mae'r halwyn sy'n ymffurfio yn cael ei alw yn **halwyn amoniwm**.

> Mae amon**ia** yn niwtralu asidau, gan ffurfio halwynau amon**iwm**.

Nwy amonia a nwy hydrogen clorid yn gwneud yr halwyn amoniwm clorid. Dyna'r gronynnau bach gwyn sy'n edrych fel 'mwg'.

Er enghraifft:

amoniwm hydrocsid + asid hydroclorig → amoniwm clorid + dŵr

halwyn amoniwm

ff) Enwch yr halwyn sy'n ymffurfio wrth i hydoddiant amonia gael ei ychwanegu at asid nitrig.

g) Sut gallech chi gynnal prawf ar nwy anhysbys i weld ai hydrogen clorid (HCl) yw'r nwy?

---

1 Copïwch a chwblhewch:

Basau yw'r ...... i asidau. Maen nhw'n adweithio â'i gilydd mewn adwaith ......

asid + bas → ...... + ...

Alcalïau yw basau sy'n ...... mewn dŵr. Mewn hydoddiant, maen nhw'n ffurfio ïonau ...... â'r fformiwla ......

Mae nwy amonia yn hydoddi mewn dŵr i ffurfio hydoddiant ...... Os byddwch yn ychwanegu asid, bydd halwyn ...... yn ymffurfio.

2 a) Rhowch yr hafaliad geiriau ar gyfer yr adwaith rhwng sinc ocsid (bas) ac asid sylffwrig.

b) Ysgrifennwch hafaliad arall ar gyfer sinc hydrocsid (bas arall) ac asid nitrig.

3 Enwch yr halwyn sy'n ymffurfio yn yr adweithiau hyn:

a) nicel ocsid + asid hydroclorig

b) copr hydrocsid + asid nitrig

c) hydoddiant amonia + asid sylffwrig

Mae'n debyg eich bod wedi defnyddio copr sylffad yn eich gwersi cemeg.

Grisialau glas yw'r cyfansoddyn hwn. Weithiau bydd pobl sy'n tyfu grawnwin yn ei ddefnyddio i ladd plâu ar y gwinwydd.

Gallwn ddefnyddio copr sylffad anhydrus i gynnal prawf am ddŵr. (Powdr gwyn yw hwn sy'n troi'n gopr sylffad glas wrth i chi ychwanegu dŵr ato.)

Mae halwynau yn ddefnyddiol iawn. Dyma ffermwr yn rhoi copr sylffad ar ei winwydd i ladd plâu. Pam mae angen golchi grawnwin yn dda cyn eu bwyta?

a) Ai asid, bas neu halwyn yw copr sylffad?

b) Pa liw yw hydoddiant copr sylffad?

Ar ddudalennau 52 a 53 gwelsom sut i wneud halwynau o asidau.

c) Pa asid y byddech chi'n ei ddefnyddio i wneud copr sylffad?

Mae copr yn un o 'deulu' o fetelau o'r enw y **metelau trosiannol**. (Edrychwch ar dudalen 22.) Enghreifftiau eraill yw haearn a nicel. Mae ganddyn nhw ocsidau a hydrocsidau sydd *ddim yn hydoddi mewn dŵr*, felly allwn ni ddim eu galw yn alcalïau. Ond maen nhw yn niwtralu asidau, ac yn cael eu galw yn **fasau**. Edrychwch yn ôl ar ddudalen 54.

Grisialau copr sylffad.

ch) Enwch un o gyfansoddion haearn sy'n fas.

Gallwn gael y copr sydd mewn copr sylffad o fas.
Byddai'n bosibl defnyddio'r bas **copr ocsid** neu **gopr hydrocsid**.
Bydd y sylffad yn dod o **asid sylffwrig**.
Bydd yr halwyn, **copr sylffad**, yn hydoddi yn y dŵr sydd yno.

d) Gorffennwch yr hafaliad:
copr hydrocsid + asid sylffwrig → ...... + ...

Petaech chi'n rhoi cynnig ar yr arbrawf yma, sut byddech chi'n gwybod bod yr asid i gyd wedi ei ddefnyddio? Sut gallech chi ddweud bod y cyfan wedi cael ei niwtralu?
Oeddech chi'n meddwl y byddai'n syniad da ychwanegu dangosydd? Ond does dim angen. Cofiwch nad yw'r bas yn hydoddi mewn dŵr. Felly pan fydd yr asid i gyd wedi adweithio, fe welwch chi ddarnau solid o'r bas yn yr hydoddiant.

Bas yw copr ocsid. Mae'n niwtralu asidau ond mae'n anhydawdd mewn dŵr.

dd) Powdr du yw'r bas, copr ocsid.
Beth welwch chi mewn bicer ar ôl ychwanegu gormod o gopr ocsid i niwtralu hydoddiant asid sylffwrig?

Gwneud copr sylffad yn y labordy

Gallwch wneud copr sylffad fel hyn:

Cam 1 • Tywallt 25 cm³ o asid sylffwrig i ficer bychan. • Ychwanegu llond sbatwla o gopr ocsid.  copr ocsid 25 cm³ o asid sylffwrig gwanedig	**Cam 2** • Troi â rhoden wydr. • Ychwanegu mwy o gopr ocsid, un llond sbatwla ar y tro, nes bod dim mwy yn hydoddi.  powdr copr ocsid du wedi gwasgaru trwy'r hydoddiant
Cam 3 • Hidlo unrhyw gopr ocsid sydd heb adweithio.  hydoddiant copr sylffad	**Cam 4** • Tywallt yr hydoddiant o'r fflasg i ddysgl anweddu. • Gwresogi uwchben bicer o ddŵr, fel yn y llun. Rhoi'r gorau i wresogi pan fydd grisialau bychan yn dechrau ymffurfio o amgylch ymyl yr hydoddiant. • Gadael yr hydoddiant am ychydig ddyddiau i ffurfio grisialau mwy. 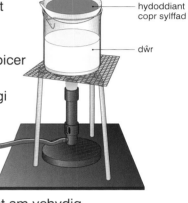 hydoddiant copr sylffad dŵr

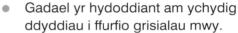

Hafaliad yr adwaith hwn yw:

> copr ocsid + asid sylffwrig → copr sylffad + dŵr

e) Sut mae cael gwared â'r gormodedd o fas (copr ocsid) sydd heb adweithio yng nghymysgedd yr adwaith?

I'ch atgoffa!

1 Copïwch a chwblhewch:

Mae copr ocsid a chopr ...... yn enghreifftiau o ......
Gallwn eu defnyddio i n...... asidau a gwneud h......
Yn yr adwaith, gallwn weld bod yr asid i gyd wedi ei ddefnyddio oherwydd nad yw'r powdr yn ...... mewn dŵr. Gallwn gael gwared â'r gormodedd o gopr ocsid trwy ...... cymysgedd yr adwaith.

2 Copïwch a chwblhewch yr hafaliadau:

a) sinc ocsid + ... → sinc sylffad + ...

b) nicel hydrocsid + asid nitrig → ...... + ...

c) ...... + asid hydroclorig → haearn ...... + dŵr

3 Mae gennych chi nicel ocsid ac asid hydroclorig gwanedig. Tynnwch luniau 'cam wrth gam' ar gyfer dull o wneud nicel clorid.

Mae'n bosib niwtralu asidau â chyfansoddion metel o'r enw **carbonadau** a **hydrogencarbonadau**.

Meddyliwch am y melysion neu'r gwm cnoi sy'n gwneud ewyn ac yn ffisian yn eich ceg. Maen nhw'n cynnwys asid gwan a sodiwm hydrogencarbonad. Wrth i chi sugno'r melysion a'u gwlychu, mae rhywfaint o'r moleciwlau asid yn ymddatod.
Fel pob asid arall mewn dŵr, mae'n gwneud **ïonau hydrogen**, **H$^+$(d)**. Yna mae'r asid yn gallu adweithio â'r hydrogencarbonad.
Y nwy carbon deuocsid sy'n cael ei ryddhau sy'n achosi'r ffisian.

Yr un adwaith sy'n cael ei ddefnyddio mewn powdr codi.
Mae'n gwneud i gacennau godi.

Yn gyffredinol, yr adweithiau yw:

asid + carbonad → halwyn + dŵr + **carbon deuocsid**

ac

asid + hydrogencarbonad → halwyn + dŵr + **carbon deuocsid**

a) Pa ïonau sydd ym mhob hydoddiant asidig?

b) Pa nwy sy'n cael ei ryddhau wrth i garbonad adweithio ag asid?

c) Eglurwch sut mae powdr codi yn gwneud i gymysgedd cacen godi.

Mae carbonadau'r metelau alcalïaidd yn hydoddi mewn dŵr.
Ond mae carbonadau'r metelau trosiannol yn anhydawdd.
Felly gallwn ddefnyddio dull fel yr un ar y dudalen flaenorol i wneud halwyn metel trosiannol.
Bydd powdr carbonad solid ar ôl pan fydd yr asid wedi ei niwtralu. Bydd y ffisian yn stopio hefyd.
Edrychwch ar yr arbrawf hwn:

Powdr codi sy'n gwneud i gacen godi.

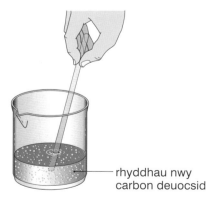
rhyddhau nwy carbon deuocsid

hydoddiant copr clorid

● Troi â rhoden wydr.
● Ychwanegu mwy o gopr carbonad, un llond sbatwla ar y tro, nes bod dim mwy o ffisian.

● Hidlo unrhyw gopr carbonad sydd heb adweithio.

ch) Enwch yr halwyn sy'n cael ei ffurfio yn yr arbrawf.

c) Sut byddech chi'n cael grisialau o'r halwyn?

dd) Pam mae angen hidlo cymysgedd yr adwaith?

e) Sut byddech chi'n gwybod bod yr adwaith rhwng asid a sodiwm carbonad wedi gorffen?

Niwtralu defnyddiol

Gwelsom sut mae tabledi camdreuliad yn gweithio ar dudalen 51. Maen nhw'n niwtralu gormodedd o asid yn eich stumog. Mae yna adweithiau niwtralu defnyddiol eraill.

Edrychwch ar y ffotograffau hyn:

Weithiau mae'r pridd yn rhy asidig ar gyfer cnwd arbennig.

Mae gorsafoedd pŵer sy'n cynhyrchu trydan trwy losgi glo yn rhyddhau nwy sylffwr deuocsid. Mae hyn yn achosi glaw asid.

Mae ffermwyr yn niwtralu pridd asidig trwy ddefnyddio powdr calchfaen (calsiwm carbonad) neu galch tawdd (calsiwm hydrocsid).

Gallwn helpu i leihau glaw asid trwy rwystro nwyon asidig rhag dianc o ffatrïoedd. Mae'r nwyon yn cael eu hanfon trwy unedau 'sgrwbio'. Mae'r rhain yn cynnwys calsiwm carbonad wedi ei gymysgu â dŵr.

f) Pam mae ffermwyr yn niwtralu pridd asidig?

ff) Sylffwr deuocsid yw prif achos glaw asid. Beth yw ei fformiwla gemegol?

I'ch atgoffa!

1 Copïwch a chwblhewch:

Mae asidau yn adweithio â hydrogencarbonadau a ...... gan ryddhau nwy ...... deuocsid. Gallwn ddefnyddio'r adwaith i wneud h...... Er enghraifft, gallwn wneud ...... clorid o gopr carbonad ac asid ......

Mae pob asid yn cynhyrchu ïonau ...... mewn dŵr.

2 Cwblhewch yr hafaliadau geiriau hyn:

a) asid nitrig + ... carbonad → calsiwm nitrad + ... + dŵr

b) asid sylffwrig + ... carbonad → sinc ...... + ... + ...

3 Defnyddiwch yr wybodaeth yn y bennod hon a ffynonellau eraill i wneud poster am 'Adweithiau defnyddiol asidau'.

Gallwn **niwtralu** asid trwy ei adweithio â bas.

Basau sy'n gallu hydoddi mewn dŵr yw alcalïau.

Mae asidau yn ffurfio **ïonau hydrogen**, H^+(d), ac mae alcalïau yn ffurfio **ïonau hydrocsid**, OH^-(d).

Dyma'r hafaliad cyffredinol ar gyfer adwaith niwtralu:

asid + bas (neu alcali) → halwyn + dŵr

Mae'r halwyn gewch chi yn dibynnu ar:

1. yr asid sy'n cael ei ddefnyddio, a
2. y metel yn y bas neu'r alcali.

Mae enw'r halwyn mewn dwy ran.

Daw'r rhan gyntaf o'r metel. Daw'r ail ran o'r asid.

Mae asid hydroclorig yn gwneud halwynau o'r enw **cloridau**.

Mae asid nitrig yn gwneud halwynau o'r enw **nitradau**.

Mae asid sylffwrig yn gwneud halwynau o'r enw **sylffadau**.

Gallwn wneud grisialau halwynau metel o asidau.

Gyda bas anhydawdd, fel hydrocsid (neu ocsid) metel trosiannol, gallwn hidlo'r bas sydd dros ben ar ôl i'r asid gael ei niwtralu.

Yna rhaid anweddu rhywfaint o'r dŵr o hydoddiant yr halwyn a'i adael yn ddigon hir i risialau ymffurfio.

Enghraifft o baratoi halwyn o garbonad

1. ● Tywallt 25 cm³ o asid hydroclorig i ficer bychan.
   ● Ychwanegu llond sbatwla o gopr carbonad.

copr carbonad

25 cm³ o asid hydroclorig gwanedig

2. ● Troi â rhoden wydr.
   ● Ychwanegu mwy o gopr carbonad, un llond sbatwla ar y tro, nes bod dim mwy o ffisian.

rhyddhau nwy carbon deuocsid

3. ● Hidlo unrhyw gopr carbonad sydd heb adweithio.

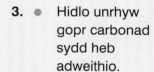

hydoddiant copr clorid

4. ● Tywallt yr hydoddiant o'r fflasg i ddysgl anweddu.
   ● Gwresogi uwchben bicer o ddŵr, fel yn y llun. Rhoi'r gorau i wresogi pan fydd grisialau bychan yn dechrau ymffurfio o amgylch ymyl yr hydoddiant.
   ● Gadael yr hydoddiant am ychydig ddyddiau i ffurfio grisialau.

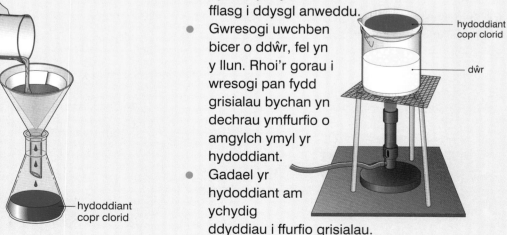

hydoddiant copr clorid

dŵr

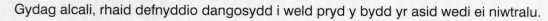

Gydag alcali, rhaid defnyddio dangosydd i weld pryd y bydd yr asid wedi ei niwtralu.

Cwestiynau

1 Copïwch a chwblhewch:

Mae basau yn gallu ...... asidau. Yr enw ar fasau sy'n hydawdd mewn ...... yw ...... Mae'r rhain yn adweithio ag asidau fel hyn:

asid + ... → ...... + dŵr

Mae gwahanol asidau yn gwneud gwahanol halwynau. Er enghraifft, mae asid ...... yn gwneud cloridau, asid nitrig yn gwneud ...... ac asid sylffwrig yn gwneud ...... Felly gallwn wneud sodiwm ...... o asid nitrig, a magnesiwm ...... o asid sylffwrig.

Mae pob asid yn cynhyrchu ïonau ...... mewn dŵr. Eu fformiwla yw ...... (d). Mae alcalïau yn ffurfio ïonau ...... (d) o'r enw ïonau ......

2 Bu Gwenno yn defnyddio dangosydd cyffredinol i brofi hydoddiannau.

a) Trodd yr hydoddiant cyntaf yn borffor ar ôl ychwanegu'r dangosydd.
A oedd yr hydoddiant yn asidig, yn alcalïaidd neu'n niwtral?

b) Trodd yr hydoddiant nesaf yn wyrdd ar ôl ychwanegu'r dangosydd. A oedd yn asidig, yn alcalïaidd neu'n niwtral?

c) Yna profodd 4 hylif arall ac ysgrifennodd eu gwerthoedd pH:

   1, 5, 7, 14

ond anghofiodd ysgrifennu enwau'r hylifau. Helpwch hi i lenwi'r tabl hwn:

Hylif	Gwerth pH
asid sylffwrig	
dŵr distyll	
sodiwm hydrocsid	
finegr	

ch) Pa liw fyddai pob hydoddiant ar ôl iddi ychwanegu dangosydd cyffredinol?

d) Enwch ffordd arall o brofi pH hydoddiant.

dd) Pa ddull yw'r gorau ar gyfer mesur pH?

Eglurwch eich ateb.

3 Mae Nia a Sion eisiau gwneud grisialau copr sylffad. Mae ganddyn nhw asid sylffwrig gwanedig a phowdr copr ocsid du.

a) Ysgrifennwch hafaliad geiriau ar gyfer yr adwaith.

b) Sut gallan nhw ddweud pryd y bydd yr asid sylffwrig i gyd wedi ei ddefnyddio yn yr adwaith?

c) Pa fath o sylwedd yw'r copr ocsid du – asid, bas neu alcali?

ch) Ysgrifennwch ddull y gallai rhywun mewn dosbarth arall ei ddilyn i wneud grisialau copr sylffad. Gallwch gynnwys diagramau.

4 Mae'r tabl hwn yn dangos pH y pridd mae rhai planhigion yn tyfu'n dda ynddo:

Planhigyn	pH
afal	5.0 – 6.5
tatws	4.5 – 6.0
cyrens duon	6.0 – 8.0
mintys	7.0 – 8.0
nionod	6.0 – 7.0
mefus	5.0 – 7.0

a) Pa blanhigyn sy'n gallu tyfu yn y pridd mwyaf asidig?

b) Pa blanhigion sy'n gallu tyfu mewn pridd alcalïaidd?

c) Sut gallwch chi niwtralu pridd asidig?

5 Cwblhewch yr hafaliadau geiriau hyn:

a) sodiwm hydrocsid + asid hydroclorig →

b) sinc hydrocsid + asid sylffwrig →

c) copr carbonad + asid nitrig →

6 a) Mae nwy amonia yn hydoddi mewn dŵr.

   A yw'r hydoddiant sy'n ymffurfio yn asidig, yn alcalïaidd neu'n niwtral?

b) Enwch yr halwyn a fyddai'n cael ei ffurfio petai hydoddiant amonia yn adweithio ag asid nitrig.

Rhagor o gwestiynau am Fetelau

▶ Grwpiau o fetelau

1 **(a)** Mae'r tabl yn dangos rhai o briodweddau metelau **ac** anfetelau.

Mae **pedair** o'r rhain yn briodweddau metelau. Mae tic wrth un o'r priodweddau hyn.

Ticiwch **dair** o briodweddau **eraill** metelau?

PRIODWEDD	
ymdoddbwynt uchel ar y cyfan	
nwyon ar dymheredd ystafell	
dargludo trydan yn dda	✓
dargludo gwres yn wael	
sgleiniog yn syth ar ôl eu torri	
solidau brau ar y cyfan	
berwbwynt isel ar y cyfan	
gallu plygu'r solid i unrhyw siâp	

(3)

(b) Caiff metelau eu defnyddio i wneud rheiddiaduron mewn systemau gwres canolog.

Eglurwch, mor llawn â phosib, pam mae metelau yn ddefnyddiau da ar gyfer gwneud rheiddiaduron. (3)

(AQA 2001)

2 Mae'r metelau alwminiwm a chopr yn ddefnyddiol iawn. Rhowch **ddwy** o briodweddau'r metelau hyn sy'n eu gwneud yn addas ar gyfer y defnyddiau hyn.

(a) Defnyddio alwminiwm i wneud sosbenni coginio. (2)

(b) Defnyddio copr i wneud gwifrau trydan. (2)

(AQA 1999)

3 Mae'r tabl hwn yn dangos rhai o briodweddau pedair elfen.

Elfen	Ymdodd-bwynt(°C)	Berw-bwynt(°C)	Dargludedd Trydanol	Dwysedd (g/cm³)
copr	1083	2600	dargludydd	8.9
ïodin	114	184	ddim yn dargludo	4.9
haearn	1540	3000	dargludydd	7.9
sylffwr	119	445	ddim yn dargludo	2.1

Defnyddiwch y tabl hwn i ateb y cwestiynau canlynol.

(i) Enwch ddwy elfen sy'n fetelau. (1)

(ii) Rhowch ddau reswm dros eich dewis o elfennau yn rhan (i) (2)

(CBAC)

4 Mae'r rhestr hon yn dangos rhai o elfennau Grŵp 1.

lithiwm

sodiwm

potasiwm

Dewiswch eiriau o'r blwch hwn i gwblhau'r brawddegau sy'n ei ddilyn am elfennau Grŵp 1.

lleihau hydrogen cynyddu
olew ocsigen

(i) Mae adweithedd elfennau Grŵp 1 yn ...... o frig i waelod y grŵp. (1)

(ii) Mae elfennau Grŵp 1 yn cael eu storio mewn ...... rhag iddyn nhw adweithio ag aer. (1)

(iii) Mae potasiwm yn adweithio â'r ...... yn yr aer gan ffurfio potasiwm ocsid. (1)

(iv) Mae sodiwm yn adweithio'n ffyrnig â dŵr gan ffurfio'r nwy di-liw ...... (1)

(CBAC)

5 **(a)** Disgrifiwch adwaith sodiwm â dŵr oer. Cofiwch gynnwys **arsylwadau** ac **enwi cynhyrchion** yr adwaith. (4)

(b) Mae lithiwm yn adweithio mewn ffordd debyg i sodiwm. Cwblhewch yr hafaliad **geiriau** ar gyfer yr adwaith rhwng lithiwm a dŵr.

lithiwm + dŵr → ... + ... (2)

(c) Mae lithiwm a sodiwm fel arfer yn cael eu storio mewn paraffin hylif (olew). Rhowch **un** rheswm dros eu storio fel hyn. (1)

(ch) Mae sodiwm yn llosgi'n ffyrnig mewn ocsigen gan ffurfio sodiwm ocsid. Copïwch yr hafaliad **symbolau** ar gyfer yr adwaith, a'i wneud yn gytbwys.

...... Na + ... → ...... Na_2O (2)

(d) Fyddech chi'n disgwyl i botasiwm adweithio yn fwy, yn llai neu'r un mor ffyrnig â sodiwm yn ei adwaith ag ocsigen? Rhowch eich rhesymau. (2)

(CBAC)

Mae'r cwestiynau yn yr adran hon yn deillio o hen bapurau arholiad. Noder hefyd nad yw cwestiynau AQA yn dod o arholiadau 'byw' y fanyleb gyfredol.

▶ **Echdynnu metelau**

6 Trwy edrych ar adweithiau metelau â dŵr ac asid sylffwrig gwanedig, mae'n bosib rhoi'r metelau yn eu trefn o ran adweithedd.

(a) Mae **A**, **B**, **C** ac **Ch** yn cynrychioli pedwar metel.

Metel	Adwaith â dŵr	Adwaith ag asid sylffwrig
A	Dim adwaith	Adweithio'n araf i ddechrau
B	Dim adwaith	Dim adwaith
C	Adwaith bychan neu ddim adwaith	Adweithio'n gyflym
Ch	Adwaith ffyrnig	Ffyrnig – adwaith peryglus

(i) Rhowch fetelau **A**, **B**, **C** ac **Ch** yn eu trefn o ran adweithedd (y mwyaf adweithiol yn gyntaf). (2)

(ii) Y metelau a gafodd eu defnyddio oedd copr, magnesiwm, sodiwm a sinc. Defnyddiwch yr wybodaeth yn y tabl i benderfynu pa fetelau oedd **A**, **B**, **C** ac **Ch**. (2)
(AQA SEG 2000)

7 Mae'r adwaith rhwng alwminiwm a haearn ocsid yn cael ei ddefnyddio i uno cledrau rheilffyrdd. Yr enw arno yw adwaith thermit.

$$Fe_2O_3(s) + 2Al(s) \rightarrow Al_2O_3(s) + 2Fe(h)$$

(i) Pam mae alwminiwm yn adweithio â haearn ocsid? (1)

(ii) Beth yw ystyr yr (h) ar ôl Fe yn yr hafaliad? (1)

(iii) Awgrymwch pam mae'n bosib defnyddio'r adwaith thermit i uno cledrau rheilffyrdd. (2)
(AQA SEG 1999)

8 (a) Mae haearn yn cael ei echdynnu o'i fwyn mewn ffwrnais chwyth. Dewiswch eiriau o'r blwch i labelu'r diagram o ffwrnais chwyth.

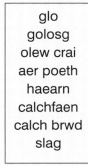

glo
golosg
olew crai
aer poeth
haearn
calchfaen
calch brwd
slag

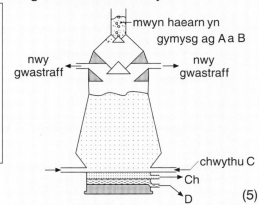

(5)

(b) Dyma'r hafaliadau geiriau ar gyfer rhai o'r adweithiau sy'n digwydd yn y ffwrnais chwyth.

A carbon + ocsigen → carbon deuocsid

B haearn ocsid + carbon monocsid → haearn + carbon deuocsid

C calsiwm carbonad → calsiwm ocsid + carbon deuocsid

Ch calsiwm ocsid + silicon ocsid → calsiwm silicad

Ym mha adwaith, **A**, **B**, **C** neu **Ch**, y mae'r sylwedd cyntaf yn yr hafaliad yn cael ei rydwytho? (1)
(AQA SEG 2000)

9 (a) Defnyddiwch eiriau o'r blwch i gwblhau'r paragraff.

carbon	golosg	haearn	calchfaen
ocsigen	slag	dur	titaniwm

Cynhyrchu dur

Y metel sy'n cael ei gynhyrchu yn y ffwrnais chwyth yw

(i) ...... Mae'n cynnwys tua 4% o garbon. Rhaid tynnu rhywfaint o'r carbon ohono er mwyn cynhyrchu

(ii) ...... I wneud hyn rhaid chwythu

(iii) ...... trwy'r metel tawdd. I gynhyrchu aloiau, mae'n bosib ychwanegu metelau eraill, fel

(iv) ...... (4)

(b) Cwblhewch y brawddegau hyn:

(i) Mae **dur** yn well na **haearn bwrw** ar gyfer gwneud cyrff ceir oherwydd bod dur yn ...... (1)

(ii) Mae **dur gwrthstaen** yn well na **dur meddal** ar gyfer gwneud sosbenni oherwydd bod dur gwrthstaen yn ...... (1)

(iii) Mae **aloi alwminiwm** yn well na **dur gwrthstaen** ar gyfer gwneud awyrennau oherwydd bod aloi alwminiwm yn ...... (1)
(EDEXCEL 1999)

▶ Metelau ac electrolysis

10 Mae'r diagram yn dangos dull o gynhyrchu alwminiwm.

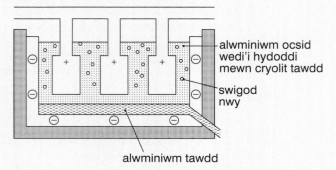

alwminiwm ocsid wedi'i hydoddi mewn cryolit tawdd

swigod nwy

alwminiwm tawdd

(a) Mae'r electrodau positif a negatif wedi eu gwneud o'r un elfen.
Enwch yr elfen honno o'r blwch hwn: (1)

> alwminiwm   carbon   haearn   sinc

(b) Mae'r alwminiwm ocsid yn cael ei hydoddi mewn cryolit tawdd.
O'r rhestr hon, dewiswch y rheswm dros ddefnyddio cryolit: (1)

Mae'n gweithio fel catalydd.

Mae'n gwneud alwminiwm mwy pur.

Mae'n gostwng ymdoddbwynt yr alwminiwm ocsid.

Mae'n cynyddu oes yr electrodau.

(c) Awgrymwch un rheswm pam mae alwminiwm yn ddrud i'w gynhyrchu. (1)

(ch) Dewiswch o'r rhestr er mwyn cwblhau'r frawddeg sy'n ei dilyn.

yn llosgi'n gyflym

angen eu glanhau yn rheolaidd

yn stopio dargludo trydan

yn cynyddu o ran maint

Mae'n rhaid rhoi electrodau positif newydd yn aml oherwydd eu bod ...... (1)

(d) Yn yr adwaith, mae'r ïonau O^{2-} ac Al^{3+} yn cael eu hatynnu at yr electrodau.

Copïwch y diagram canlynol a rhowch saethau i ddangos i ba gyfeiriad mae'r ïonau yn symud. (1)

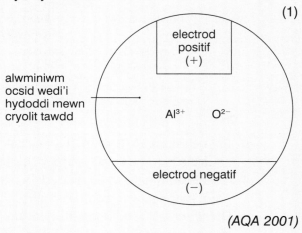

electrod positif (+)

alwminiwm ocsid wedi'i hydoddi mewn cryolit tawdd

Al^{3+} O^{2-}

electrod negatif (−)

(AQA 2001)

11 (a) Mae'r diagram yn dangos dull o gael copr pur o gopr amhur.

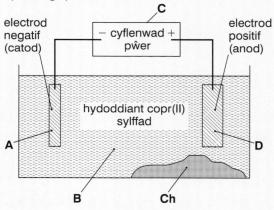

electrod negatif (catod)

C

cyflenwad pŵer

electrod positif (anod)

hydoddiant copr(II) sylffad

A   B   Ch   D

Nodwch ym mhle (**A**, **B**, **C**, **Ch** neu **D**) y mae:

(i) y copr amhur yn cael ei roi

(ii) yr amhureddau solid yn ymgasglu

(iii) y copr pur yn ymffurfio. (3)

(b) Efallai y bydd tudalen 28 o gymorth i chi ateb y cwestiwn hwn.

Mae'r amhureddau solid o'r broses hon yn cynnwys arian.

Pam **nad** yw arian yn adweithio â'r hydoddiant copr(II) sylffad? (1)

(AQA 2000)

▶ **Metelau, asidau a halwynau**

12 (a) Mae'r siart yn dangos yr amrediadau pH sydd orau ar gyfer tyfu rhai cnydau.

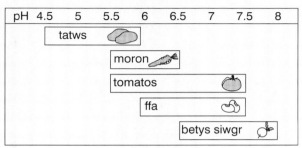

   (i) Beth mae pH yn ei fesur?   (1)

   (ii) Beth yw pH hydoddiant niwtral?   (1)

   (iii) Pa liw yw dangosydd cyffredinol mewn hydoddiant niwtral?   (1)

   (iv) Pa ddau gnwd sy'n tyfu orau mewn pridd asidig yn unig?   (2)

(b) Disgrifiwch sut y gallai ffermwr brofi pH sampl o bridd gan ddefnyddio'r sylweddau a'r cyfarpar isod:

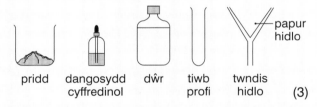

pridd   dangosydd cyffredinol   dŵr   tiwb profi   twndis hidlo   papur hidlo   (3)

(c) Profodd y ffermwr pH y pridd mewn cae ble'r oedd eisiau tyfu betys siwgr.

Eglurwch pam roedd y ffermwr eisiau taenu calch dros y cae wedyn.   (2)

(AQA SEG 1998)

13 Cwestiwn am asidau a basau yw hwn.

(a) Mae'r tabl yn dangos rhai sylweddau a'u gwerthoedd pH.

Sylwedd	Gwerth pH
sudd grawnffrwyth	3.1
gwaed	7.4
dŵr mor	8.5
cwrw	5.2
hylif glanhau popty	9.8

Dewiswch sylweddau o'r rhestr i ateb y cwestiynau hyn.

   (i) Pa sylwedd yw'r mwyaf asidig?   (1)

   (ii) Pa sylwedd sydd â'r gwerth pH agosaf at niwtral?   (1)

   (iii) Pa sylwedd yw'r alcali cryfaf?   (1)

(b) Mae melysion sierbet yn cynnwys asid citrig, siwgr a sodiwm hydrogencarbonad.

Wrth i chi roi'r melysion yn eich ceg, maen nhw'n cymsygu â dŵr ac yn ffisian.

Pa **ddau** sylwedd sy'n adweithio â'i gilydd i gynhyrchu'r ffisian?   (1)

(c) Pan fydd danadl poethion yn eich pigo, mae rhywfaint o asid yn mynd i'ch croen.

Os rhwbiwch y pigiad â dail tafol, mae'n ymddangos bod y pigiad yn gwella rhywfaint.

Pa fath o sylwedd sydd yn y dail tafol?

Dewiswch o'r rhestr hon: (1)

     asid   **alcali**   **halwyn**

(OCR 1999)

14 Bu myfyriwr yn ceisio gwneud magnesiwm sylffad. Ychwanegodd ormodedd o fagnesiwm at asid sylffwrig gwanedig. Yn ystod yr adwaith, gwelodd ffisian oherwydd bod nwy yn cael ei gynhyrchu.

   (i) Cwblhewch yr hafaliad cemegol ar gyfer yr adwaith hwn, a'i wneud yn gytbwys.

     ...... + H_2SO_4 → ...... + ...   (3)

   (ii) Ar ddiwedd yr adwaith, cafodd yr hydoddiant a oedd dros ben ei hidlo. Pam y cafodd yr hydoddiant ei hidlo? (1)

   (iii) Cafodd yr hydoddiant wedi'i hidlo ei adael mewn lle cynnes.

     Eglurwch pam y cafodd yr hydoddiant wedi'i hidlo ei adael mewn lle cynnes.   (2)

(AQA SEG 2000)

15 Cafodd asid hydroclorig gwanedig ei ychwanegu'n araf at hydoddiant sodiwm hydrocsid gwanedig mewn bicer. Mae'r graff hwn yn dangos sut yr oedd pH yr hydoddiant yn y bicer yn newid wrth i'r asid gael ei ychwanegu.

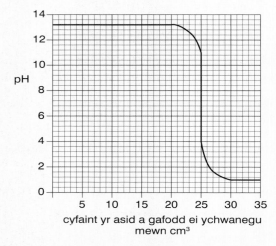

cyfaint yr asid a gafodd ei ychwanegu mewn cm³

(a) Beth yw pH yr hydoddiant yn y bicer ar ôl ychwanegu 30 cm³ o asid hydroclorig gwanedig? (1)

(b) Roedd yr hydoddiant sodiwm hydrocsid gwanedig yn y bicer yn cynnwys dangosydd cyffredinol.

Pa liw oedd yr hydoddiant yn y bicer ar ôl ychwanegu'r cyfeintiau canlynol o asid hydroclorig gwanedig?

(i) 30.0 cm³ (1)

(ii) 10.0 cm³ (1)

(c) (i) Beth yw pH hydoddiant niwtral? (1)

(ii) Pa gyfaint o asid hydroclorig gwanedig gafodd ei ychwanegu er mwyn niwtralu'r hydoddiant sodiwm hydrocsid yn y bicer? (1)

(iii) Cafodd yr hydoddiant niwtral ei anweddu i ffurfio halwyn solid sych. Beth yw enw'r halwyn sy'n ymffurfio? (1)

(iv) Disgrifiwch sut olwg sydd ar yr halwyn. (1)

(v) Cwblhewch yr hafaliad geiriau ar gyfer adwaith sodiwm hydrocsid ag asid hydroclorig.

sodiwm + hydroclorig → ...... + ...
hydrocsid asid ......

(1)

(EDEXCEL 1999)

16 Mae Beca eisiau profi pH y pridd yn ei gardd. Mae hi'n cymryd sampl o bridd o'i gardd.

Mae'r lluniau yn dangos beth wnaeth hi.

Ychwanegu pridd at ddŵr a'i droi. Ychwanegu powdr bariwm sylffad i wneud yr hydoddiant yn glir. Hidlo'r cymysgedd. Ychwanegu dangosydd at yr hydoddiant mae hi'n ei gasglu.

Mae hi'n cymharu lliw yr hydoddiant â siart pH.

(a) Pam mae'n bwysig ei bod yn gwneud yr hydoddiant yn glir cyn ychwanegu'r dangosydd? (1)

(b) Mae'r diagram yn dangos darn o gyfarpar Beca.

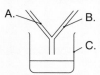

(i) Beth yw'r **tri** label (A, B, C) ar y cyfarpar? Dewsiwch o'r rhestr hon:

**bicer   papur hidlo   twndis
rhoden droi   tiwb profi   thermomedr** (3)

(ii) Mae powdr bariwm sylffad yn anhydawdd mewn dŵr.

Ym mhle y bydd y bariwm sylffad ar y diwedd pan fydd Beca yn hidlo'r cymysgedd? (1)

(c) Beth yw enw dangosydd sy'n mesur pH? Dewsiwch o'r rhestr hon:

litmws   startsh   cyffredinol (1)

(ch) Mae hi'n profi dau sampl arall o bridd o wahanol fannau yn yr ardd.

Mae Beca yn rhoi labeli ar y tri sampl o bridd, sef **A**, **B** ac **C**.

Pam mae hi'n profi tri sampl o bridd? (1)

(d) Mae'r siart yn dangos ei chanlyniadau.

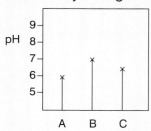

Pa sampl pridd oedd yn union niwtral (A, B neu C)? (1)

(OCR Nuffield 1999)

Adran Dau
Y Ddaear a'i hadnoddau

Yn yr adran hon byddwch yn dod i wybod mwy am ein planed
a'r defnyddiau pwysig a gawn ohoni.
Byddwch yn edrych ar y cynhyrchion a gawn o galchfaen
ac olew crai. Yna gallwch astudio'r Ddaear ei hun:
o beth y cafodd ei gwneud a'r atmosffer o'i chwmpas.

CALCHFAEN

▶▶▶ 6a Calchfaen – craig ddefnyddiol

Mae'n anodd i ni ddychmygu'r amser a gymerodd i galchfaen ymffurfio filiynau o flynyddoedd yn ôl. Mae'r graig wedi ei gwneud yn bennaf o gregyn creaduriaid môr. Cawson nhw eu malu'n fân wrth i haenau o waddod gasglu ar wely'r môr. Yn y pen draw, trodd y cyfan yn graig.

Mae yna wahanol fathau o galchfaen ond mae pob un yn cynnwys dros 50% o **galsiwm carbonad**.
Ei fformiwla yw **$CaCO_3$**. Math o galchfaen yw sialc, ac o galchfaen y daw marmor hefyd.

a) Faint o elfennau cemegol sydd mewn calsiwm carbonad?

b) Enwch 3 math o graig sy'n cynnwys calsiwm carbonad.

Ffosiliau mewn calchfaen.

Caiff calchfaen ei ddefnyddio yn y diwydiant adeiladu yn bennaf. Os oes waliau brics yn eich ysgol, bydd morter yn dal y brics yn eu lle. Mae'r morter yn cael ei wneud o sment, a sment yn cael ei wneud o galchfaen.
Neu tybed a yw eich ysgol wedi ei gwneud o goncrit? Unwaith eto, sment sy'n gwneud concrit. Mae calchfaen yn ddefnydd crai ar gyfer gwneud y rhodenni dur sy'n cryfhau concrit cyfnerth. Mae calchfaen hyd yn oed yn cael ei ddefnyddio i wneud y gwydr yn y ffenestri.

Edrychwch ar y diagram hwn:

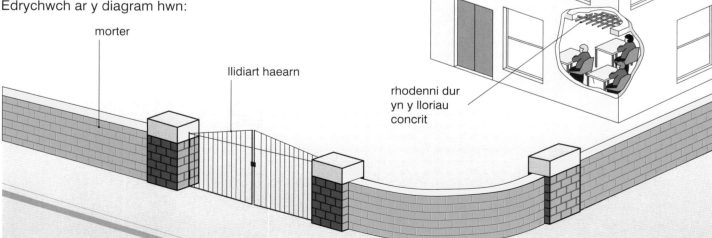

Cynhyrchion sy'n defnyddio calchfaen.

c) Rhestrwch 4 defnydd yn y diwydiant adeiladu sy'n defnyddio calchfaen yn ddefnydd crai.

ch) Cafodd rhai ysgolion broblemau â'r concrit yn eu hadeiladau. Beth achosodd y problemau? (Cliw: meddyliwch am rydu.)

Chwarel galchfaen.

Mae'r calchfaen ar gyfer yr holl bethau hyn yn cael ei gloddio o'r ddaear. Welsoch chi chwarel erioed? Nid yw'n beth hardd! Mae'n gadael craith fawr ar y dirwedd.

Dychmygwch fod cwmni calchfaen eisiau agor chwarel newydd mewn rhan hyfryd o'r wlad.
Edrychwch ar rai o'r dadleuon hyn:

Bydd y llwch yn disgyn ar fy nghnydau a fyddan nhw ddim yn tyfu cystal

Bydd y lorïau sy'n cario calchfaen yn mynd trwy ganol y pentref heibio ein hysgol gynradd

Fe ga' i lawer mwy o fusnes gan weithwyr y chwarel – a bydd mwy o waith i bobl ifanc fel ti

Bydd y chwarel yn difetha cynefin adar ac anifeiliaid

Efallai y cawn ni ffordd osgoi o'r diwedd – ar ôl pwyso am 10 mlynedd

Efallai'n wir, ond rwy'n poeni y ca' i drawiad ar y galon oherwydd sŵn y ffrwydron!

Nawr byddwn ni'n gallu cynnig calchfaen i'r diwydiannau gwydr, dur a sment yn yr ardal

I'ch atgoffa!

1 Copïwch a chwblhewch:

Cafodd y rhan fwyaf o galchfaen ei ffurfio ...... o flynyddoedd yn ôl o ...... creaduriaid môr.
Yr enw cemegol arno yw calsiwm ...... a'i fformiwla yw ......
Rydym yn gwneud llawer o ddefnyddiau adeiladu defnyddiol o galchfaen, gan gynnwys sment, c......, g...... a d......

2 Dychmygwch eich bod yn newyddiadurwr ar gyfer y papur lleol ac yn byw yn y pentref uchod. Ysgrifennwch erthygl am y bwriad i agor chwarel newydd.
Gallwch ddefnyddio'r sylwadau uchod, neu feddwl am rai eich hun!

TGCh

▶▶▶ 6b Gwresogi calchfaen

Ydych chi erioed wedi gwresogi calchfaen yn y labordy?
Edrychwch ar y ffotograff gyferbyn:

Mae'r graig yn creu gwawr oren yn y gwres. Ers talwm, cyn
dyddiau trydan, roedden nhw'n defnyddio'r golau hwn i
oleuo'r llwyfan mewn theatrau.

Wrth i ni wresogi calchfaen, mae yna adwaith cemegol.
Mae'r calsiwm carbonad yn dadelfennu.
Mae'n ffurfio calsiwm ocsid a nwy carbon deuocsid.
Edrychwch ar yr hafaliad hwn:

Gwresogi calsiwm carbonad.

---

calsiwm carbonad $\xrightarrow{\text{gwres}}$ calsiwm ocsid + carbon deuocsid

---

Yr hafaliad cytbwys yw:

$$CaCO_3(s) \longrightarrow CaO(s) + CO_2(n)$$

Yr enw ar y math hwn o adwaith yw **dadelfeniad thermol**.

Dadelfeniad thermol yw gwres yn gwneud i sylwedd ddadelfennu.

---

a) Enwch y cynhyrchion a gawn pan fyddwn yn gwresogi calchfaen.

b) Mae carbonadau eraill yn cael eu dadelfennu gan wres yn yr un ffordd. Rhagfynegwch yr hafaliad geiriau ar gyfer gwresogi copr carbonad.

c) Beth yw enw'r math hwn o adwaith?

ch) Ffformiwla copr carbonad yw $CuCO_3$.
Ysgrifennwch hafaliad cytbwys ar gyfer yr adwaith yng nghwestiwn b).

Yr enw ar y calsiwm ocsid sy'n cael ei ffurfio wrth i galchfaen
ddadelfennu yw **calch brwd**. Edrychwch ar y ffotograff gyferbyn:

Wrth i chi ychwanegu mymryn o ddŵr at galsiwm ocsid, mae'n
ehangu ac yn dechrau malu'n ddarnau mân. Mae'r cyfan yn symud,
fel petai'n fyw.
Dyma'r hafaliad geiriau:

calsiwm ocsid + dŵr → calsiwm hydrocsid
(calch brwd)   **(calch tawdd)**

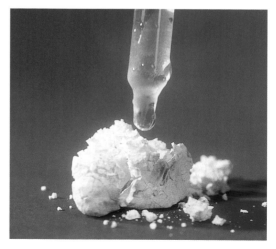

Ychwanegu dŵr at galsiwm ocsid.

---

d) A yw calsiwm hydrocsid yn asidig, yn alcalïaidd neu'n niwtral
pan fydd yn hydoddi mewn dŵr, yn eich barn chi? (Edrychwch
ar dudalen 54.)

Yr Odyn Galch

Wrth gwrs, ym myd diwydiant dydyn ni ddim yn gwresogi calchfaen
â gwresogydd Bunsen! (Er mai nwy sy'n cael ei ddefnyddio fel
tanwydd i wresogi odynau calch.)
Edrychwch ar yr odyn hon:

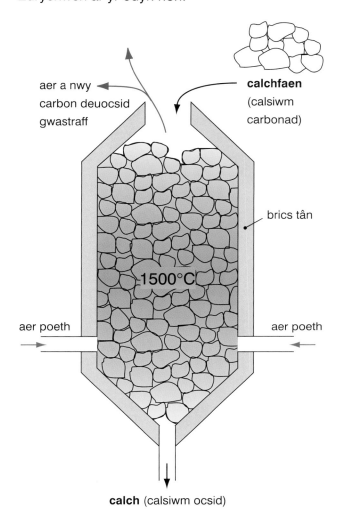

aer a nwy
carbon deuocsid
gwastraff

calchfaen
(calsiwm
carbonad)

brics tân

1500°C

aer poeth   aer poeth

calch (calsiwm ocsid)

dd) Pa nwy sy'n cael ei ryddhau gan odyn galch?

e) Sut mae gormod o'r nwy hwn yn effeithio ar ein hamgylchedd? (Edrychwch ar dudalen 89.)

I'ch atgoffa!

1 Copïwch a chwblhewch:

Rydym yn gwresogi calchfaen mewn ...... galch.
Mae'r calchfaen yn dadelfennu i ffurfio calsiwm
...... (sef calch brwd) a nwy .... Yr enw ar
y math hwn o adwaith yw dadelfeniad ......

Mae ychwanegu dŵr at galch brwd yn rhoi calch
...... (calsiwm ......) sy'n alcali rhad.

2 Copïwch a chwblhewch:

calsiwm carbonad

↓ gwres

.... + carbon ......

↓ ychwanegu dŵr

....

Fuoch chi heibio i waith sment erioed?

Mae'r powdr mân sy'n gorchuddio'r safle yn gliw bod calchfaen yn cael ei ddefnyddio i wneud sment.

Mae sment yn ddefnydd pwysig iawn ar gyfer adeiladwyr.

Maen nhw'n defnyddio'r powdr llwyd i wneud morter a choncrit.

Gwneud sment

I wneud sment, rydyn ni'n gwresogi powdr calchfaen a chlai (neu siâl).

Mae'r powdr yn cael ei wresogi mewn odynau mawr sy'n troi.

Edrychwch ar y diagram hwn:

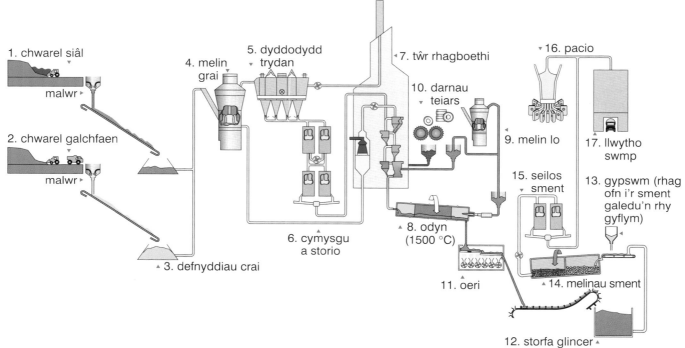

a) Beth sy'n digwydd i'r calchfaen a'r siâl ar ôl iddyn nhw gyrraedd y ffatri?

b) Beth yw'r tymheredd y tu mewn i'r odyn droi?

c) Sut mae'r powdr yn symud ar hyd yr odyn?

ch) Pam mae rhywfaint o gypswm (calsiwm sylffad) yn cael ei ychwanegu at sment?

Odyn droi i wresogi'r powdrau calchfaen a chlai (neu siâl).

Cymysgu morter

Ydych chi erioed wedi gwylio rhywun yn gosod brics?
Maen nhw'n defnyddio morter i osod y brics yn eu lle.
Heb fod ymhell o'r wal frics, fe welwch chi forter yn cael ei gymysgu.
I wneud morter, rhaid cymysgu sment a thywod.
Yna rhaid ychwanegu'r union faint cywir o ddŵr – dim mwy, dim llai.
Bydd y morter yn caledu dros nos. Ond bydd yn dal i adweithio am rai misoedd, gan fynd yn gryfach ac yn gryfach.

d) Beth sy'n cael ei ychwanegu at bowdr sment i wneud morter?

dd) Beth fyddai'n digwydd petai'r morter yn rhy ddyfrllyd?

e) Beth fyddai'n digwydd petai'r morter yn rhy drwchus?

Mae actorion enwog Hollywood yn cael gwahoddiad i roi print eu dwylo ar y palmant yno.

Cymysgu concrit

Y defnydd adeiladu mwyaf cyffredin yn y byd yw concrit.
Mae lorïau arbennig yn ei gludo i safleoedd adeiladu.

I wneud concrit, rydym yn **cymysgu sment â thywod a chraig wedi ei malu (neu gerrig bach), yna ychwanegu dŵr.**
Fel yn achos morter, mae'r adwaith i galedu'r concrit yn araf iawn ac yn digwydd dros gyfnod o fisoedd.
Dyma rai ffyrdd o ddefnyddio concrit:

f) Beth sydd mewn cymysgedd concrit ond ddim mewn morter?

I'ch atgoffa!

1 Copïwch a chwblhewch:

Caiff sment ei wneud trwy wresogi …… calchfaen a …… (neu siâl) mewn odynau …… mawr.
Mae'r sment yn cael ei gymysgu â …… a …… wedi ei malu, yna caiff dŵr ei ychwanegu, er mwyn gwneud ……

2 a) Cynlluniwch ymchwiliad i ddarganfod pa gymysgedd sy'n gwneud y concrit gorau. Meddyliwch sut i amrywio'r nifer o rannau tywod, sment a cherrig, a sut y byddwch yn profi cryfder y concrit.

b) Sut mae adeiladwyr yn gwneud concrit yn gryfach?

Meddyliwch am yr holl bethau sydd wedi eu gwneud o wydr.
Edrychwch ar y lluniau hyn:

a) Ysgrifennwch ddwy ffordd arall o ddefnyddio gwydr.

Rydym yn defnyddio calchfaen i wneud gwydr.
Ond wyddech chi mai'r prif beth ar gyfer gwneud gwydr yw tywod?
Mae'n debyg bod pobl wedi darganfod gwydr am y tro cyntaf ar ôl gwneud tân ar y tywod filoedd o flynyddoedd yn ôl.
Mae'r gwrthrych gwydr cyntaf yn dyddio'n ôl i tua 4500 cc.
Rydyn ni'n gwybod bod yr hen Eifftiaid yn defnyddio cynwysyddion gwydr tua 5000 o flynyddoedd yn ôl.

b) Cyfrifwch y dyddiad (yn fras) pan oedd yr hen Eifftiaid yn defnyddio cynwysyddion gwydr.

Edrychwch ar y defnyddiau crai sy'n cael eu defnyddio i wneud gwydr heddiw:

> Dyma sydd mewn gwydr:
> ● Tywod
> ● Calchfaen, a
> ● Soda (sodiwm carbonad)

Mae'r rhain yn cael eu gwresogi at tua 1500 °C ac mae'r cymysgedd yn adweithio i ffurfio gwydr tawdd.
Yn ogystal â'r defnyddiau hyn, mae **gwydr wedi ei ailgylchu** nawr yn cael ei ddefnyddio fwyfwy yn y cymysgedd i wneud gwydr.

Mae gwydr wedi ei ailgylchu yn dod yn fwyfwy pwysig.

Gwahanol fathau o wydr

Welsoch chi ffenestr car wedi torri erioed?
Mae'n edrych yn wahanol iawn i botel wydr wedi'i thorri.
Y rheswm yw bod y gwydr yn cael ei wneud mewn gwahanol ffyrdd.
Mae ffenestr flaen car fel brechdan wydr!
Haen denau o blastig sydd yng nghanol y frechdan.
Enw gwydr fel hyn yw gwydr laminedig.

c) Pam mae'n bwysig defnyddio gwydr laminedig i wneud ffenestr flaen car?

Mae cwmnïau gwneud gwydr yn arbrofi drwy'r amser i ddarganfod ffyrdd o wella gwydr.
Edrychwch ar y tabl hwn:

Math o wydr	Defnydd
soda-calch	ffenestri
boro-silicad	tiwbiau profi, biceri (gwrthsefyll gwres a chemegau)
plwm-grisial	gwydrau gwin, powlenni, ffiolau
ffibrau gwydr	opteg ffibr, gwydr ffibr
gwydr optegol	lensys ar gyfer sbectol, camera, taflunydd ac ati.
cerameg gwydr	llestri popty di-draidd

ch) Pa fathau o wydr sy'n gwrthsefyll gwres?

d) Meddyliwch am ffordd arall o ddefnyddio gwydr optegol.

dd) Chwiliwch am ffordd o ddefnyddio ffibrau gwydr a ffordd o ddefnyddio gwydr ffibr.

Gallwn wneud gwydr lliw hefyd.
Rhaid ychwanegu mymryn bach o gyfansoddyn metel trosiannol.
Mae gwahanol fetelau yn rhoi gwahanol liwiau.

copr

nicel

manganîs

Ydych chi erioed wedi gweld caeau a phowdr gwyn (nid eira!) dros y pridd?
Mae'r caeau wedi cael eu trin â phowdr calchfaen neu galch tawdd.
Mae'r ddau yn cael eu defnyddio i **niwtralu pridd asidig**.

Niwtralu pridd asidig.

a) A yw ychwanegu calch neu galchfaen yn codi neu'n gostwng pH y pridd?

b) Beth yw enwau cemegol calchfaen a chalch tawdd?

c) Edrychwch yn ôl ar y bennod ddiwethaf.
Beth fydd yn cael ei ffurfio wrth i galchfaen (carbonad) adweithio ag asid?

ch) Beth fydd yn cael ei ffurfio wrth i galch tawdd (alcali) adweithio ag asid?

Mae powdr calchfaen hefyd yn cael ei roi mewn **llynnoedd sy'n dioddef oherwydd glaw asid**. Yn Norwy a Sweden, mae llawer o lynnoedd nawr yn rhy asidig i bysgod allu byw ynddynt.
Edrychwch ar y ffotograff isod:

Dyma lyn sy'n rhy asidig.
Bydd y calsiwm carbonad yn ei niwtralu.

Calchfaen i'r adwy eto!

Crynodeb

Mae **calchfaen** wedi ei wneud yn bennaf o **galsiwm carbonad**.
Mae'n ddefnydd adeiladu ei hun, ond caiff ei gynnwys mewn **sment** hefyd.
Mae powdr calchfaen yn cael ei wresogi mewn odynau troi gyda chlai (neu siâl) i wneud y sment.

Sment, tywod a darnau o graig sy'n gwneud **concrit** – y defnydd adeiladu mwyaf cyffredin o'r cyfan.
Caiff concrit ei wneud trwy gymysgu sment, tywod, darnau mân o graig a dŵr.

Trwy wresogi calchfaen mewn odyn galch rydym yn cael calch brwd.
Enw'r adwaith yw **dadelfeniad thermol**.
Trwy ychwanegu dŵr at galch brwd, rydym yn cael calch tawdd – alcali rhad.
Gallwn ddefnyddio hwn, neu bowdr calchfaen, i niwtralu pridd asidig.

I wneud gwydr, rhaid gwresogi tywod, calchfaen a soda (sodiwm carbonad).

Cwestiynau

1 Copïwch a chwblhewch:

Mae calsiwm ...... i'w gael ym myd natur mewn craig galchfaen. Pan gaiff ei wresogi mewn odyn galch, mae yna adwaith ...... thermol. Mae ...... (calsiwm ocsid) yn cael ei ffurfio a nwy carbon ...... yn cael ei ryddhau.

Trwy ychwanegu mymryn o ddŵr at galsiwm ocsid, cawn galch ...... (calsiwm ......) Gallwn ei ddefnyddio i ...... pridd asidig.

Mae powdr calchfaen yn cael ei wresogi â ...... (neu siâl) i wneud sment. Mae'n bosib cymysgu hwn â thywod a ...... o graig, ac ychydig o ddŵr i wneud ......

Mae gwydr yn cael ei wneud o ......, ... a ......

2 Beth sy'n cael ei ffurfio wrth i ni wresogi'r cyfansoddion hyn?

a) calsiwm carbonad

b) magnesiwm carbonad

c) nicel carbonad

ch) Beth yw'r enw ar y math hwn o adwaith?

d) Lluniwch ddiagram i ddangos sut y gallech gynnal prawf ar y nwy a gaiff ei ryddhau yn ystod un o'r adweithiau hyn.

3 Dyma ganlyniadau arbrawf i weld pa gymysgedd morter yw'r cryfaf:

Cymysgedd	Uchder y pwysau gafodd ei ollwng ar y morter cyn iddo dorri (cm)
A	17
B	25
C	36
Ch	13
D	10

a) Disgrifiwch sut y cafodd yr arbrawf ei gynnal, yn eich barn chi.

b) Lluniwch graff addas i ddangos y canlyniadau hyn.

c) Pa gymysgedd oedd y gorau?

ch) Beth y byddech chi'n ei ychwanegu at y cymysgedd morter i wneud concrit?

d) Beth sy'n cael ei osod yn y concrit i'w atgyfnerthu?

dd) i) Enwch rywbeth fyddai'n cael ei adeiladu o goncrit cyfnerth.
    ii) Enwch rywbeth arall nad oes angen concrit cyfnerth ar ei gyfer.

·Olew·

▶▶▶ 7a Stori olew

Mae'n anodd dychmygu bywyd heb olew a'r holl gynhyrchion a gawn ohono. Byddai bywyd yn wahanol iawn heb betrol, diesel, plastig a llawer o bethau defnyddiol eraill sy'n cael eu gwneud o olew crai.
Edrychwch ar y lluniau hyn:

Colur

Ffabrigau a ffibrau

Rwber

Hydoddyddion

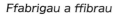

Cemegau ar gyfer ffermio

Moddion

Glanedyddion

Plastigion

a) Pa lun sy'n dangos tanwydd sy'n dod o olew crai?

b) Gwnewch restr o sylweddau defnyddiol y gallwn eu gwneud gan ddefnyddio olew crai fel y defnydd crai.

Nid un sylwedd pur yw olew crai.
Mae'n **gymysgedd** o gyfansoddion. Mae'r rhan fwyaf o'r cyfansoddion wedi eu gwneud o hydrogen a charbon.
Hydrocarbonau yw'r enw ar y rhain.

Hydrogen a charbon yn unig sydd mewn hydrocarbonau.

Yn y dechreuad ...

Mae stori olew crai yn dechrau tua 150 miliwn o flynyddoedd yn ôl. Wrth i greaduriaid môr bychain bach a phlanhigion farw, casglodd eu cyrff ar wely'r môr. Cymysgodd y cyfan â darnau eraill o dywod a silt ac fe gawson nhw eu gorchuddio. Doedden nhw ddim yn gallu pydru, oherwydd nad oedd yno ocsigen i'r bacteria ei ddefnyddio.

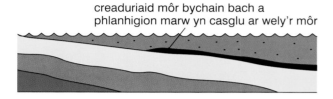

creaduriaid môr bychain bach a phlanhigion marw yn casglu ar wely'r môr

Yn raddol, casglodd mwy a mwy o haenau o graig drostyn nhw. Aeth y tymheredd a'r gwasgedd yn uwch. Yn araf, ymffurfiodd yr olew crai.

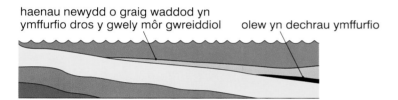

haenau newydd o graig waddod yn ymffurfio dros y gwely môr gwreiddiol   olew yn dechrau ymffurfio

c) O beth y cafodd olew crai ei wneud?

ch) Pam roedd y gwasgedd yn cynyddu wrth i'r olew crai ymffurfio?

Mae olew crai yn **danwydd ffosil**.
Tanwyddau ffosil eraill yw nwy naturiol a glo.
Unwaith y byddwn wedi defnyddio cyflenwad y Ddaear o'r tanwyddau hyn, ni allwn gynhyrchu rhagor yn eu lle.
Maen nhw'n danwyddau **anadnewyddadwy**.
Mae'n debygol y bydd yr olew yn darfod o fewn eich oes chi.

I'ch atgoffa!

1 Copïwch a chwblhewch:

Cafodd olew crai ei ffurfio ...... o flynyddoedd yn ôl o gyrff creaduriaid ...... bychain bach a phlanhigion.
Mae'r olew crai yn cynnwys ...... o hydrocarbonau. Hydrocarbon yw cyfansoddyn wedi ei wneud o ...... a ...... yn unig.

2 Gwnewch ymchwil i ddarganfod:

a) Sut gallwn ni ddarganfod ymhle mae yna olew crai.

b) Sut mae cael yr olew crai at arwyneb y ddaear.

c) Sut mae olew crai yn cael ei gludo o gwmpas y byd.

ch) Pa wledydd sy'n cynhyrchu olew crai.

TGCh

Fel y gwelsoch, mae olew crai yn cynnwys cymysgedd o hydrocarbonau.

Mae olew crai sy'n cael ei godi o dan y ddaear, neu islaw gwely'r môr, yn hylif trwchus, gludiog, drewllyd.

Mae'r union gymysgedd yn dibynnu ymhle y cafodd yr olew ei ddarganfod.

Er enghraifft, mae lliw olew crai o un maes olew yn gallu bod yn fwy golau nag olew o rywle arall. Mae'n debyg y bydd mwy o arogl 'olew' arno hefyd.

Drilio am olew.

Y rheswm dros hyn yw bod gwahanol gymysgeddau o hydrocarbonau ynddyn nhw.

Mae'r gwahanol **foleciwlau hydrocarbonau o wahanol feintiau**.
Edrychwch ar rai o'r moleciwlau lleiaf hyn:

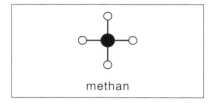

methan

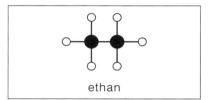

ethan

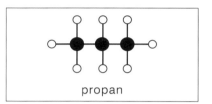

propan

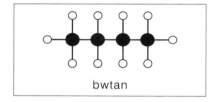

bwtan

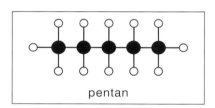

pentan

lle mae ● = atomau carbon

○ = atomau hydrogen

a) Pam mae'r moleciwlau uchod yn cael eu galw'n hydrocarbonau?

b) Fformiwla gemegol methan yw CH_4. Beth yw fformiwla bwtan?

c) Pam y byddwn ni'n defnyddio bwtan wrth wersylla?

Mae'r hydrocarbonau hyn i gyd, a llawer o rai mwy eraill, wedi eu cymysgu â'i gilydd mewn olew crai. Felly mae angen i'r cwmnïau olew wahanu'r gwahanol fathau er mwyn gwneud y defnydd gorau o bob math. Mewn purfa olew y mae hynny'n digwydd.
Mae rhagor am hyn ar dudalen 82.

I egluro sut y maen nhw'n gwneud hyn, edrychwch ar yr arbrawf ar y dudalen nesaf:

Distyllu olew crai yn y labordy

Edrychwch ar yr arbrawf hwn:

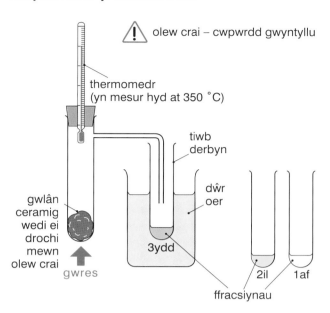

Mae'r gwahanol hydrocarbonau yn berwi ar wahanol dymereddau.
Felly gallwn gasglu gwahanol hylifau ar wahanol dymereddau.
Yr enw ar hyn yw **distyllu**.

Mae'r hylifau yn dal i fod yn gymysgedd o hydrocarbonau – ond y
rhai sy'n berwi rhwng tymereddau penodol yn unig.
Yr enw ar y rhain yw **ffracsiynau**.
Edrychwch ar y tabl sy'n disgrifio'r gwahanol ffracsiynau isod:

Berwbwynt ffracsiynau	Maint y moleciwlau	Lliw	Trwch	Sut mae'n llosgi
berwbwynt isel (hyd at 80 °C)	bach	di-liw	rhedegog	tanio'n hawdd (fflamadwy); llosgi â fflam lân
berwbwynt canolig (80–150 °C)	canolig	melyn	mwy trwchus	mwy anodd eu tanio; rhywfaint o fwg wrth losgi
berwbwynt uchel (dros 150 °C)	mawr	oren tywyll	trwchus (gludiog)	anodd eu tanio; fflam fyglyd

I'ch atgoffa!

1 Copïwch a chwblhewch:

Mewn olew ...... mae gan yr hydrocarbonau
wahanol ferwbwyntiau. Gallwn eu gwahanu yn y
labordy trwy ...... y cymysgedd.
Mae hyn yn rhoi grwpiau o foleciwlau â ......
tebyg, o'r enw ......

2 Edrychwch ar y tabl uchod i lenwi'r geiriau coll:

Y **mwyaf** yw'r moleciwl hydrocarbon
– yr ...... ei ferwbwynt.
– y ...... anweddol ydyw (y mwyaf anodd yw
gwneud iddo anweddu)
– yr ...... y mae'n llifo,
– yr ...... yw ei danio.

Welsoch chi burfa olew erioed?

Mae'r safleoedd enfawr yn rhwydwaith o dyrau dur uchel, pibellau a thanciau i storio'r cynhyrchion a ddaw o'r olew. Yng nghanol y burfa, mae'r olew crai yn cael ei wahanu i'w ffracsiynau. Caiff hyn ei wneud mewn tyrau enfawr o'r enw colofnau ffracsiynu.

Enw'r broses yw **distyllu ffracsiynol**.

Purfa olew yn y nos.

> **Mae'r cymysgedd mewn olew crai yn cael ei wahanu trwy ddistyllu ffracsiynol.**

Edrychwch ar y golofn ffracsiynu hon:

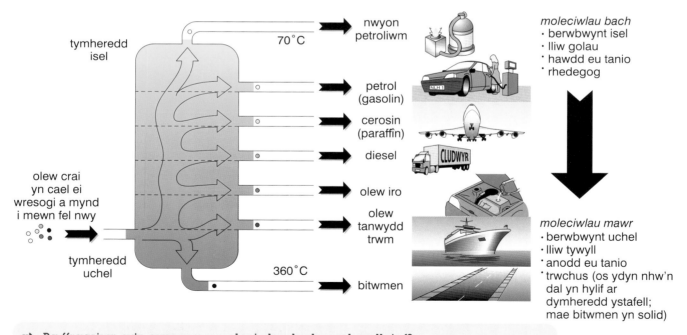

tymheredd isel

70°C

nwyon petroliwm

petrol (gasolin)

cerosin (paraffin)

diesel

olew iro

olew tanydd trwm

olew crai yn cael ei wresogi a mynd i mewn fel nwy

tymheredd uchel

360°C

bitwmen

moleciwlau bach
· berwbwynt isel
· lliw golau
· hawdd eu tanio
· rhedegog

moleciwlau mawr
· berwbwynt uchel
· lliw tywyll
· anodd eu tanio
· trwchus (os ydyn nhw'n dal yn hylif ar dymheredd ystafell; mae bitwmen yn solid)

a) Pa ffracsiwn sy'n cynnwys y moleciwlau hydrocarbon lleiaf?

b) Pa ffracsiwn sy'n cynnwys y moleciwlau hydrocarbon mwyaf?

c) Pa ffracsiwn uchod sydd ddim yn cael ei ddefnyddio'n uniongyrchol fel tanwydd?

Egluro distyllu

Edrychwch ar y golofn ffracsiynu ar y dudalen flaenorol:

ch) Pa ffracsiwn sydd â'r berwbwynt isaf?

d) Pa ffracsiwn sydd â'r berwbwynt uchaf?

dd) Wrth i faint moleciwl gynyddu, beth sy'n digwydd i ferwbwynt ei gyfansoddyn?

Edrychwch ar y diagram hwn:

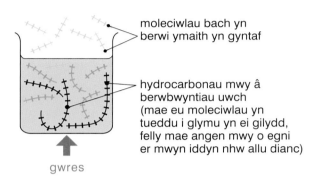

moleciwlau bach yn berwi ymaith yn gyntaf

hydrocarbonau mwy â berwbwyntiau uwch (mae eu moleciwlau yn tueddu i glymu yn ei gilydd, felly mae angen mwy o egni er mwyn iddyn nhw allu dianc)

gwres

Mae gan hydrocarbonau **bach** ferwbwyntiau *is* na hydrocarbonau mawr.

Mae'r darnau hir o sbageti yn glymau i gyd.
Mae'n fwy anodd eu tynnu'n rhydd, yn union fel y moleciwlau hir mewn olew crai.

I'ch atgoffa!

1 Copïwch a chwblhewch:

Mewn purfa olew, mae olew crai yn cael ei wahanu i'w ...... gan ...... ffracsiynol. Mae'r hydrocarbonau lleiaf, â'r berwbwyntiau ...... yn dod allan o ...... y golofn ......
Mae'r hydrocarbonau mwyaf, â'r berwbwyntiau ...... yn dod allan yn y ......

2 Defnyddiwch y geiriau **anweddu** neu **cyddwyso** i gwblhau'r frawddeg hon:

Mae olew crai yn cael ei ...... cyn mynd i mewn i'r golofn ffracsiynu ac mae gwahanol ffracsiynau yn cael eu ...... ar wahanol dymereddau.

3 Lluniwch ddiagram pry cop i ddangos y cynhyrchion a gewch yn ystod distyllu ffracsiynol olew crai.

Dychmygwch eich bod yn rheolwr ar burfa olew.
Ar ôl i'ch olew crai fynd trwy ddistyllu ffracsiynol, mae gennych chi broblem.
Mae eich cwsmeriaid eisiau mwy o'r ffracsiynau 'ysgafn', fel petrol.
Ond nid yw eich olew crai yn cynhyrchu digon ohonyn nhw.
Ar y llaw arall, mae gennych chi ddigonedd o ffracsiynau 'trymach', sy'n llai poblogaidd.
Beth y gallwch chi ei wneud?????
Yr ateb yw **cracio**!

Mae galw mawr am y ffracsiynau ysgafnach, fel petrol!

Allwch chi ddyfalu beth mae cwmni olew yn ei wneud â rhai o'r moleciwlau mawr yn y ffracsiynau 'trwm'?
Maen nhw'n eu torri yn foleciwlau llai, fel y rhai yn y ffracsiynau 'ysgafnach'.
Term y cemegwyr am hyn yw 'cracio'.
Mae'n sicr yn gracer o syniad i'r cwmnïau olew, sy'n gallu gwneud mwy o arian, wrth gwrs!

Gwyddonwyr yn dechrau cracio?

Cracio yw'r term am dorri moleciwlau mawr o olew crai yn foleciwlau llai, mwy defnyddiol.

a) Pan fydd 'galw mawr' am gynnyrch, beth mae hynny'n ei feddwl?

b) Pam mae galw mawr am betrol?

c) Sut mae cwmnïau olew yn ateb y galw am betrol?
Defnyddiwch y gair 'cracio' yn eich ateb.

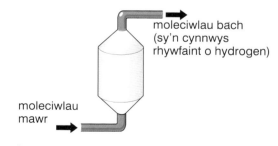

Cracydd mewn purfa olew.

Mewn purfa olew, mae'r cracio yn digwydd mewn tanciau dur mawr.
Yr enw ar y rhain yw **cracyddion**.
Mae'r moleciwlau mawr yn cael eu rhoi yn y tanciau ac yna'n cael eu *gwresogi*.
Mae *catalydd* yn y tanc. Mae catalydd yn gwneud i adwaith fynd yn fwy cyflym.
(Edrychwch ar dudalen 132.)

Cracio yn y labordy

Gallwn wneud arbrawf ein hunain i gracio hydrocarbon.
Edrychwch ar y diagram hwn:

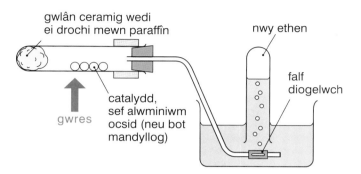

Mae'r paraffin yn anweddu a mynd dros y catalydd poeth.
Mae'r paraffin yn cynnwys moleciwlau hydrocarbon mawr.
Mae'r rhain yn cael eu torri yn hydrocarbonau llai.

> **Mae hydrocarbonau mawr yn cael eu cracio ar dymereddau uchel, gyda chatalydd yn bresennol.**
> **Mae cracio yn adwaith dadelfeniad thermol.**

ch) Beth yw'r catalydd yn yr adwaith uchod?

d) Beth yw gwaith catalydd mewn adwaith?

dd) Enwch y nwy sy'n cael ei ffurfio yn yr adwaith.

Cracer!

1 Copïwch a chwblhewch:

Mewn purfa olew, rydyn ni'n cael mwy o'r ffracsiynau ...... nag sydd eu hangen. Mae angen rhagor o'r ffracsiynau ...... er enghraifft ......
Er mwyn ateb y galw, mae cwmnïau olew yn ...... moleciwlau hydrocarbon mawr yn rhai llai, mwy ......
Maen nhw'n gwneud hyn mewn tanciau dur o'r enw ......
Mae'r moleciwlau mawr yn cael eu ...... a'u hanfon dros ...... i'w torri'n foleciwlau llai.
Mae hwn yn adwaith dadelfeniad ......

2 Un o'r cyfansoddion mewn petrol yw octan. Ei fformiwla gemegol yw C_8H_{18}. Gallwch ei gael trwy gracio hydrocarbon mwy o'r enw decan. Mae ethen, sydd â fformiwla C_2H_4, yn cael ei ffurfio yn ogystal â'r octan.

a) Ysgrifennwch hafaliad geiriau i ddangos sut mae decan yn cael ei gracio.

b) Ysgrifennwch hafaliad cytbwys ar gyfer cracio decan.

Mae ein bywydau heddiw yn dibynnu ar y tanwyddau a ddaw o olew crai. Cofiwch ein bod yn eu gwahanu oddi wrth yr olew trwy ddistyllu ffracsiynol. Gallwn wneud rhagor o'r tanwyddau hyn trwy gracio hydrocarbonau mawr, sy'n llai defnyddiol, o'r distylliad.

Llosgi tanwyddau

Sut byddech chi'n diffodd tân mewn sosban sglodion?
Mae'r lliain gwlyb yn rhwystro ocsigen rhag cyrraedd yr olew sy'n llosgi. Ond os tynnwch chi'r lliain i ffwrdd yn rhy fuan, mae'r olew coginio poeth yn gallu tanio unwaith eto.
Os bydd olew coginio yn mynd ar dân y tu allan ar y barbeciw, gallwch adael iddo losgi heb wneud niwed i neb.
Bydd yn rhoi'r gorau i losgi pan fydd yr holl olew coginio wedi ei ddefnyddio.

Tân mewn sosban sglodion.

> **a)** Meddyliwch am yr olew coginio yn llosgi:
> Pa dri pheth sydd eu hangen er mwyn iddo losgi?

Mae angen tri pheth ar gyfer tân.
Gallwn eu dangos yn y triongl tân:

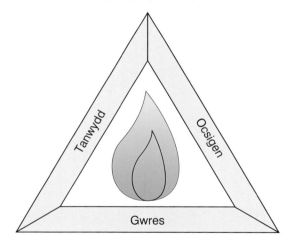

Edrychwch ar y llun hwn:
Mae'n dangos tân ar lwyfan nwy ym Môr y Gogledd.

> **b)** Sut byddech chi'n diffodd tân ar lwyfan olew neu nwy? Pa ran o'r triongl tân sydd wedi ei ddileu?
>
> **c)** Beth oedd ei angen i gynnau'r tân ar y llwyfan nwy?
>
> **ch)** Sut byddech chi'n diffodd tân mewn bin sbwriel sy'n llawn papur? Pa ran o'r triongl tân ydych chi'n ei ddileu?

Beth sy'n cael ei ffurfio pan fydd tanwydd yn llosgi?

Mae plant ifanc yn aml yn credu bod tanwydd hylif yn llosgi ac yna'n diflannu –
mor syml â hynny! Wrth gwrs, fe wyddom ni nad yw hynny'n wir!
Mae'r adwaith cemegol, o'r enw **hylosgiad**, yn rhyddhau nwyon.

Gallwn brofi pa nwyon sy'n cael eu gwneud yn yr arbrawf hwn:

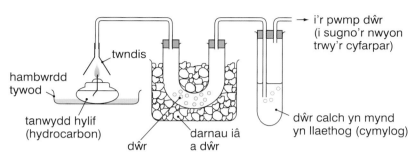

d) Pa nwy sy'n troi'r dŵr calch yn llaethog?
   (Edrychwch ar dudalen 13.)

dd) Beth sy'n cael ei ffurfio yn y tiwb U?

Dyma'r hafaliad ar gyfer llosgi hydrocarbon:

hydrocarbon + ocsigen → carbon deuocsid + dŵr

Wrth losgi'r tanwyddau a ddaw o olew crai, dyma gawn ni:

- **Nwy carbon deuocsid**
- **Dŵr (anwedd)**
- **Nwy sylffwr deuocsid**

Felly o ble y daw'r sylffwr i wneud sylffwr deuocsid?
Mae'r sylffwr yn amhuredd yn y tanwyddau sy'n dod o olew crai.
Ar y dudalen nesaf cewch ddarllen rhagor am y llygredd sy'n
cael ei greu trwy losgi hydrocarbonau.

Y tu mewn i beiriant car, does yna ddim
llawer o ocsigen.
Felly ffurfir rhywfaint o nwy carbon
monocsid.
Mae hwn yn nwy gwenwynig, heb arogl.
Mae'n rhwystro'r gwaed rhag cludo ocsigen
o amgylch eich corff.

I'ch atgoffa!

1 Copïwch a chwblhewch:

   Mae angen tri pheth ar gyfer tân – …… …… a ……
   Mae'r tanwyddau a ddaw o olew crai yn
   cynhyrchu carbon ……, anwedd …… a ……
   deuocsid wrth losgi. Mae'r …… yn dod o
   amhureddau yn yr olew crai.
   Os nad oes digon o …… rydym hefyd yn cael
   carbon …… gwenwynig.

2 Un hydrocarbon mewn petrol yw octan.

   a) Beth sy'n cael ei ffurfio wrth i octan pur losgi
      mewn digonedd o ocsigen?

   b) Mae yna rywfaint o sylffwr mewn petrol heb ei
      drin. Pa nwy y mae'r sylffwr yn ei ffurfio wrth
      losgi?

   c) Chwiliwch am wybodaeth am
      blwm mewn petrol a pham y
      cafodd ei wahardd.

Ydych chi'n poeni am **lygredd aer**?
Mae'n debyg eich bod yn sylwi mwy ar y broblem os ydych yn byw mewn tref, yn enwedig os ydych yn cael asthma. Mae'r rhan fwyaf o'r llygredd aer yn dod o losgi tanwyddau.

Bob tro rydych yn teithio'n bell, rydych yn llosgi tanwyddau o olew crai i gyrraedd yno. Dychmygwch y gwyliau yma: Dal tacsi i'r orsaf drenau, yna trên i'r maes awyr. Hedfan i'r Caribî a theithio ar long foethus am bythefnos.

Yn Tokyo, gallwch gael ocsigen mewn bariau arbennig. Mae'n gwrthweithio effeithiau llygredd o'r ceir yn y strydoedd prysur.

a) Pa danwydd ydych chi'n ei ddefnyddio ar bob cam o'ch taith? (Edrychwch yn ôl ar y ffracsiynau ar dudalen 82.)

Hyd yn oed wrth gynnau switsh golau, mae'n debyg eich bod yn defnyddio ychydig mwy o danwydd. Mae hynny'n wir os yw eich trydan yn cael ei gynhyrchu mewn gorsaf drydan sy'n llosgi glo, olew neu nwy.

b) Enwch ffynhonnell drydan sydd ddim yn dibynnu ar losgi tanwyddau.

Mae gorsafoedd sy'n cynhyrchu trydan trwy losgi glo yn rhyddhau nwy sylffwr deuocsid. Mae hwn yn achosi glaw asid.

Glaw asid

Fel y gwelsom ar y dudalen flaenorol, mae **nwy sylffwr deuocsid** yn cael ei ryddhau wrth i ni losgi rhai tanwyddau.
Mae hyn yn achosi glaw asid. Mae'r sylffwr deuocsid yn hydoddi yn y diferion dŵr bychan mewn cymylau.
Mae hyn yn ffurfio hydoddiant o asid sylffwrig.

Wrth i'r glaw asid ddisgyn, mae'n achosi'r problemau hyn:

● Coedwigoedd – niweidio a lladd coed.

● Pysgod – alwminiwm, sydd fel arfer yn cael ei ddal yn y pridd, yn cael ei olchi i lynnoedd ac afonydd. Mae'r alwminiwm yn gwenwyno'r pysgod.

● Adeiladau – mae glaw asid yn ymosod ar adeiladau, yn enwedig rhai calchfaen, ac adeileddau metel.

Er mwyn helpu i leihau'r broblem hon, fe ddylen ni:
– ddefnyddio tanwydd sylffwr 'isel' yn ein ceir,
– arbed trydan lle bynnag y bo'n bosib.

Mae llywodraethau hefyd yn ariannu rhagor o ymchwil i ffyrdd eraill o gynhyrchu egni trydanol sydd ddim yn llosgi tanwyddau ffosil. Hefyd, mae'n bosib 'glanhau' y nwyon asidig o orsafoedd pŵer.

Yr effaith tŷ gwydr

Am gyfnod maith, roedd pobl yn credu bod nwy arall sy'n cael ei ryddhau wrth losgi tanwyddau yn gwbl ddiogel. Mae yna **garbon deuocsid** yn yr aer yn naturiol (tua 0.04%). Ond erbyn hyn, mae yna bryder am **gynhesu byd-eang**.

Mae tymheredd cyfartalog y Ddaear yn codi'n raddol.
Mae'r rhan fwyaf o wyddonwyr yn cytuno mai mwy o garbon deuocsid yn yr aer yw'r prif reswm.
Mae rhai pobl yn dweud mai dyna sy'n gyfrifol am y tywydd garw sydd wedi achosi trychinebau annisgwyl (fel llifogydd ar ôl glaw trwm).

Yn ystod y 100 mlynedd diwethaf, rydyn ni wedi bod yn farus iawn, yn llosgi mwy o danwyddau ffosil nag yng ngweddill ein holl hanes.
Mae gan natur ffordd o gael gwared â charbon deuocsid o'r aer, ond ar hyn o bryd mae gormod ohono'n cael ei greu.
Rydyn ni wedi newid y cydbwysedd naturiol.

Mae coed yn amsugno carbon deuocsid yn ystod ffotosynthesis. Ond mae ardaloedd enfawr o goedwigoedd glaw yn cael eu torri bob blwyddyn.

---

c) Sut mae planhigion yn tynnu carbon deuocsid o'r aer?

ch) Pam mae torri coedwigoedd glaw yn gwneud i gynhesu byd-eang ddigwydd yn gyflymach?

Rydyn ni'n galw carbon deuocsid yn nwy 'tŷ gwydr'.
Edrychwch ar y diagram gyferbyn:

Mae'r Haul yn gwresogi'r Ddaear. Mae'n oeri trwy ryddhau pelydrau isgoch (gwres). Ond mae carbon deuocsid yn amsugno'r gwres, felly nid yw'n gallu dianc i'r gofod.
Mae'r gwres yn cael ei ddal – fel mewn tŷ gwydr.
Mae pobl yn galw hyn yn **effaith tŷ gwydr**.

Er mwyn helpu i leihau'r broblem, fel yn achos glaw asid, rhaid i ni losgi llai o danwyddau ffosil. Fe ddylen ni hefyd blannu cymaint o goed â phosib i amsugno carbon deuocsid.

Mewn ceir newydd, mae trawsnewidydd catalytig yn y system wacáu. Mae'r rhain yn helpu i leihau glaw asid trwy gael gwared ag ocsidau nitrogen asidig. Maen nhw hefyd yn cael gwared â charbon monocsid gwenwynig, ond maen nhw'n newid hwn yn garbon deuocsid.
Felly dydy'r trawsnewidyddion catalytig ddim yn helpu i leihau cynhesu byd-eang!

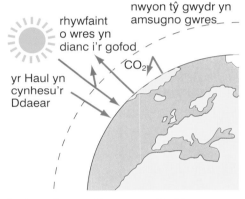

nwyon tŷ gwydr yn amsugno gwres

rhywfaint o wres yn dianc i'r gofod

CO_2

yr Haul yn cynhesu'r Ddaear

Carbon deuocsid ac anwedd dŵr yw'r prif 'nwyon tŷ gwydr'.

Lefelau moroedd yn codi
Mae pobl yn poeni bod lefelau'r moroedd yn codi oherwydd cynhesu byd-eang. Gallai'r pegynau iâ ymdoddi a bydd y dŵr môr cynhesach yn ehangu.

I'ch atgoffa!

1 Copïwch a chwblhewch:

Mae llosgi tanwyddau o olew crai yn achosi llygredd ...... Er enghraifft, mae ...... deuocsid yn achosi ...... asid. Mae hwn yn lladd coed a ...... yn ogystal â difrodi metelau ac ......
...... deuocsid yw prif achos yr effaith ...... sy'n arwain at gynhesu ......

2 Yn 2001 fe wnaeth Prydain lofnodi cytundeb rhyngwladol i leihau faint o garbon deuocsid sy'n cael ei ryddhau gan bob gwlad. Ond roedd rhai gwledydd eraill yn gwrthod ei arwyddo.

Ysgrifennwch lythyr at bapur newydd yn egluro pam mae hi mor bwysig ein bod yn lleihau faint o CO_2 rydyn ni'n ei gynhyrchu.

Rydyn ni'n cymryd plastigion yn ganiataol fel rhan o'n bywyd bob dydd. Meddyliwch am yr holl bethau plastig rydych chi'n eu defnyddio bob dydd.

a) Rhestrwch 4 peth plastig yr ydych wedi eu defnyddio heddiw.

Rydych chi'n gwybod bod plastigion yn synthetig. Ond o ble y daw'r defnyddiau crai i'w gwneud nhw? Efallai nad yw'n amlwg, ond mae'r rhan fwyaf yn dod o gynhyrchion a gawn o olew crai.

Ydych chi'n cofio'r gwaith wnaethon ni ar gracio (tudalen 84)? Un o'r cynhyrchion gawn ni wrth gracio hydrocarbon mawr yw **ethen**.

b) Beth yw hydrocarbon?

Faint o bethau yn yr ystafell hon sydd wedi eu gwneud o blastigion neu ffibrau synthetig?

Hydrocarbon bach yw ethen. Ei fformiwla yw C_2H_4. Nwy sy'n cynnwys moleciwlau adweithiol iawn yw ethen. Mae mor adweithiol fel y gall hyd yn oed adweithio â'i hun! Wrth wresogi ethen, a rhoi'r nwy o dan wasgedd, ac ychwanegu mymryn o gatalydd – Wei hei! Rydyn ni'n cael plastig.

Mae'r moleciwlau ethen bach, adweithiol yn uno – miloedd ohonyn nhw! Maen nhw'n gwneud moleciwlau mawr iawn. Y tro hwn, poly(ethen) sy'n cael ei ffurfio. Enw arall arno, wrth gwrs, yw polythen.

Llawer o foleciwlau ethen → poly(ethen)

Poly(ethen) dwysedd isel gafodd ei ddefnyddio i wneud y bag hwn.

c) Beth yw ystyr 'poly' o flaen gair?

Yr enw ar y moleciwlau bach, adweithiol sy'n uno i ffurfio'r moleciwl mawr yw **monomerau**.

Yr enw ar y moleciwl mawr sy'n cael ei ffurfio yw'r **polymer**.

ch) Beth yw'r monomer yn yr adwaith sy'n cael ei ddisgrifio ar y dudalen hon?

d) Beth yw'r polymer yn yr adwaith uchod?

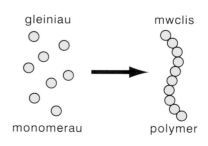

gleiniau   mwclis

monomerau   polymer

Yr enw ar adwaith monomerau i ffurfio polymer yw **polymeriad**.

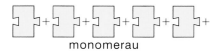 + polymeriad 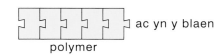 ac yn y blaen

monomerau → polymer

Llawer o fonomerau → polymer

Monomer arall sy'n cael ei ddefnyddio i wneud plastigion yw propen.

Llawer o foleciwlau propen → poly(propen)

dd) Enwch y polymer sy'n cael ei wneud o'r monomer o'r enw styren.

Edrychwch ar wahanol ffyrdd o ddefnyddio poly(ethen) a pholy(propen) yma:

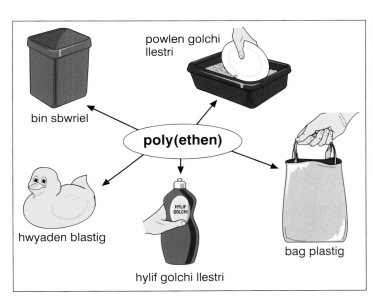

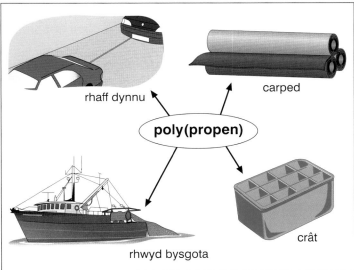

---

1 Copïwch a chwblhewch:

Gallwn ddefnyddio moleciwlau bach, ... sydd i'w cael trwy ...... hydrocarbonau mawr, i wneud ......

Er enghraifft, mae ...... yn gwneud poly(ethen), a phropen yn gwneud ......

Enw'r moleciwlau bach yw ...... a'r moleciwl mawr sy'n cael ei wneud yw'r ......

2 Mae defnyddio plastigion yn gyffredin ers llai na chan mlynedd.

Beth oedd yn cael ei ddefnyddio i wneud y pethau hyn cyn bod plastigion a pholymerau yn gyffredin?

a) cafnau dŵr

b) defnyddiau lapio bwyd

c) arwyneb gweithio mewn cegin

ch) pinnau ysgrifennu.

Meddyliwch faint o blastig rydych yn ei daflu ar ôl
siopa mewn archfarchnad!
Rydyn ni'n defnyddio plastigion am eu bod yn rhad.
Gallwn eu mowldio i unrhyw siâp neu eu tynnu'n
ffibrau a haenau tenau iawn.
Mae'r rhain i gyd yn briodweddau defnyddiol iawn.

a) Sut mae plastigion yn cael eu mowldio, yn eich barn chi?

*Rydyn ni'n cynhyrchu llawer iawn o
wastraff plastig.*

Mae plastigion yn anadweithiol iawn hefyd.
Wrth gwrs, dydyn ni ddim eisiau cafnau plastig sy'n gollwng dŵr yn
syth. Dychmygwch roi hwyaden blastig yn y bath a honno'n hydoddi!
Ond mae diffyg adweithedd plastig yn broblem hefyd.

Beth sy'n digwydd pan fyddwch wedi cael llond bol ar yr hwyaden blastig?
Rydych yn ei thaflu i'r bin a bydd yn mynd i'r domen sbwriel.
Ond, mae llawer o blastigion yn cymryd amser **hir iawn** i bydru.
Nid yw'r micro-organebau yn y pridd yn gallu gwneud iddyn nhw bydru.
Gan fod ein tomenni sbwriel yn llenwi'n gyflym, mae plastigion yn
achosi problem trwy gymryd cymaint o amser i bydru.

b) Pa broblemau fyddai'n wynebu cyngor wrth geisio agor safle
newydd ar gyfer tomen sbwriel tirlenwi?

Safle tirlenwi.

Felly mae gwyddonwyr yn ceisio dod o hyd i ffyrdd i helpu plastigion
bydru ar ôl i ni eu taflu.
Plastigion bioddiraddadwy yw'r rhain.

> **Yr enw ar blastigion sy'n pydru ar ôl cael eu taflu yw plastigion
> bioddiraddadwy.**

c) Beth yw prif fantais plastig bioddiraddadwy?

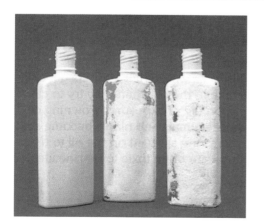

*Dyma boteli plastig bioddiraddadwy yn
dechrau pydru.*

Ailgylchu plastigion

Fyddwch chi'n ailgylchu papur, gwydr neu ganiau alwminiwm?
Mae mwy a mwy o bobl yn ceisio helpu i arbed ein hadnoddau.
Ond mae ailgylchu plastig yn fwy anodd.
Mae yna gymaint o wahanol fathau.
Ond mae gwledydd eraill yn gwneud yn llawer gwell na gwledydd Prydain.
Chwiliwch am y symbolau hyn ar nwyddau plastig:

PET   HD PE   PVC

Allwedd:
PET = poly(ethentereffthalad)
HDPE = poly(ethen) dwysedd uchel
PVC = poly(finylclorid)
LDPE = poly(ethen) dwysedd isel
PP = poly(propen)
PS = poly(styren)

LD PE   PP   PS   Eraill

Mae'r rhain yn gallu ymdoddi a chael eu mowldio o'r newydd i wneud pethau eraill.
Mae hyn yn arbed ein cyflenwadau olew crai (sef y defnydd crai ar gyfer plastigion)
ac yn arbed lle mewn safleoedd tirlenwi.

ch) Pam mae hi'n fwy anodd ailgylchu plastigion na gwydr?

Llosgi plastigion

Hydrocarbonau yw llawer o blastigion. Fel y gwyddoch, hydrocarbonau yw ein prif ffynhonnell ar gyfer tanwyddau. Felly efallai y bydden ni'n gallu llosgi plastigion gwastraff a defnyddio'r egni sy'n cael ei ryddhau, yn hytrach na defnyddio tanwyddau ffosil? Edrychwch ar y siart bar hwn:

Ond mae gan y syniad hwn ei broblemau.
Mae rhai plastigion yn rhyddhau nwyon gwenwynig wrth losgi.

d) Sut gallen ni ddatrys y broblem o losgi plastigion?

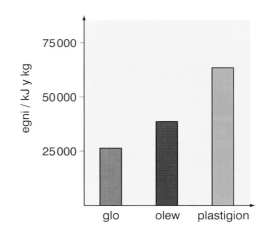

I'ch atgoffa!

1 Copïwch a chwblhewch:

Mae gan blastigion lawer o briodweddau defnyddiol ond mae eu diffyg ...... yn broblem. Dydyn nhw ddim yn ...... ar ôl i ni eu taflu ac maen nhw'n cymryd llawer o le mewn safleoedd ...... Ond mae mwy o blastigion y dyddiau hyn yn ......

2 Rhestrwch gymaint o ffyrdd â phosib y gallwch chi helpu i ddatrys y broblem o gael gwared â gwastraff plastig.

3 Gwnewch waith ymchwil i ddarganfod mwy am wastraff plastig a sut rydym yn mynd i'r afael â'r broblem.
Cyflwynwch eich casgliadau mewn adroddiad i'w anfon at eich cyngor lleol.

Crynodeb

Mae olew crai yn gymysgedd o hydrocarbonau.
Mae'n bosib ei wahanu yn gyfansoddion â berwbwyntiau tebyg
trwy **ddistyllu ffracsiynol**.

Mae'r rhan fwyaf o'r ffracsiynau sy'n dod o olew crai
yn cael eu defnyddio fel tanwyddau.
Mae llawer o alw am danwyddau fel petrol.
Felly mae rhai moleciwlau hydrocarbon mawr, y ffracsiynau trymaf, yn cael eu
'**cracio**' yn foleciwlau llai, sy'n fwy defnyddiol, i'w defnyddio fel tanwyddau.

Yn ystod cracio, mae moleciwlau bach adweithiol, fel ethen, yn ffurfio hefyd.
Mae'r rhain yn gallu adweithio â'i gilydd wrth gael eu gwresogi o dan wasgedd
lle bo catalydd yn bresennol. Maen nhw'n uno â'i gilydd i wneud moleciwlau
mawr iawn a gaiff eu defnyddio i wneud plastigion.
Enw'r moleciwlau bach yw **monomerau**.
Enw'r moleciwl mawr sy'n cael ei ffurfio yw **polymer**.

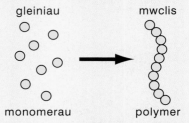

Mae'n broblem cael gwared â llawer o blastigion oherwydd, ar ôl i ni eu taflu, nid
yw micro-organebau yn y pridd yn gallu gwneud iddyn nhw bydru.

Mae pryder hefyd am lygredd aer oherwydd ein bod yn llosgi tanwyddau ffosil.
Pan fydd hydrocarbon yn llosgi, rydym yn cael carbon deuocsid (**effaith tŷ
gwydr**) ac anwedd dŵr. Mae amhureddau sylffwr yn y tanwydd hefyd yn
cynhyrchu nwy sylffwr deuocsid (**glaw asid**).

Cwestiynau

1 Copïwch a chwblhewch:

Mae yna ...... o wahanol hydrocarbonau mewn
olew ......
Gallwn wahanu'r cymysgeddau mwyaf defnyddiol
sydd â berwbwyntiau ...... trwy ddistyllu ......
Gallwn ...... moleciwlau hydrocarbon mawr yn
foleciwlau ......, mwy defnyddiol. Yn y broses
hon, caiff moleciwlau bach ...... eu ffurfio fel ......
hefyd. Gallwn ddefnyddio'r rhain i wneud ......
Mae miloedd o ...... yn uno â'i gilydd i ffurfio
moleciwl mawr o'r enw ......
Nid yw ...... yn y pridd yn gallu gwneud i lawer o
blastigion bydru, felly rydym yn datblygu
plastigion mwy ......

2 Gwnewch fraslun o golofn ffracsiynu fel hyn:

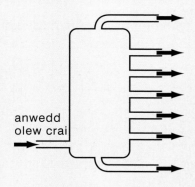

Nodwch beth yw'r ffracsiynau coll.
Nodwch ar gyfer beth y mae pob ffracsiwn yn
cael ei ddefnyddio.

3 Mewn arbrawf i ddistyllu olew crai yn y labordy, cafodd tri ffracsiwn eu casglu. Ond ni chawson nhw eu cadw yn y drefn yr oedden nhw wedi berwi.

a) Enwch 4 ffordd y gallech ddweud pa ffracsiwn oedd yn cynnwys cyfansoddion â'r berwbwyntiau isaf.

b) Mewn purfa olew, o ba ran o golofn ffracsiynu rydyn ni'n tynnu'r ffracsiwn â'r berwbwyntiau isaf?

c) Beth yw hydrocarbon?

ch) Beth y gallwch chi ei ddweud am faint moleciwl hydrocarbon a'i ferwbwynt?

4 Edrychwch ar yr arbrawf hwn:

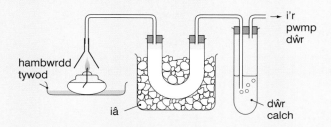

a) Pam rydyn ni'n rhoi iâ o amgylch y tiwb U?

b) Un prawf ar gyfer dŵr yw ei fod yn troi cobalt clorid glas yn binc.
Enwch brawf cemegol arall ar gyfer dŵr gan ddefnyddio copr sylffad anhydrus.

c) Beth yw'r rhif coll yma:
Gallwch wneud yn siŵr mai dŵr pur yw'r hylif sy'n ymgasglu yn y tiwb U trwy brofi a yw ei ferwbwynt yn ...... °C.

ch) Beth sy'n digwydd i'r dŵr calch yn yr arbrawf?

d) Prawf ar gyfer pa nwy sy'n defnyddio dŵr calch?

dd) Ysgrifennwch hafaliad geiriau ar gyfer llosgi hydrocarbon mewn digonedd o ocsigen:

hydrocarbon + ocsigen → ......+ ......

e) Os yw tanwydd yn cynnwys amhureddau sylffwr, pa nwy sy'n cael ei gynhyrchu wrth iddo losgi?
Pa broblem llygredd mae'r nwy hwn yn ei hachosi?

5 a) Cwblhewch y tabl hwn:

Monomer	Polymer
ethen	......
......	poly(propen)
styren	......
......	poly(finylclorid)

b) Lluniwch dabl yn dangos 3 ffordd o ddefnyddio poly(ethen) a 3 ffordd o ddefnyddio poly(propen).

c) Disgrifiwch rai o'r ffyrdd y gallwn ni helpu i ddatrys y broblem o gael gwared â gwastraff plastig.

6

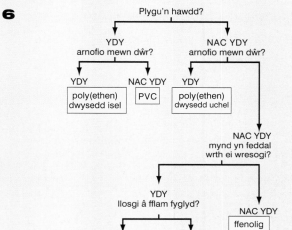

a) Pa blastig sy'n plygu'n hawdd ac yn suddo mewn dŵr?

b) Pa blastig sydd **ddim** yn plygu'n hawdd, nac yn arnofio mewn dŵr, nac yn mynd yn feddal wrth ei wresogi?

c) Defnyddiwch yr allwedd i ddweud cymaint ag y gallwch am acrylig.

7 Dychmygwch eich bod yn foleciwl hydrocarbon bychan mewn olew crai.

Disgrifiwch beth sy'n digwydd i chi o'r adeg yr ydych yn cael eich darganfod, nes eich bod yn cynhesu ffa pob ar stof wersylla.

8 Dyluniwch daflen i roi gwybod i ddisgyblion Blwyddyn 7 am yr effaith tŷ gwydr. Cofiwch ddisgrifio beth ydyw, ei heffaith ar yr amgylchedd, a sut y gallwn helpu i gael gwared â hi.

▶▶▶ 8a Nwyon yn yr aer

Bob tro rydych chi'n anadlu i mewn, rydych chi'n anadlu
cymysgedd o nwyon sydd gyda'i gilydd yn gwneud aer.

a) Pa nwy sy'n hanfodol er mwyn i ni allu byw?

Edrychwch ar y siart cylch hwn:
Mae'n dangos y nwyon yn yr atmosffer.

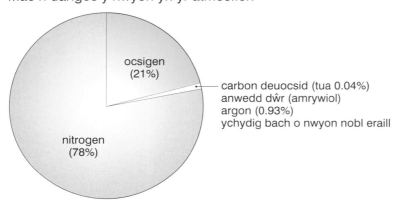

carbon deuocsid (tua 0.04%)
anwedd dŵr (amrywiol)
argon (0.93%)
ychydig bach o nwyon nobl eraill

Mae cyfran y gwahanol nwyon yn yr aer wedi aros yn debyg iawn
dros y 200 miliwn o flynyddoedd diwethaf!

b) Pa nwy yw'r rhan fwyaf o'r aer?

c) Pa nwy sy'n cael ei amsugno gan blanhigion yn ystod ffotosynthesis?

ch) Beth yw'r gair coll?
Mae argon yn nwy n......

Nitrogen

Mae nitrogen yn nwy anadweithiol iawn.
Dyna pam mae'n cael ei ddefnyddio wrth bacio bwyd.
Heb ocsigen, nid yw'r bacteria yn gallu gwneud i'r bwyd bydru.

Hefyd, mae'n cael ei ddefnyddio wrth dynnu olew oddi ar danceri enfawr.
Os bydd gwreichion, gall y llong ffrwydro.
Felly mae nwy nitrogen yn cael ei bwmpio i mewn i gael gwared ag
unrhyw ocsigen.

*Caiff nitrogen ei ddefnyddio i osgoi'r perygl o
gael ffrwydrad wrth bwmpio olew o'r tancer.*

d) Beth sy'n cymysgu ag ocsigen i ffurfio cymysgedd ffrwydrol
mewn tancer olew?

Dŵr yn yr aer

Mae'r siart cylch ar y dudalen flaenorol yn dangos faint o anwedd dŵr sydd yn yr aer.

dd) Enwch ddau le ble byddech yn disgwyl cael symiau gwahanol iawn o anwedd dŵr yn yr aer.

e) Beth rydyn ni'n ei olygu wrth ddweud ei bod hi'n ddiwrnod llaith?

Edrychwch ar y **gylchred ddŵr** isod:

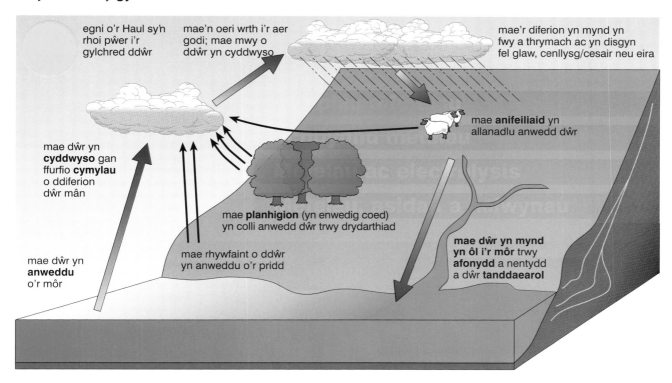

egni o'r Haul sy'n rhoi pŵer i'r gylchred ddŵr

mae'n oeri wrth i'r aer godi; mae mwy o ddŵr yn cyddwyso

mae'r diferion yn mynd yn fwy a thrymach ac yn disgyn fel glaw, cenllysg/cesair neu eira

mae dŵr yn **cyddwyso** gan ffurfio **cymylau** o ddiferion dŵr mân

mae **anifeiliaid** yn allanadlu anwedd dŵr

mae **planhigion** (yn enwedig coed) yn colli anwedd dŵr trwy drydarthiad

mae dŵr yn **anweddu** o'r môr

mae rhywfaint o ddŵr yn anweddu o'r pridd

mae dŵr yn mynd yn ôl i'r môr trwy **afonydd** a nentydd a dŵr **tanddaearol**

Mae'r gylchred ddŵr yn dangos sut mae dŵr y byd yn symud o fan i fan.

f) O ble y daw'r egni i yrru'r gylchred ddŵr?

I'ch atgoffa!

1 Copïwch a chwblhewch:

Am y …… miliwn o flynyddoedd diwethaf, mae …… y Ddaear wedi aros bron yr un fath.
Y prif nwy yn yr aer yw ……, a …… yw'r ail nwy mwyaf cyffredin. Cyfran …… deuocsid yn yr aer yw tua 0.04%.
Mae swm yr anwedd dŵr yn …… ar wahanol adegau ac mewn gwahanol fannau.

2 Edrychwch ar y gylchred ddŵr uchod:

a) Beth yw enw'r broses pan fo coed yn colli anwedd dŵr?

b) Pam mae'r diferion dŵr yn mynd yn fwy wrth i'r cymylau godi?

c) Lluniwch ddiagram llif i grynhoi'r gylchred ddŵr.

3 Ymchwiliwch i weld sut y cafodd nwy ocsigen ei ddarganfod.

TGCh

Ydych chi erioed wedi meddwl tybed o ble daeth y nwyon yn yr atmosffer? Mae gwyddonwyr wedi treulio llawer o amser yn meddwl am hyn. Mae ganddyn nhw syniadau, er bod rhai yn dal i anghytuno. Wedi'r cyfan, rydyn ni'n sôn am bethau a ddigwyddodd filiynau o flynyddoedd yn ôl.

Mae'r rhan fwyaf o wyddonwyr yn credu bod y Ddaear wedi cael ei ffurfio tua 4.6 biliwn o flynyddoedd yn ôl. (Hynny yw 4 600 000 000 o flynyddoedd yn ôl!)

Pelen o ddefnydd tawdd oedd yno i ddechrau. Ond yn raddol, fe oerodd. Dechreuodd cramen denau ymffurfio dros yr arwyneb. Mae'n debyg bod llawer o losgfynyddoedd bryd hynny. Byddai craig dawdd yn ffrwydro trwy'r gramen denau yn aml.

Trwy astudio llosgfynyddoedd, mae gwyddonwyr yn gallu dyfalu pa nwyon a gafodd eu taflu i'r atmosffer bryd hynny. Dyma maen nhw'n ei gredu:

I ddechrau, pelen o ddefnydd tawdd oedd y Ddaear.

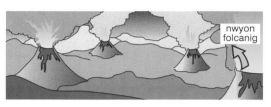

nwyon folcanig

Roedd llosgfynyddoedd yn fwy cyffredin filiynau o flynyddoedd yn ôl wrth i'r atmosffer ddechrau ymffurfio.

> Yn yr atmosffer folcanig cynnar roedd:
> - **carbon deuocsid** yn bennaf,
> - **anwedd dŵr**
> - ychydig bach o **amonia** a **methan**.
> Doedd yna ***ddim ocsigen*** bryd hynny.

a) Pam oedd yna gymaint o losgfynyddoedd pan oedd y Ddaear yn ifanc?

b) Beth oedd y prif nwy yn yr atmosffer folcanig cynnar?

Wrth i'r Ddaear barhau i oeri, cyddwysodd yr anwedd dŵr a syrthio fel glaw. Dechreuodd y glaw ffurfio pyllau yng nghramen y Ddaear a dyna sut yr ymffurfiodd y cefnforoedd cyntaf.

Roedd hyn yn bwysig gan mai yn y môr y datblygodd y pethau byw cyntaf.
Yn ddiweddar, mae gwyddonwyr wedi dod o hyd i'r holl elfennau sydd eu hangen i fyw, o amgylch tyllau folcanig yng ngwaelod y môr.
Ymddangosodd organebau syml, gan esblygu yn ***blanhigion*** bychan, fel algâu.

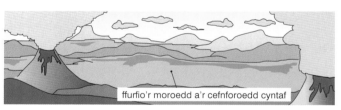

ffurfio'r moroedd a'r cefnforoedd cyntaf

Wrth i'r Ddaear oeri, syrthiodd glaw a ffurfio'r cefnforoedd.

Nawr ymddangosodd yr ocsigen cyntaf ar y Ddaear.
Yn ystod **ffotosynthesis**, roedd carbon deuocsid yn cael ei amsugno ac ocsigen yn cael ei ryddhau. Wrth i blanhigion ddechrau tyfu dros y Ddaear, bu farw'r pethau eraill oedd yn methu â byw mewn ocsigen.

c) Sut y daeth yr ocsigen cyntaf i'r atmosffer?

Wrth i lefel yr ocsigen gynyddu, yn raddol fe ostyngodd lefelau'r carbon deuocsid. Dros gyfnod hir roedd carbon o'r carbon deuocsid yn cael ei 'ddal' mewn **tanwyddau ffosil**. Er enghraifft, roedd coed a rhedyn a fu farw mewn corsydd cynhanes yn ffurfio glo.

Aeth rhywfaint o'r carbon deuocsid i'r cefnforoedd hefyd, gan hydoddi yn y dŵr.

Mewn amser, daeth y carbon hwn i'r amlwg mewn **creigiau carbonad** a rhai ohonyn nhw wedi eu ffurfio o gregyn creaduriaid môr. Er enghraifft, mae rhai mathau o galchfaen wedi eu ffurfio o gregyn a gafodd eu gorchuddio gan haenau o dywod a llaid. Yr enw ar graig fel hyn yw craig waddod. (Edrychwch ar y dudalen nesaf.)

Mae carbon o'r atmosffer cynhanes wedi ei 'ddal' mewn glo.

ch) Enwch dri thanwydd ffosil.

d) Enwch graig waddod garbonad.

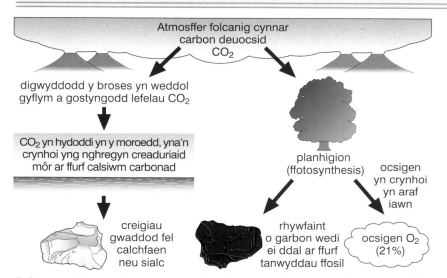

Diflannodd y methan a'r amonia o'r atmosffer cynnar trwy adweithio ag ocsigen. Felly, yn y pen draw, daeth yr aer i gynnwys y cydbwysedd o nwyon sydd yn yr atmosffer heddiw.

I'ch atgoffa!

1 Copïwch a chwblhewch:

Roedd yr atmosffer folcanig cynnar wedi ei wneud yn bennaf o nwy ....
Roedd yna hefyd anwedd ...... (a oerodd i ffurfio'r ......) ac ychydig bach o ...... ac amonia.
Cafodd yr ...... cyntaf ei gynhyrchu gan blanhigion.
Cafodd llawer o'r carbon o garbon deuocsid ei ddal mewn tanwyddau ...... a ...... carbonad.

2 a) Ewch ati i ymchwilio i sut y cafodd glo ei ffurfio?

b) Sut y daeth carbon deuocsid i'r atmosffer cynnar?

c) Eglurwch sut y mae rhywfaint o'r carbon o CO_2 bellach wedi ei ddal mewn tanwyddau ffosil.

ch) Sut y mae'r carbon sydd wedi ei ddal mewn tanwyddau ffosil yn dod yn ôl i'r atmosffer?

d) Pam mae pobl yn poeni bod lefelau carbon deuocsid yn cynyddu yn yr atmosffer?

▶▶▶ 8c Creigiau gwaddod

Ydych chi'n gwybod ystyr y gair 'gwaddod'?
Os ydych chi erioed wedi gweld rhywun yn bragu cwrw cartref,
fe welsoch chi'r gwaddod sy'n ymgasglu ar waelod y fflasg.
Mae craig waddod yn ymffurfio o ddarnau o graig a malurion
eraill sy'n ymgasglu dros amser.

Mae 3 math o graig:
- **gwaddod,**
- **metamorffig,**
- **igneaidd.**

Felly o ble y daw'r gwaddod i ffurfio'r graig waddod? Ar y
dudalen flaenorol, fe welson ni sut mae rhai mathau o
galchfaen yn ymffurfio. Roedd cregyn creaduriaid môr yn
ymgasglu ar waelod y môr. Yna byddai haenau o gregyn
eraill, tywod a llaid yn eu gorchuddio. O dan wasgedd fel hyn
(crynhoad), roedd y dŵr rhwng y gwahanol ronynnau yn cael
ei wasgu allan. Roedd hyn yn gadael unrhyw fwynau a oedd
mewn hydoddiant.
Mae'r rhain fel 'sment' rhwng y gronynnau.

Craig waddod yw tywodfaen.

a) Beth yw'r gwaddod sy'n ffurfio'r rhan fwyaf o galchfaen?

b) Pa garbonad sy'n ffurfio'r rhan fwyaf o galchfaen?
(Edrychwch ar dudalen 68.)

Caiff creigiau gwaddod eraill eu ffurfio o wahanol ddarnau o graig
wedi erydu. Roedd y rhain yn cael eu cludo gan afonydd fel arfer,
yna'n cael eu dyddodi ar welyau moroedd hynafol. Dros filiynau o
flynyddoedd, caiff mwy a mwy o haenau eu creu a bydd y cyfan yn
dechrau crynhoi a smentio.

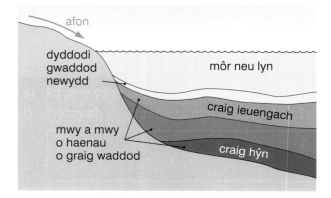

Ffurfio haenau o graig waddod.

c) Beth yw ystyr 'crynhoad'?

ch) Mewn nifer o haenau o graig waddod, ym mhle mae'r graig
hynaf fel arfer?

Edrychwch ar y gwahanol fathau hyn o graig waddod:

Gronynnau	Craig waddod	
clai ⟶		carreg laid
tywod ⟶		tywodfaen
cerigos ⟶		clymfaen

maint
y gronynnau
yn cynyddu

Cafodd creigiau gwaddod eraill eu ffurfio wrth i foroedd hynafol anweddu, gan adael yr halwynau a oedd wedi hydoddi ar ôl. Er enghraifft, mae yna wythïen o halen craig o dan Sir Gaer sydd hyd at 2000 metr o drwch mewn mannau.

d) Pa graig waddod sy'n cael ei ffurfio o glai?

Mae **glo** yn graig waddod arall.
Fel calchfaen, byddwch yn aml yn gweld ffosiliau mewn glo.

dd) Sut cafodd glo ei ffurfio?
e) Pa fath o ffosiliau y byddech chi'n disgwyl eu gweld mewn calchfaen?
f) Pa fath o ffosiliau y byddech chi'n eu gweld mewn glo?

Mae ffosiliau yn ddefnyddiol ar gyfer 'dyddio' neu 'ganfod oedran' y creigiau. Mae anifeiliaid a phlanhigion sydd wedi datblygu mwy i'w gweld mewn creigiau ieuengach. Yn y creigiau hŷn, mae'r rhywogaethau yn fwy syml a chyntefig.

Mae ffosiliau yn aml mewn creigiau gwaddod.

I'ch atgoffa!

1 Copïwch a chwblhewch:

Mae craig yn cael ei hindreulio ac yna'n cael ei ...... gan wynt neu mewn ...... Mae'r darnau yn cael eu ...... ar wely'r ...... ac yna'n araf maen nhw'n cael eu ...... gan fwy a mwy o haenau. Mae'r gronynnau yn cael eu c...... o dan wasgedd wrth i'r haenau ymgasglu. Mae'r dŵr yn cael ei wasgu allan a mwynau yn s...... y gronynnau at ei gilydd. Yna maen nhw'n ffurfio craig ...... Yn aml, bydd ...... mewn craig fel hyn.

2 Dyma ddau ffosil a gafodd eu darganfod mewn dau le gwahanol.
Pa ffosil oedd yn y graig ieuengaf?

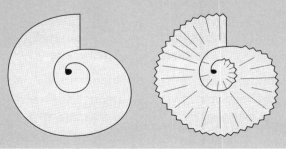

Oes yna dai â thoeau llechi yn eich ardal chi?

Tua chan mlynedd yn ôl, llechi oedd y defnydd mwyaf poblogaidd i'w roi ar y to. Mae **llechfaen** yn graig y gallwch ei hollti'n haenau tenau er mwyn gwneud y llechi.

Mae llechfaen yn enghraifft o graig **fetamorffig**.

Ydych chi wedi clywed y gair 'metamorffosis' mewn gwersi bioleg?

Un enghraifft fyddai lindys yn troi'n bili pala.

Mae'r anifail wedi newid ei ffurf.

Felly craig fetamorffig yw craig sy'n newid ei ffurf.

Ond sut mae hynny'n gallu digwydd?

Yn y bennod nesaf cawn weld sut y gall cramen y Ddaear symud – yn araf, ond mae'n gallu symud.

Mae hyn yn golygu bod creigiau yn gallu cael eu claddu yn ddwfn o dan y ddaear, a'u bod yn cael eu gwasgu wrth i ddwy ran o'r gramen daro yn erbyn ei gilydd a ffurfio mynyddoedd. Bydd y creigiau o dan **wasgedd enfawr**.

Edrychwch ar y diagram gyferbyn:

Hefyd, mae creigiau yn gallu cael eu gwresogi i **dymheredd uchel** iawn.

Y tu mewn i'r Ddaear, mae yna graig dawdd o'r enw **magma**.

Mae'r magma yn codi at yr arwyneb trwy unrhyw graciau yn y gramen.

Mae'r creigiau sydd agosaf at y magma crasboeth yn cael eu crasu. Dydyn nhw ddim yn ymdoddi, ond mae adeiledd y creigiau yn newid.

Edrychwch ar y diagram isod:

Mae llechfaen yn graig fetamorffig. Mae'n cael ei ffurfio o garreg laid.

gwasgedd

mae'r mwynau mewn **carreg laid** yn gymysg i gyd

mewn **llechfaen** mae grisialau microsgopig y mwynau i gyd mewn rhesi

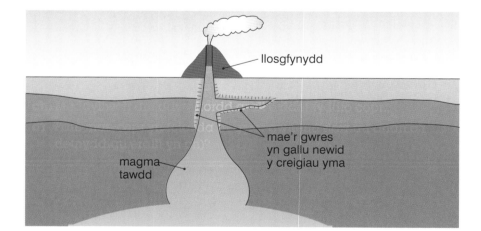

llosgfynydd

mae'r gwres yn gallu newid y creigiau yma

magma tawdd

a) Sut mae adeiledd craig yn gallu newid?

b) Enwch ddwy graig fetamorffig.

Mewn rhai creigiau metamorffig, fe welwch chi fandiau yn rhedeg trwy'r graig.
Bydd y bandiau ar ongl sgwâr i gyfeiriad y gwasgedd.
Edrychwch ar y graig hon o'r enw **gneis**:

Craig fetamorffig yw gneis.

> **c)** Gwnewch fraslun o'r gneis uchod a rhowch saethau i ddangos sut y cafodd y graig ei gwasgu.

Craig fetamorffig arall yw **marmor**.
Calchfaen yn cael ei grasu ar dymheredd uchel yn ddwfn o dan y ddaear sy'n gwneud marmor.

Daw marmor o galchfaen.

> **Creigiau metamorffig:** creigiau sydd wedi cael eu newid gan wasgedd a/neu wres (heb ymdoddi).

I'ch atgoffa!

1 Copïwch a chwblhewch:

Mae cramen y Ddaear yn dal i ...... yn araf a gall creigiau brofi ...... uchel iawn wrth gael eu gwasgu. Gall hyn wneud i'r mwynau ffurfio rh...... a bandiau. Hefyd, mae tymheredd uchel yn gallu ...... adeiledd y graig.
Enw'r creigiau newydd sy'n cael eu ffurfio yw creigiau ......

2 a) O ba graig waddod y cafodd llechfaen ei ffurfio?

b) Eglurwch sut y cafodd llechfaen ei ffurfio.

c) Pam mae llechfaen yn cael ei ddefnyddio ar y to?

3 Eglurwch sut mae gwythïen o galchfaen o dan wyneb y Ddaear yn gallu cael ei gwresogi i dymheredd uchel. Pa graig fetamorffig sy'n cael ei ffurfio?

▶▶▶ 8d Creigiau igneaidd

Math arall o graig yw craig igneaidd.
Mae dros 90% o'r creigiau yng nghramen y Ddaear yn igneaidd.
Mae gwres yn bwysig wrth ffurfio'r graig hon.

Mae creigiau igneaidd yn galed!

> Mae **creigiau igneaidd** yn cael eu ffurfio wrth i graig dawdd oeri. ***Grisialau*** sydd ynddyn nhw.

Edrychwch ar yr enghreifftiau hyn:

Craig igneaidd yw gwenithfaen.

Craig igneaidd arall yw gabro.

a) Ai cymysgedd neu sylwedd pur yw'r creigiau uchod?

b) A yw creigiau igneaidd yn galed neu'n feddal, yn eich barn chi?

Mae'r graig dawdd yn dod o grombil dwfn y Ddaear.
Yr enw ar y graig dawdd yw **magma**.
Wrth i'r magma godi at yr arwyneb, mae'n oeri.
Mae'r grisialau yn ymffurfio wrth i'r graig droi'n solid.

c) Beth sy'n digwydd i'r tymheredd o dan y ddaear wrth i chi fynd yn ddyfnach a dyfnach?

Mae maint y grisialau mewn craig igneaidd yn dibynnu ar ba mor gyflym yr oedd y graig dawdd wedi oeri wrth ymffurfio.

Craig igneaidd yn oeri yn **gyflym** = grisialau **bach**.
Craig igneaidd yn oeri yn **araf** = grisialau **mawr**.

ch) Enwch graig igneaidd a oerodd yn gyflym wrth ymffurfio.

Grisialau bach sydd mewn basalt.

Felly pam mae rhai creigiau tawdd yn oeri'n gyflym a rhai eraill yn oeri'n araf?

Weithiau ni fydd y magma yn llwyddo i gyrraedd yr arwyneb. Mae'n codi, ond yn cael ei ddal yng nghramen y Ddaear. Gyda'r graig o'i gwmpas, bydd y magma yn oeri'n araf. Felly grisialau mawr sy'n ymffurfio. Cafodd gwenithfaen ei ffurfio fel hyn.

Mae magma arall yn dianc trwy'r gramen. Er enghraifft, basalt yw'r rhan fwyaf o'r graig o dan y cefnforoedd. Mae magma yn dod allan o graciau yng ngwely'r môr. Mae'r dŵr oer yn oeri'r magma yn gyflym. Dyna pam mai grisialau bach sydd mewn basalt.

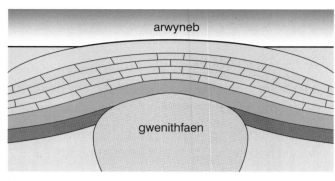

Mae'r gwenithfaen yn oeri'n araf.
Allwch chi weld ym mhle y gallai craig fetamorffig ymffurfio yn y diagram?

Y gylchred greigiau

Edrychwch ar y gylchred greigiau isod:

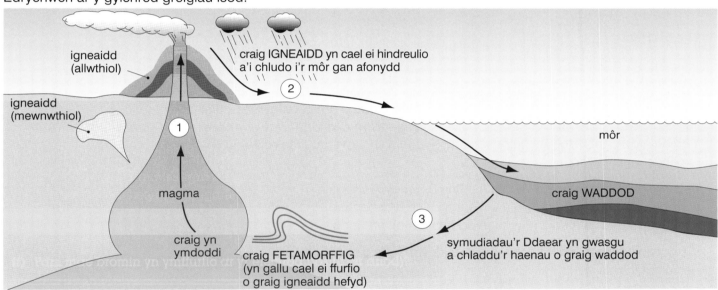

Mae newidiadau yn y gylchred greigiau yn gallu cymryd miliynau o flynyddoedd.

d) Gwnewch ddiagram llif i ddangos y newidiadau sy'n digwydd yn y gylchred greigiau.

I'ch atgoffa!

1 Copïwch a chwblhewch:

Mae creigiau igneaidd yn ymffurfio pan fydd craig ...... yn oeri.
Maen nhw wedi eu gwneud o ......
Mae maint y ...... yn dibynnu ar ba mor ...... yr oerodd y graig yn wreiddiol. Y cyflymaf yr oerodd y graig, y ...... fydd maint y grisialau.
Mae'r ...... greigiau yn dangos sut y mae creigiau yn cael eu hailgylchu dros amser.

2 a) Mae gwenithfaen yn graig igneaidd fewnwthiol. Fe oerodd y tu mewn i'r Ddaear, o dan y tir. Cafodd basalt ei ffurfio wrth i lafa oeri'n gyflym. Mae'n graig igneaidd allwthiol. Pa un o'r ddwy graig sydd â'r grisialau mwyaf?

b) Enwch graig igneaidd arall sydd â grisialau mawr.

Crynodeb

Yr atmosffer

Mae'r aer wedi ei wneud o tua 80% nwy nitrogen, 20% ocsigen a mymryn bach o nwyon eraill. Mae'r rhain yn cynnwys carbon deuocsid, anwedd dŵr a nwyon nobl.

Yn ystod biliwn blynedd gyntaf y Ddaear, o'r llosgfynyddoedd y daeth yr atmosffer cynnar. Mae'n debyg mai carbon deuocsid oedd yr atmosffer yn bennaf bryd hynny (fel Mawrth a Gwener heddiw).
Doedd dim ocsigen. Cyrhaeddodd ocsigen pan esblygodd y planhigion cyntaf.
Yn ystod ffotosynthesis, roedd y planhigion yn amsugno carbon deuocsid ac yn rhyddhau ocsigen. Cafodd y rhan fwyaf o'r carbon ei 'ddal' mewn tanwyddau ffosil a chreigiau carbonad.

Ymffurfiodd y cefnforoedd wrth i anwedd dŵr o'r llosgfynyddoedd syrthio fel glaw wrth i'r Ddaear oeri. Roedd ychydig bach o amonia a methan yn yr atmosffer yn wreiddiol, ond diflannodd y ddau wrth iddyn nhw adweithio â nwy ocsigen.

Creigiau

Mae 3 math o graig:
gwaddod, metamorffig ac igneaidd.

Mae creigiau **gwaddod** yn cael eu ffurfio wrth i ddarnau o graig, cregyn neu blanhigion setlo yn haenau. Wrth i'r haenau ymgasglu, mae'r gwasgedd yn cynyddu a'r dŵr yn cael ei wasgu allan. Y cyfan fydd ar ôl fydd pethau oedd wedi hydoddi yn y dŵr ac mae'r darnau yn cael eu 'smentio' at ei gilydd.

Mae creigiau **metamorffig** yn cael eu ffurfio pan gaiff creigiau eu rhoi o dan wasgedd mawr iawn (edrychwch ar y bennod nesaf) a/neu eu gwresogi i dymheredd uchel (heb ymdoddi).

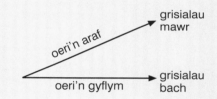

Mae creigiau **igneaidd** yn cael eu gwneud wrth i graig dawdd oeri a ffurfio grisialau.

Cwestiynau

1 Copïwch a chwblhewch:

Mae bron pedair rhan o ...... o'r aer yn nwy nitrogen, a bron un rhan o ...... yn ocsigen.

O'r ...... y daeth atmosffer cynnar y Ddaear.

Ymffurfiodd y ...... wrth i'r Ddaear ...... ac i'r anwedd dŵr gyddwyso a syrthio fel ......

Nwy ...... oedd y rhan fwyaf o'r atmosffer cynnar.

Cafodd nwy ...... ei gynhyrchu pan ddatblygodd y planhigion cyntaf.

Mae cramen y Ddaear wedi ei gwneud o 3 math o ......
Eu henwau yw ......, ... ac igneaidd.

Mae craig ...... wedi ei gwneud o ddarnau o graig wedi eu dyddodi mewn haenau.

Mae craig ...... yn cael ei ffurfio pan fydd craig arall o dan ...... mawr iawn a/neu ...... uchel.

Cafodd craig igneaidd ei ffurfio o graig ...... wrth iddi oeri, gan ffurfio ......

Y mwyaf ...... y mae'r graig yn oeri, y mwyaf yw'r grisialau.

2 Dyma gwestiwn am y nwyon yn yr aer. Mae aer glân yn gymysgedd o nwyon:

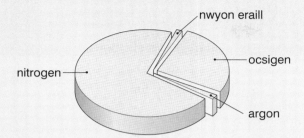

a) Pa nwy yn yr aer sy'n angenrheidiol er mwyn i bethau losgi?

b) Pa nwy yn yr aer sy'n troi dŵr calch yn llaethog (cymylog)?

c) Pa nwy yw'r rhan fwyaf o'r aer?

ch) Pa nwy sy'n cael ei ddefnyddio mewn bylbiau golau?

d) Enwch ddau o'r 'nwyon eraill' y cyfeiriwn atyn nhw yn y siart cylch uchod.

3 Mae'r nwyon yn yr aer wedi aros fwy neu lai yr un fath er tua 200 miliwn o flynyddoedd.

Ysgrifennwch hanes byr pob un o'r nwyon canlynol. Dywedwch sut y maen nhw wedi newid ers yr atmosffer folcanig cynnar ar y Ddaear:

a) carbon deuocsid

b) ocsigen

c) amonia

ch) anwedd dŵr.

4 Weithiau byddwn yn dod o hyd i ffosiliau mewn creigiau.

a) Ym mha fath o graig (igneaidd, metamorffig neu waddod) rydyn ni fwyaf tebygol o ddod o hyd i ffosiliau?

b) Sut gall ffosil ein helpu i ddarganfod mwy am hanes y graig yr oedd y ffosil ynddi?

c) Weithiau fe welwch chi ffosiliau mewn llechfaen. Fel arfer, mae eu siâp yn aneglur. Eglurwch pam mae hyn wedi digwydd i'r ffosiliau.

5 Mae'r diagram hwn yn dangos ym mhle mae gwahanol greigiau yn cael eu canfod:

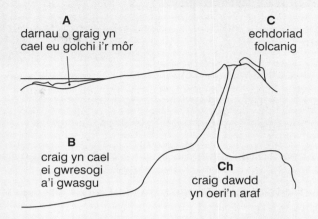

Ym mha le (A, B, C neu Ch) y bydd y creigiau yn y tabl hwn yn cael eu ffurfio?

Craig	Disgrifiad a defnydd
llechfaen	Craig galed. Gallwn ei hollti'n haenau tenau. Mae'n cael ei defnyddio ar doeau tai. Mae'n graig fetamorffig.
gwenithfaen	Craig galed iawn sy'n cael ei defnyddio i adeiladu. Craig igneaidd fewnwthiol, wedi ei gwneud o risialau mawr.
tywodfaen	Craig wedi ei gwneud o ronynnau tywod crwn. Craig waddod, weithiau'n cael ei defnyddio fel leinin y tu mewn i ffwrneisi.
basalt	Craig galed iawn sy'n graig igneaidd allwthiol. Mae'n ddefnyddiol ar gyfer gwneud ffyrdd.

6 Dychmygwch dorri tafell trwy ran o gramen y Ddaear. Mae'r diagram hwn yn dangos y creigiau y gallech eu gweld mewn un man.

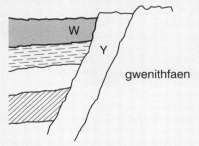

Pa fath o graig y byddech chi'n ei gael yn W ac Y (igneaidd, metamorffig neu waddod)? Eglurwch sut y cawsoch eich ateb.

Adeiledd y Ddaear

▶▶▶ 9a Y tu mewn i'r Ddaear

Yn y bennod ddiwethaf buom yn edrych ar yr haen denau o aer sy'n amgylchynu'r Ddaear (sef ein hatmosffer ni).
Hefyd, gwelsom sut y mae'r creigiau yng nghramen y Ddaear yn cael eu ffurfio.
Mae'r rhain yn rhannau pwysig iawn o'n planed.
Ond rhan fechan iawn ohoni ydyn nhw.
Ydych chi erioed wedi meddwl beth sydd y tu mewn i'r Ddaear?

Edrychwch ar y diagram isod:

Pam nad oedd pobl erioed wedi gweld ffotograff fel hyn cyn diwedd y 1950au?

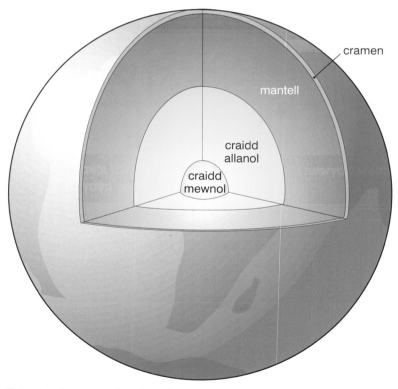

cramen

mantell

craidd allanol

craidd mewnol

Edrych y tu mewn i'n planed.
Yr enw ar gramen y Ddaear a rhan uchaf y fantell yw'r lithosffer.

a) Beth yw enw haen allanol y Ddaear?

b) Sawl haen sy'n gwneud craidd y Ddaear?

c) Beth yw enw'r haen uwchben y craidd?

ch) Pa rannau o'r Ddaear sy'n ffurfio'r **lithosffer**?

Y gramen

Enw haen allanol, denau y Ddaear yw'r gramen.
Mae ychydig yn debyg i blisgyn wy.

Mae trwch y gramen yn amrywio. Gall fod mor drwchus â
70 km o dan y cyfandiroedd, neu mor denau â 5 km o dan
y cefnforoedd.

Does neb wedi llwyddo i ddrilio twll digon dwfn i fynd trwy
gramen y Ddaear. Ond mae gennym dystiolaeth yn
dangos beth sydd yno, o losgfynyddoedd er enghraifft.
Hefyd, mae gwyddonwyr wedi cyfrifo màs y Ddaear. O hyn,
maen nhw'n gallu dweud bod y defnyddiau sydd o dan y
gramen yn fwy dwys na'r creigiau yn y gramen ei hun.

Mae fwlcanolegwyr yn gallu astudio
craig dawdd a ddaeth o dan y gramen.

> **d)** Ai o dan y cyfandiroedd neu o dan y cefnforoedd mae cramen y
> Ddaear fwyaf trwchus?
>
> **dd)** Sut mae llosgfynyddoedd yn rhoi tystiolaeth i ni o'r hyn sydd o
> dan y gramen?

Y fantell

O dan y gramen, mae'r fantell.
Mae hon yn mynd bron hanner ffordd i ganol y Ddaear.
Solid poeth yw'r rhan fwyaf o'r graig yn y fantell.
Ond ychydig o dan y gramen a rhan uchaf y fantell, mae rhywfaint
bach o'r graig bron ag ymdoddi a gall lifo yn araf iawn.

Y craidd

Mae craidd y Ddaear wedi ei wneud o haearn a nicel.
Mae'r ddau yn fetelau magnetig.
Mae'r craidd allanol yn hylif (metel tawdd), ac mae'r craidd mewnol
yn solid.

I'ch atgoffa!

1 Copïwch a chwblhewch:

Enw haen ......, denau y Ddaear yw y ......
O dan hon mae'r ......

Solid yw hwn yn bennaf ond mae'n gallu ...... yn
araf ychydig bach o dan y ...... a rhan uchaf y ......

Mae'r craidd yng ...... y Ddaear wedi ei wneud o
...... a ...... Mae'r craidd allanol yn ...... ond
mae'r craidd ...... yn solid.

2 Dychmygwch eich bod yn bennaeth ar dîm o
wyddonwyr. Rydych wedi dyfeisio peiriant
newydd sy'n gallu tyllu trwy graig, gan gludo
teithwyr yr un pryd.

a) Tynnwch fraslun o'ch peiriant newydd.

b) Disgrifiwch beth y byddech chi'n ei weld ar y
trip cyntaf o un ochr y Ddaear i'r llall – y
ffordd fyrraf bosib!

Ydych chi erioed wedi sylwi bod cyfandiroedd Affrica a De America yn edrych fel darnau mewn jig-so? Wrth edrych arnyn nhw mewn atlas, fe allech chi ddychmygu eu bod yn arfer bod yn sownd wrth ei gilydd. Syniad dwl? Wedi'r cyfan, sut gallai cyfandiroedd symud filoedd o filltiroedd ar wahân? Roedd gwyddonwyr yn dadlau am hyn am lawer o'r ganrif ddiwethaf.

Ym 1915, dywedodd gwyddonydd o'r Almaen, **Alfred Wegener**, bod ganddo ddamcaniaeth am y syniad o 'ddrifft cyfandirol'. Roedd pobl eisoes wedi dweud mor debyg oedd siapiau Affrica a De America. Ond mentrodd Alfred gam ymhellach. Dywedodd fod y ddau gyfandir yn arfer bod yn sownd wrth ei gilydd, a'u bod wedi symud (drifftio) ar wahân. Dangosodd fod creigiau a ffosiliau ar y ddau gyfandir yn cyfateb.
Edrychwch ar y diagram hwn:

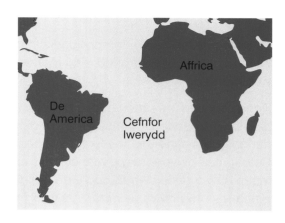

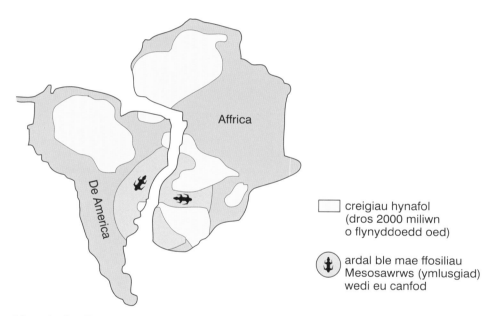

creigiau hynafol
(dros 2000 miliwn
o flynyddoedd oed)

ardal ble mae ffosiliau
Mesosawrws (ymlusgiad)
wedi eu canfod

Mae siapiau De America ac Affrica yn ffitio fel darnau jig-so. Dyma dystiolaeth bod y cyfandiroedd yn arfer bod yn un, a'u bod wedi symud ar wahân.

Ond doedd gan wyddonwyr eraill fawr o feddwl o ddamcaniaeth Alfred. Roedd llawer yn credu bod y mynyddoedd a'r cefnforoedd wedi ymffurfio wrth i'r Ddaear oeri yn y dechrau a ffurfio'r gramen. Byddai'r gramen angen llai o le na chraig dawdd, felly byddai'n crebachu a chrychu wrth ymffurfio. Roedd y ddamcaniaeth honno yn gwneud synnwyr iddyn nhw.
Doedden nhw ddim yn credu y gallai cyfandiroedd symud – ac allai Alfred ddim egluro sut yr oedden nhw'n symud.
Felly roedd yn well gan y rhan fwyaf o wyddonwyr gadw at eu hen syniadau.

a) Pam nad oedd gwyddonwyr eraill yn derbyn damcaniaeth Alfred Wegener?

Ni ddaeth pobl i dderbyn damcaniaeth Alfred tan ar ôl iddo farw. Sylwodd pobl eraill fod creigiau a ffosiliau yn cyfateb ar barau eraill o gyfandiroedd. Yna, yn y 1960au, roedd gwyddonwyr yn archwilio gwaelod y môr, ac fe sylwon nhw ar graciau ble'r oedd craig newydd yn cael ei gwneud.

Roedd cramen y Ddaear bob ochr i'r crac yn symud ar wahân. Dyma dystiolaeth bendant bod cramen y Ddaear yn dal i symud – yn araf iawn, ond mae'n symud. Felly, mae cyfandiroedd yn gallu symud ar wahân!

b) Pa ddarn o dystiolaeth wnaeth berswadio gwyddonwyr bod damcaniaeth Alfred Wegener yn iawn wedi'r cyfan?

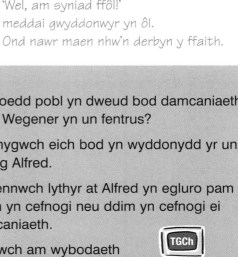

Heddiw, mae'r rhan fwyaf o wyddonwyr yn credu bod yr holl gyfandiroedd yn arfer bod yn un. Maen nhw wedi galw'r darn enfawr o dir yn Pangaea.

Edrychwch ar y diagram isod:

Welwch chi siapiau rhai o gyfandiroedd heddiw yn rhan o Pangaea?

Un peth yn unig oedd ar ôl i'w egluro nawr.
Beth sy'n achosi i gramen y Ddaear symud?
Rydym yn sôn am hyn ar y tudalennau nesaf.

Medd Alfred, 'Mae'r cyfandiroedd ar daith,
Yn drifftio dros gyfnodau maith!'
'Wel, am syniad ffôl!'
meddai gwyddonwyr yn ôl.
Ond nawr maen nhw'n derbyn y ffaith.

I'ch atgoffa!

1 Copïwch a chwblhewch:

Awgrymodd Alfred ...... ei ddamcaniaeth bod cyfandiroedd yn ...... ym 1915. Defnyddiodd dystiolaeth o greigiau a ......, a oedd i'w cael yn ...... a De America. Dywedodd eu bod unwaith yn ...... ond eu bod wedi ...... ar wahân.

Ond ni chafodd ei syniadau eu ...... am tua 50 mlynedd wedyn.

2 a) Pam roedd pobl yn dweud bod damcaniaeth Alfred Wegener yn un fentrus?

b) Dychmygwch eich bod yn wyddonydd yr un pryd ag Alfred.

Ysgrifennwch lythyr at Alfred yn egluro pam rydych yn cefnogi neu ddim yn cefnogi ei ddamcaniaeth.

c) Chwiliwch am wybodaeth am fywyd Alfred Wegener.

TGCh

Erbyn hyn, rydyn ni'n credu bod cramen y Ddaear a rhan uchaf y fantell wedi eu gwneud o ddarnau enfawr o graig o'r enw **platiau tectonig**.
Yr enw ar hyn yw **lithosffer** y Ddaear.
Fe welwch chi ble mae ymylon y platiau trwy edrych ar batrwm y llosgfynyddoedd a'r daeargrynfeydd.
Mae'r map yn dangos hyn:

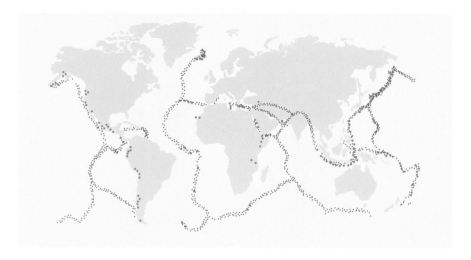

Allwedd:

⋯⋯ ardal daeargrynfeydd

⋱⋰ llosgfynyddoedd

a) A yw gwledydd Prydain yn debygol o gael llosgfynyddoedd neu ddaeargrynfeydd?

b) Enwch 3 gwlad ble y byddech yn disgwyl cael daeargrynfeydd.

Dyma'r prif ffiniau rhwng platiau:

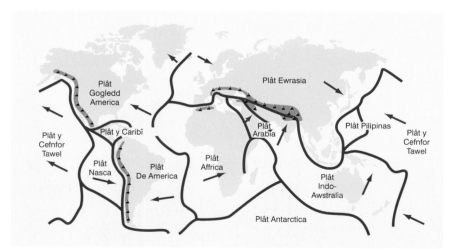

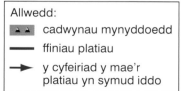

Allwedd:

▲▲▲ cadwynau mynyddoedd

─── ffiniau platiau

→ y cyfeiriad y mae'r platiau yn symud iddo

c) Eglurwch eich ateb i gwestiwn a) uchod.

ch) Beth arall, ar wahân i losgfynyddoedd a daeargrynfeydd, y gallwch eu cael ar rai ffiniau platiau?

d) Enwch 2 blât sy'n symud oddi wrth ei gilydd.

dd) Enwch 2 blât sy'n symud tuag at ei gilydd.

Llosgfynyddoedd

Gallwch ddychmygu'r magma (craig dawdd) yn codi trwy'r gramen i wyneb y Ddaear ble mae dau blât yn cyfarfod.
Mae'n echdorri o'r arwyneb ar ffurf lafa.
Dros amser, wrth i'r lafa oeri a throi'n solid, bydd llosgfynydd yn ymffurfio. Mae siâp y llosgfynydd yn dibynnu ar drwch y lafa.
Edrychwch ar y diagramau hyn:

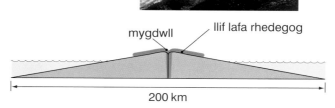

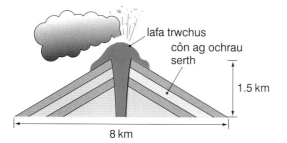

lafa trwchus
côn ag ochrau serth

1.5 km

8 km

Mynydd Pelée, India'r Gorllewin (llosgfynydd ag ochrau serth)

mygdwll
llif lafa rhedegog

200 km

Mauna Lao, Hawaii (llosgfynydd ag ochrau bas)

Daeargrynfeydd

Mae'r map ar waelod y dudalen flaenorol yn dangos i ba gyfeiriad mae'r platiau yn symud. Dyma un ddamcaniaeth sy'n egluro sut maen nhw'n symud:

Mae creigiau ymbelydrol yn cynhyrchu gwres, yn ddwfn ym mantell y Ddaear.
Mae'r graig boeth yn y fantell yn codi'n araf iawn, yna'n disgyn wrth oeri.
Mae hyn yn sefydlu **ceryntau darfudiad** o dan y platiau gan achosi iddyn nhw symud yn araf (tua'r un mor gyflym ag y mae eich ewinedd yn tyfu!). Edrychwch ar y diagram gyferbyn:

Weithiau gall y platiau lithro heibio i'w gilydd.
Pan fydd hynny'n digwydd yn gyflym, bydd daeargryn.
Mae ymylon y platiau yn arw. Maen nhw'n bachu ar ei gilydd ac mae'r grym yn cynyddu nes i'r platiau lithro.
Yn anffodus, hyd yma, nid yw gwyddonwyr yn gallu rhag-weld pryd y bydd hyn yn digwydd.
Ond mae eu gallu nhw i weld arwyddion i'n rhybuddio yn gwella, trwy ddefnyddio cyfarpar sensitif.

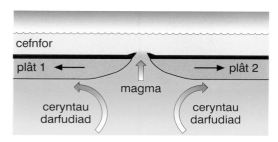

cefnfor
plât 1
plât 2
magma
ceryntau darfudiad
ceryntau darfudiad

Bu farw 4,571 o bobl yn y daeargryn hwn yn Kôbe.

I'ch atgoffa!

1 Copïwch a chwblhewch:

Mae cramen y Ddaear a rhan uchaf y fantell wedi eu gwneud o blatiau ...... enfawr.

Mae creigiau ymbelydrol yn cynhyrchu ...... sy'n achosi ceryntau ...... o dan y platiau.

Mae hyn yn gwneud iddyn nhw symud, weithiau gan ...... heibio i'w gilydd gan achosi ......

Os bydd magma yn torri trwy ...... y Ddaear, bydd yna ......

2 a) Pam mae rhai llosgfynyddoedd yn isel a llydan, ac eraill yn uchel a serth?

b) Beth allai effeithio ar briodweddau'r lafa sy'n dod allan o losgfynydd?

c) Chwiliwch am wybodaeth am ddaeargryn neu echdoriad folcanig a ddigwyddodd yn ddiweddar. Ysgrifennwch erthygl bapur newydd amdano.

TGCh

Yn y bennod ddiwethaf, buom yn edrych ar y 3 gwahanol fath o graig a sut y cawson nhw eu ffurfio.

Mae patrymau'r creigiau yn y gramen yn ffordd arall o gael cliwiau am y gorffennol.

Mae'n ddigon tebyg i waith ditectif. Mae'r cliwiau yn y graig. Gallwch eu defnyddio i ddyfalu beth ddigwyddodd ymhell cyn bod dinosoriaid yn byw ar y Ddaear.

Er enghraifft, edrychwch ar yr haenau hyn o graig waddod:

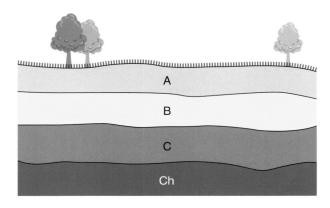

O hyn, gallwn ddweud mai'r graig a gafodd ei ffurfio gyntaf, mae'n debyg, oedd haen Ch.

Os yw haen B yn halen craig, yna mae'n debyg bod môr mewndirol yn arfer bod yma, cyn iddo anweddu a gadael yr halen ar ôl.

a) Pa haen o graig yw'r ieuengaf yn y diagram, fwy na thebyg?

b) Beth allai fod wedi digwydd i wneud i'r môr mewndirol sychu fel hyn?

Yn aml, bydd haenau o graig wedi **plygu**, gan ddangos bod gwasgedd mawr wedi bod arnyn nhw. Edrychwch ar y ffotograff yma:

Mae'n debyg i'r plygion ymddangos wrth i blatiau daro yn erbyn ei gilydd wrth iddyn nhw ffurfio mynyddoedd. Mae craig fetamorffig yn cael ei gwneud yma.

Weithiau bydd yr haenau yn torri. Bydd hyn yn ffurfio **ffawt** yn y graig. Edrychwch ar y diagram hwn:

Plygion yn yr haenau o graig.

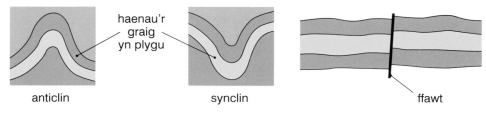

anticlin   synclin   ffawt

c) Pa un o'r 3 math o graig sy'n cael ei ffurfio wrth i blatiau daro yn erbyn ei gilydd?

ch) Tynnwch lun haenau o graig yn plygu a rhowch saethau i ddangos y grymoedd sy'n achosi'r plyg.

Cofiwch fod craig fetamorffig hefyd yn cael ei ffurfio pan fydd craig yn cael ei gwresogi i dymheredd uchel heb ymdoddi. Er enghraifft, yn y diagram isod, gallwn ddarganfod ym mha drefn y digwyddodd pethau:

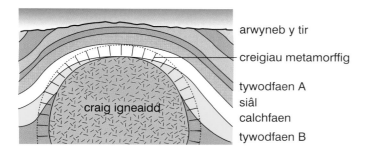

I ddechrau, ymffurfiodd yr haenau o graig waddod.
Yna cododd magma tuag at yr arwyneb.
Wrth i hyn ddigwydd, cafodd y graig waddod wrth ymyl y magma ei 'chrasu'.
Felly trodd yn graig fetamorffig.
Yn raddol, oerodd y magma a ffurfio craig igneaidd.

d) Pa graig yw'r hynaf yn y diagram uchod?

Dros amser, mae creigiau yn cael eu treulio'n araf gan erydiad.
Felly heddiw, efallai y byddai'r creigiau uchod yn edrych fel hyn:

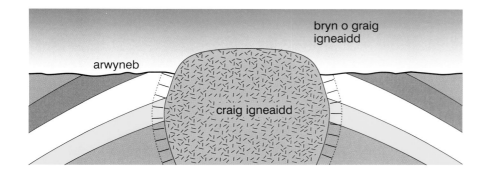

1 Copïwch a chwblhewch:

Gallwn gael cliwiau am beth ddigwyddodd filiynau o flynyddoedd yn ôl o ......

Er enghraifft, mae craig ...... ieuengach fel arfer yn gorwedd ar ben craig hŷn.

Mae symudiadau platiau'r Ddaear yn gallu ffurfio craig ...... o dan wasgedd mawr.

Mae plygion a ...... yn gallu dangos i ba gyfeiriad yr oedd y grymoedd yn gweithredu.

2

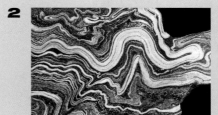

a) Dyma graig a ddaeth o gadwyn o fynyddoedd. Ai craig igneaidd, fetamorffig neu waddod yw hon?

b) Disgrifiwch sut y cafodd y graig ei ffurfio.

Crynodeb

Mae'r Ddaear wedi ei gwneud o'r canlynol:

- **cramen** allanol denau;

- **mantell** (o dan y gramen, yn mynd bron hanner ffordd i ganol y Ddaear),

- **craidd** (craidd allanol sy'n hylif; craidd mewnol solid; ac mae'r ddwy ran wedi eu gwneud o nicel a haearn).

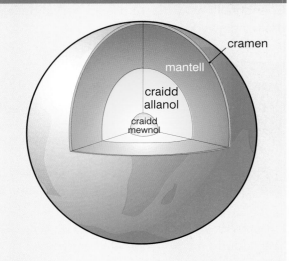

Mae cramen y Ddaear a rhan uchaf y fantell (sef y **lithosffer**) wedi eu rhannu yn **blatiau tectonig**.
Mae'r rhain yn symud yn araf iawn ar geryntau darfudiad sydd yn y fantell. Yn ôl un ddamcaniaeth, mae'r gwres yn dod o greigiau ymbelydrol.

Gallwn ddarganfod ble mae ffiniau'r platiau trwy edrych ble mae daeargrynfeydd a llosgfynyddoedd yn digwydd.

Lle mae'r platiau yn taro yn erbyn ei gilydd, mae mynyddoedd yn tyfu (gan ddod yn lle'r rhai a gafodd eu treulio dros filiynau o flynyddoedd gan hindreuliad ac erydiad).
Mae yna greigiau metamorffig yn y cadwynau mynyddoedd hyn.
Y rheswm dros hyn yw'r gwasgedd enfawr a'r tymheredd uchel sy'n cael eu creu wrth i'r mynyddoedd gael eu ffurfio.

Cwestiynau

1 Copïwch a chwblhewch:

Mae gan y Ddaear ...... allanol, yna ...... yna craidd ...... hylif, a chraidd mewnol ...... yn y canol.

Mae plisgyn allanol y Ddaear wedi ei rannu yn blatiau ......

Mae gwres sy'n cael ei gynhyrchu gan greigiau ...... yn y fantell yn achosi ...... darfudiad sy'n symud y platiau yn araf. Mae symudiad y platiau yn gallu achosi ...... Gallwn ddefnyddio'r rhain, yn ogystal â llosgfynyddoedd, i nodi ...... y platiau ar fap.

2 a) Lluniwch ddiagram wedi ei labelu i ddangos sut beth fyddai'r Ddaear petai wedi ei thorri yn ei hanner.

b) Pa ran o'ch diagram sy'n achosi i'r Ddaear ymddwyn fel magnet enfawr?

c) Pa ran o'r Ddaear sy'n cael ei galw yn lithosffer?

3 Edrychwch ar siapiau'r creigiau hyn:

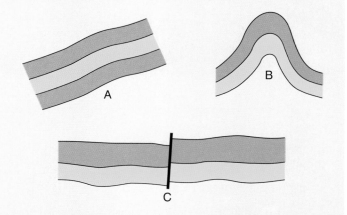

a) Defnyddiwch y geiriau hyn i ddisgrifio siapiau A, B ac C:

   ar ogwydd   plyg   ffawt

b) Beth sy'n achosi'r siapiau yn y creigiau uchod?

▶ **Calchfaen**

1 Mae'r siart llif yn dangos effaith gwres ar galsiwm carbonad.

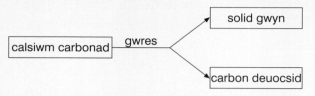

(a) Ysgrifennwch hafaliad geiriau ar gyfer effaith gwres ar galsiwm carbonad. (1)

(b) Disgrifiwch brawf ar gyfer carbon deuocsid, a'i ganlyniad. (2)

(c) Cafodd ychydig o ddiferion dŵr eu hychwanegu at y solid gwyn. Trodd rhywfaint o'r dŵr yn ager.

(i) Eglurwch beth achosodd i rywfaint o'r dŵr droi yn ager. (2)

(ii) Enwch y sylwedd sy'n ymffurfio wrth i ddŵr gael ei ychwanegu at y solid gwyn. (1)

(AQA SEG 1998)

2 (a) Mae'r diagram llif isod yn dangos rhai o'r sylweddau y gallwn eu gwneud o galchfaen.

Llenwch Flychau 1 a 2 isod gan ddefnyddio geiriau o'r rhestr.

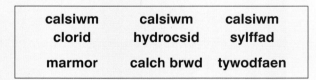

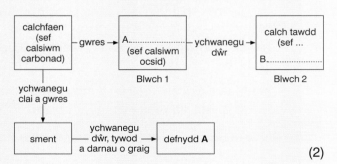

(2)

(b) Pan gaiff sment ei gymysgu â dŵr, tywod a darnau o graig, mae adwaith cemegol yn digwydd, sy'n cynhyrchu defnydd **A**. Beth yw defnydd **A**? (1)

(AQA 2000)

3 Mae calchfaen yn ddefnydd crai pwysig. Mae'r diagram yn dangos rhai ffyrdd o'i ddefnyddio a rhai o'r cynhyrchion. Mae rhai ar goll.

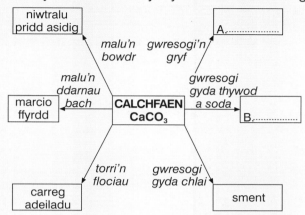

(a) Beth yw enwau'r cynhyrchion sydd ar goll, sef A a B? (2)

(b) Mae symbol perygl fel hyn i'w weld ar fagiau sment:

(i) Beth mae'r symbol perygl hwn yn ei ddweud wrthych am bowdr sment? (1)

(ii) Rhowch un rheswm pam y dylech fod yn ofalus wrth drin powdr sment. (Edrychwch ar dudalen 123.) (1)

(AQA SEG 2001)

4 Cafodd sment Portland ei ddyfeisio gan Joseph Aspdin, adeiladwr o Leeds. Mae'r diagram llif yn dangos sut y caiff sment ei wneud.

(a) Pa ddau ddefnydd crai sy'n cael eu defnyddio i wneud sment? (1)

(b) Mae sment yn cael ei gymysgu â thri sylwedd i wneud concrit.

O'r blwch, dewiswch y **tri** sylwedd sy'n cael eu defnyddio. (3)

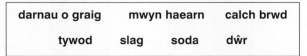

(AQA SEG 1999)

Mae'r cwestiynau yn yr adran hon yn deillio o hen bapurau arholiad. Noder hefyd nad yw cwestiynau AQA yn dod o arholiadau 'byw' y fanyleb gyfredol.

117

▶ Olew

5 Mae'r diagram yn dangos rhai o'r prosesau mewn purfa olew. Mae'r llythrennau **A** i **G** yn cynrychioli rhai o'r sylweddau yn y burfa olew.

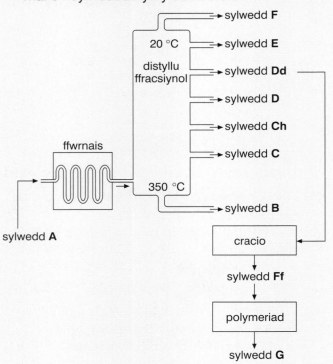

Disgrifir chwech o'r sylweddau hyn yn y tabl. Cyfatebwch bob disgrifiad â'r llythyren gywir, **A** i **G**. Mae un llythyren wedi ei dewis yn barod.

Sylwedd (A–G)	Disgrifiad o'r sylwedd	
	(i)	olew crai
	(ii)	nwyon petroliwm (y ffracsiwn â'r berwbwynt isaf)
E		petrol
	(iii)	polymer
	(iv)	moleciwlau bach defnyddiol sy'n cael eu creu trwy dorri moleciwlau mwy
	(v)	tar ffordd (y ffracsiwn â'r berwbwynt uchaf)

(5)
(AQA SEG 2001)

6 Gallwn ateb y galw mawr am betrol (octan) trwy dorri hydrocarbonau hirach, fel decan, gan ddefnyddio proses o'r enw cracio.

$$H-\underset{\underset{H}{|}}{\overset{\overset{H}{|}}{C}}-\underset{\underset{H}{|}}{\overset{\overset{H}{|}}{C}}-\underset{\underset{H}{|}}{\overset{\overset{H}{|}}{C}}-\underset{\underset{H}{|}}{\overset{\overset{H}{|}}{C}}-\underset{\underset{H}{|}}{\overset{\overset{H}{|}}{C}}-\underset{\underset{H}{|}}{\overset{\overset{H}{|}}{C}}-\underset{\underset{H}{|}}{\overset{\overset{H}{|}}{C}}-\underset{\underset{H}{|}}{\overset{\overset{H}{|}}{C}}-\underset{\underset{H}{|}}{\overset{\overset{H}{|}}{C}}-\underset{\underset{H}{|}}{\overset{\overset{H}{|}}{C}}-H \rightarrow$$

Decan

Octan   Hydrocarbon **W**

(a) Ar wahân i wres, beth sy'n cael ei ddefnyddio i gyflymu cyfradd yr adwaith hwn? (1)

(b) Mae octan yn *hydrocarbon*.

(i) Beth yw ystyr *hydrocarbon*? (1)

(ii) Rhowch fformiwla octan. (1)

(c) Mae hydrocarbon **W** yn cael ei ddefnyddio i wneud poly(ethen).

(i) Beth yw enw **W**? (1)

(ii) Beth yw enw'r broses lle mae **W** yn cael ei newid yn boly(ethen)? (1)

(AQA SEG 2000)

7 Mae olew crai yn danwydd ffosil.

(a) Cwblhewch y frawddeg trwy ddewis y geiriau cywir o'r blwch.

egni   hir   planhigion   creigiau   byr

Gallwch ddefnyddio pob gair unwaith neu ddim o gwbl.

Cafodd tanwyddau ffosil eu ffurfio o weddillion …… ac anifeiliaid dros gyfnod ….. o amser. (2)

(b) Rhowch **un** enghraifft arall o danwydd ffosil. (1)

(c) Yn y dyfodol, efallai na fydd tanwyddau ffosil ar ôl. Pam? (1)

(AQA SEG 1999)

8 Y nwy sy'n cael ei ddefnyddio yn danwydd i wresogi'r rhan fwyaf o dai yw methan, CH_4.

(a) Mae'n bwysig iawn cael cyflenwad aer da wrth losgi methan. Eglurwch pam. (2)

(b) Dyma'r hafaliad geiriau ar gyfer methan yn llosgi mewn cyflenwad da o aer:

methan + ocsigen → carbon deuocsid + dŵr

(i) Copïwch yr hafaliad cemegol ar gyfer yr adwaith hwn a'i wneud yn gytbwys.

...... $CH_4(n)$ + ... $O_2(n)$ → ...... $CO_2(n)$ + ... $H_2O(n)$ (1)

(c) Cafodd yr arbrawf hwn ei ddefnyddio i gynnal prawf ar y nwyon sy'n cael eu ffurfio pan fydd methan yn llosgi mewn cyflenwad da o aer.

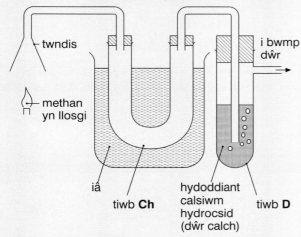

twndis

methan yn llosgi

iâ

tiwb **Ch**

hydoddiant calsiwm hydrocsid (dŵr calch)

tiwb **D**

i bwmp dŵr

(i) Eglurwch pam mae'r dŵr sy'n cael ei ffurfio yn casglu yn nhiwb **Ch**. (2)

(ii) Rhowch brawf cemegol ar gyfer dŵr, a'i ganlyniad. (2)

(iii) Yr adwaith sy'n digwydd yn nhiwb **D** yw:

$Ca(OH)_2(d) + CO_2(n) → CaCO_3(s) + H_2O(h)$

Disgrifiwch ac eglurwch y newid y byddech yn ei weld yn nhiwb **D**. (2)

(AQA SEG 1999)

9 Er 1850 bu cynnydd yn swm y carbon deuocsid yn yr atmosffer.

Mae'r tabl yn dangos amcangyfrif o swm y carbon deuocsid yn yr atmosffer.

Blwyddyn	Carbon deuocsid (rhannau ym mhob miliwn)
1850	270
1900	285
1960	315
1980	335
2030	600

(a) (i) Plotiwch y pwyntiau ar graff. (2)

(ii) Gorffennwch y graff trwy dynnu'r gromlin orau trwy'r pwyntiau. (1)

(iii) Defnyddiwch eich graff i ddarganfod amcangyfrif o faint o garbon deuocsid oedd yn yr atmosffer yn y flwyddyn 2000. Rhowch eich ateb mewn rhannau ym mhob miliwn. (1)

Mae'r cynnydd mewn carbon deuocsid yn yr atmosffer wedi arwain at yr Effaith Tŷ Gwydr.

Mae'r diagram isod yn dangos yr Effaith Tŷ Gwydr.

(b) Defnyddiwch y diagram i'ch helpu i ateb y cwestiynau.

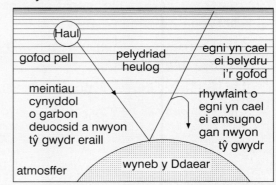

Haul

gofod pell

pelydriad heulog

egni yn cael ei belydru i'r gofod

meintiau cynyddol o garbon deuocsid a nwyon tŷ gwydr eraill

rhywfaint o egni yn cael ei amsugno gan nwyon tŷ gwydr

atmosffer

wyneb y Ddaear

Dyma frawddegau am y nwyon Tŷ Gwydr.

Gorffennwch bob un trwy ddewis y gair **gorau**.

Mae pelydriad heulog yn teithio trwy y (i) ...... ac yn cynhesu wyneb y Ddaear. Mae'r Ddaear yn pelydru (ii) ...... yn ôl i'r gofod. Mae rhywfaint o egni yn cael ei amsugno gan y (iii) .... Mae hyn yn achosi i'r aer fynd yn (iv) ...... (4)

(c) (i) Eglurwch sut mae gweithgareddau pobl yn cynyddu cynhesu byd-eang. (2)

(ii) Disgrifiwch **ddwy** effaith y bydd cynhesu byd-eang yn eu cael ar yr amgylchedd. (2)

(OCR Suffolk 1999)

▶ **Aer a chreigiau**

10 (a) Mae atmosffer y Ddaear yn gymysgedd o nwyon.

Defnyddiwch eiriau o'r rhestr i lenwi'r tabl am gyfansoddiad yr atmosffer.

**carbon deuocsid   nitrogen   nwyon nobl
ocsigen   anwedd dŵr**

Nwy	Cyfrannedd y nwy yn atmosffer y Ddaear heddiw
1	tua phedwar pumed ($^4/_5$)
2	tuag un pumed ($^1/_5$)
3	bach iawn
4	
5	

(3)
(AQA SEG 2000)

11 (a) Filiynau o flynyddoedd yn ôl, roedd yr atmosffer yn cynnwys:

**amonia   carbon monocsid   methan
nitrogen   ocsigen   ager**

Mae symiau'r nwyon hyn wedi newid dros filiynau o flynyddoedd.

(i) Rhowch UN nwy sydd wedi lleihau.   (1)

(ii) Rhowch UN nwy sydd wedi cynyddu.   (1)
(EDEXCEL)

12 Mae tywod a chreaduriaid môr marw yn ffurfio haenau ar wely'r môr.

(a) Pa enw sy'n cael ei roi ar y defnydd sy'n ffurfio'r haenau hyn?

A grisialau **B** platiau **C** halwyn **Ch** gwaddod

(1)

(b) Mae tri phrif fath o graig:

igneaidd   metamorffig   gwaddod

(i) Pan fydd yr haenau ar wely'r môr yn cael eu claddu, maen nhw'n troi'n graig.
Pa fath o graig sy'n cael ei ffurfio?   (1)

(ii) Mae tymheredd a gwasgedd uchel yn gallu newid craig heb iddi ymdoddi.
Pa fath o graig sy'n cael ei ffurfio?   (1)

(c) Mae tymheredd a gwasgedd uchel yn gallu newid calchfaen.

Beth yw enw'r graig sy'n cael ei ffurfio pan fydd calchfaen yn cael ei newid fel hyn?   (1)
(EDEXCEL 1999)

▶ **Adeiledd y Ddaear**

13 Dyma fraslun a gafodd ei wneud ar daith faes yng Nghymru.

Tri gwahanol fath o graig yw **A**, **B** ac **C**.

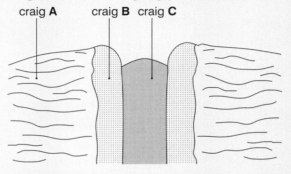

Mae'r diagramau hyn yn dangos sut mae'r tri math o graig yn ymddangos o dan y microsgop.

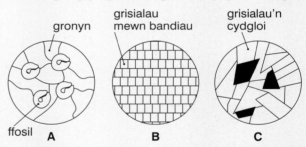

(a) Gan ddefnyddio'r geiriau yn y blwch hwn, copïwch a chwblhewch y tabl sy'n dilyn:

**gwenithfaen   igneaidd   calchfaen
marmor   metamorffig   gwaddod**

Craig	Math o graig	Enw'r graig
A		
B		
C		

(3)

(b) Rhowch y creigiau, **A**, **B** ac **C**, yn nhrefn oedran (yr ieuengaf yn gyntaf).

(CBAC)

Adran Tri

Adweithiau cemegol a'u cynhyrchion defnyddiol

Yn yr adran hon byddwch yn dod i wybod mwy am adweithiau cemegol a sut maen nhw'n ddefnyddiol i ni. Byddwch yn dysgu am y ffactorau sy'n effeithio ar gyfraddau adwaith, y newidiadau egni mewn adweithiau a sut rydyn ni'n defnyddio adweithiau i wneud gwrtaith.

CYFRADDAU ADWAITH

▶▶▶ 10a   Mesur cyfraddau adwaith

Mae rhai adweithiau yn gyflym ac eraill yn araf.

Pan fydd dynameit yn ffrwydro, mae'r adwaith yn gyflym iawn.

Mae hyn hefyd yn wir am yr adwaith rhwng asid ac alcali.

Enghraifft o adwaith araf yw haearn yn rhydu.

> **a)** Ceisiwch feddwl am un enghraifft arall o adwaith cyflym ac un adwaith araf.

Pa un bynnag ai ffrio wy neu reoli ffatri gemegol yr ydych, mae'n bwysig gwybod pa mor gyflym mae adweithiau yn digwydd.

Yr enw ar 'pa mor gyflym yw'r adwaith' yw **cyfradd adwaith**.

Allwn ni ddim cyfrifo cyfradd adwaith o'i hafaliad.

Mae'n rhaid i ni gynnal arbrawf.

Efallai y byddech yn dewis edrych ar ba mor gyflym y mae adweithydd yn cael ei ddefnyddio.

Ar y llaw arall, gallech fesur pa mor gyflym y mae un o gynhyrchion yr adwaith yn cael ei ffurfio.

Dyma ddwy ffordd o fesur cyfradd adwaith os oes nwy yn cael ei ryddhau:

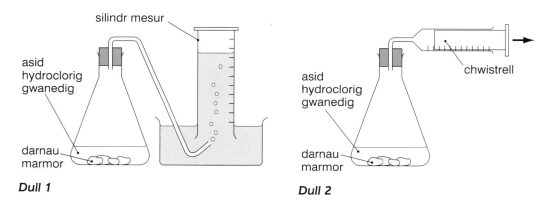

Dull 1   *Dull 2*

> **b)** Beth sy'n cael ei ddefnyddio i fesur cyfaint y nwy yn Null 1?
>
> **c)** Beth sy'n cael ei ddefnyddio i fesur cyfaint y nwy yn Null 2?
>
> **ch)** Beth arall y byddech chi ei angen i fesur ar ba **gyfradd** y mae'r nwy yn cael ei ryddhau?
>
> **d)** Tynnwch lun brig y tabl y byddech yn ei ddefnyddio i ddangos eich canlyniadau. Dangoswch y penawdau yn glir.

Hefyd, gallwch fesur màs y nwy sy'n
cael ei ryddhau dros amser:

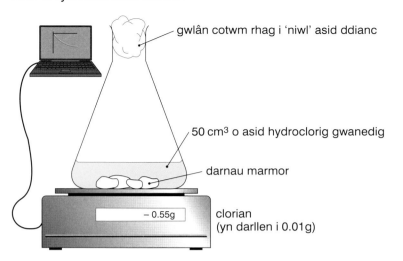

gwlân cotwm rhag i 'niwl' asid ddianc

50 cm^3 o asid hydroclorig gwanedig

darnau marmor

− 0.55g

clorian
(yn darllen i 0.01g)

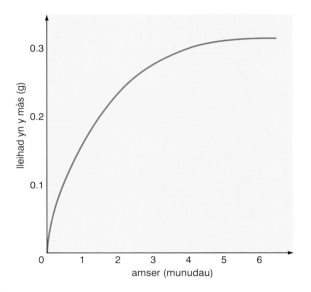

Gallwn gysylltu'r glorian â chyfrifiadur.
Bydd yn dangos pa mor gyflym y mae'r màs yn
lleihau wrth i'r adwaith ddigwydd.
Mae'n cael ei ddangos ar graff.
Edrychwch ar yr enghraifft gyferbyn:

TGCh

dd) Pam mae cynnwys y fflasg yn colli màs?

Wrth gynllunio arbrofion yn y maes hwn mae'n
bwysig gwybod beth yw'r symbolau perygl hyn:

Ocsidio
Mae'r sylweddau hyn yn darparu
ocsigen sy'n gwneud i ddefnyddiau
eraill losgi'n fwy ffyrnig.

Gwenwynig
Gall y sylweddau hyn ladd. Gallan nhw
wneud hynny wrth i chi eu llyncu, eu hanadlu
i mewn, neu eu hamsugno trwy eich croen.

Cyrydol
Mae'r sylweddau hyn yn ymosod
ar feinwe byw a'i ddinistrio,
gan gynnwys llygaid a chroen.

Fflamadwy iawn
Mae'r sylweddau hyn yn mynd
ar dân yn hawdd.

Niweidiol
Mae'r sylweddau hyn yn debyg i sylweddau
gwenwynig ond yn llai peryglus.

Llidiog
Nid yw'r sylweddau hyn yn gyrydol
ond gallan nhw achosi i'r croen gochi
neu godi'n bothelli.

I'ch atgoffa!

1 Copïwch a chwblhewch:

Mae cyfradd adwaith yn dweud wrthym pa mor
…… yw adwaith.

Rhaid i ni gynnal …… i ddod o hyd i gyfradd
adwaith.

2 Pan fydd magnesiwm yn adweithio ag asid
sylffwrig gwanedig, mae nwy hydrogen yn cael ei
ryddhau.

a) Tynnwch lun y cyfarpar y gallech ei
ddefnyddio i fesur cyfradd yr adwaith hwn.

b) Eglurwch sut mae eich arbrawf yn gweithio.

Mae gan bob graff 'stori i'w hadrodd'.
Ac mae angen i chi allu dehongli graffiau.
Gallwn eu defnyddio i ddysgu am gyfraddau adwaith.

Dyma enghraifft.
Gallwn ddefnyddio canlyniadau arbrawf sy'n mesur
cyfaint y nwy sy'n cael ei ryddhau.

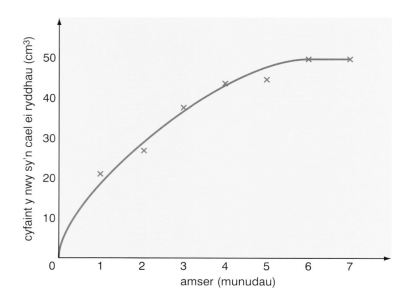

Sylwch fod y graff yn gromlin lefn.
Dydych chi ddim yn cysylltu'r pwyntiau 'o ddot i ddot' â phren mesur.

a) Faint o nwy gafodd ei ryddhau yn y munud cyntaf?

b) Faint o nwy gafodd ei ryddhau rhwng y 4ydd a'r 5ed munud?

c) A oedd yr adwaith yn gyflymach ar y dechrau neu ar y diwedd?

ch) Sut gallwch chi ddweud pryd y daeth yr adwaith i ben?

Trwy edrych ar ba mor serth yw *goledd* y llinell ar eich graff,
gallwch ddweud beth yw cyfradd adwaith ar unrhyw adeg.

| **Y mwyaf serth yw'r goledd, y mwyaf cyflym yw'r adwaith.** |

Edrychwch ar y graff gyferbyn:
Mae'n dangos y pethau y gallwn eu dysgu
am adwaith gan ddefnyddio graff.

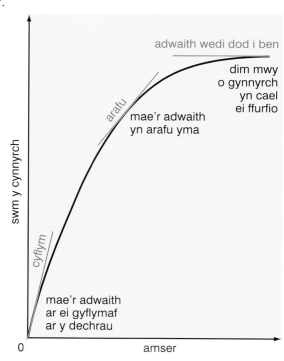

Gallwn gymharu dau adwaith ar graff:

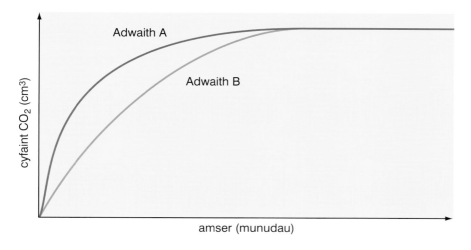

Cofiwch fod y goledd yn dangos i ni pa mor gyflym yw'r adwaith.

d) Pa adwaith yw'r cyflymaf, A neu B?

Weithiau fe welwch chi graffiau ble maen nhw'n edrych ar faint o adweithydd sy'n cael ei golli er mwyn dilyn cyfradd yr adwaith. Mae hynny'n rhoi graff fel hyn:

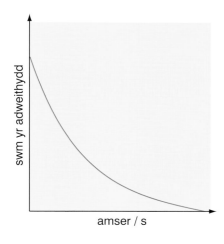

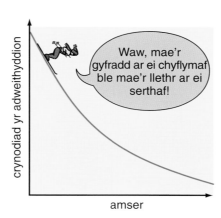

1 Copïwch a chwblhewch:

Yn aml rydyn ni'n dilyn beth sy'n digwydd mewn adwaith trwy lunio ……

Y mwyaf …… yw goledd y llinell, y mwyaf cyflym yw'r adwaith.

Pan fydd y llinell yn mynd yn wastad, bydd yr adwaith …… ……..

2 Edrychwch ar y graff yn union uwchben 'I'ch atgoffa!':

a) Pam mae ar oledd tuag i lawr?

b) Beth fydd wedi digwydd pan fydd y llinell yn taro'r echelin waelod?

c) Brasluniwch graff i ddangos y llinell petai swm y cynhyrchion wedi cael ei fesur.

Ydych chi'n mwynhau mynd yn y ceir bach mewn ffair?
Mae'r ceir yn aml yn taro yn erbyn ei gilydd.
Dyna sy'n digwydd pan fydd gronynnau yn adweithio â'i gilydd.
Maen nhw'n **gwrthdaro** â'i gilydd.

Os yw'r gwrthdrawiad yn ddigon caled, mae yna adwaith.
Yr enw ar hyn yw **gwrthdrawiad effeithiol**.
Os yw'r gronynnau yn gwrthdaro yn erbyn ei gilydd yn ysgafn,
maen nhw'n bownsio oddi ar ei gilydd heb adweithio.

Pan fydd yna adwaith, bydd y gronynnau yn cael eu had-drefnu
a'u newid yn sylwedd newydd (yn wahanol i'r ceir yn y ffair!).

Dyna yw y **ddamcaniaeth gwrthdrawiadau**.

> **Rhaid i ronynnau wrthdaro, â digon o egni, cyn y gallan nhw adweithio.**

Yn y pwnc yma, rydyn ni'n edrych ar **gyfraddau** adwaith.

a) Pa fath o bethau y gallwch chi eu gwneud er mwyn cyflymu adwaith?

b) Beth sy'n digwydd i nifer y gwrthdrawiadau effeithiol mewn cyfnod
penodol os yw adwaith yn cyflymu?

Yn ôl y ddamcaniaeth gwrthdrawiadau:

> **Y mwyaf o wrthdrawiadau effeithiol sydd yna rhwng
> gronynnau mewn cyfnod penodol, y cyflymaf yw'r adwaith.**

Gallwn ddefnyddio'r ddamcaniaeth gwrthdrawiadau i egluro'r
ffactorau sy'n effeithio ar gyfraddau adwaith.
Ar y tudalennau nesaf byddwn yn edrych ar bob un o'r ffactorau hyn.
Dyma restr ohonyn nhw:

> Dyma sy'n effeithio ar gyfraddau adwaith:
> - **arwynebedd arwyneb**
> - **crynodiad**
> - **tymheredd**
> - **catalyddion**

c) Chwiliwch am ystyr y gair catalydd. Beth yw catalydd?

Effaith arwynebedd arwyneb

Ydych chi erioed wedi berwi tatws?

Wnaethoch chi sylwi bod y rhai mawr yn galed weithiau?

Mae'r tatws mawr angen mwy o amser i goginio na'r rhai bach.

Neu beth am gynnau tân? Mae'n llawer haws cynnau tân â darnau bach o bren nag â blociau o bren.

Wrth dorri taten yn ddarnau bach mae ganddi **arwynebedd arwyneb mwy** na thaten gyfan.

ch) Beth sydd â'r arwynebedd arwyneb mwyaf – blocyn o bren neu'r un blocyn wedi ei dorri'n stribedi tenau?

Y lleiaf yw darnau o solid, y mwyaf yw ei arwynebedd arwyneb.

> **Mae adweithiau â solidau yn gyflymach os oes gan y solid arwynebedd arwyneb mawr.**

Dychmygwch solid wedi ei dorri yn ddarnau bach.

Bydd ei adweithiau yn gyflymach oherwydd ei bod yn bosib ymosod ar fwy o'i ronynnau.

Er enghraifft, mae hoelen haearn yn adweithio yn llawer arafach wrth i chi ei gwresogi na naddion haearn.

Edrychwch ar y diagram isod:

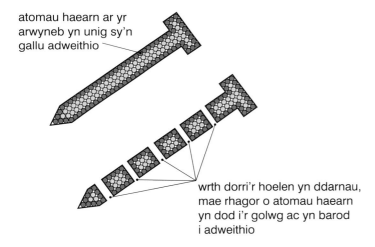

atomau haearn ar yr arwyneb yn unig sy'n gallu adweithio

wrth dorri'r hoelen yn ddarnau, mae rhagor o atomau haearn yn dod i'r golwg ac yn barod i adweithio

I'ch atgoffa

1 Copïwch a chwblhewch:

Rhaid i ronynnau ...... cyn y gallan nhw adweithio.
Rhaid iddyn nhw gael digon o ...... wrth daro ei gilydd er mwyn achosi ......

Y mwyaf aml y maen nhw'n ......, y cyflymaf yw'r adwaith.

Mewn solidau, y mwyaf yw'r arwynebedd ....., y cyflymaf yw'r adwaith.

2 Mae sinc yn adweithio ag asid gwanedig, gan ryddhau nwy hydrogen.

a) Mae sinc i'w gael ar ffurf stribedi o'r metel, gronynnau sinc (lympiau bach), neu bowdr sinc. Pa ffurf ar sinc fydd yn adweithio gyflymaf â'r asid?

b) Eglurwch eich ateb i a) gan ddefnyddio'r ddamcaniaeth gwrthdrawiadau.

Ydych chi'n hoffi diod oren yn wan neu'n gryf?
Edrychwch ar y 3 gwydraid gyferbyn:
Mae hydoddiant diod oren ym mhob un.

Yr un cyfaint o ddiod sydd ym mhob gwydryn.
Ond yng ngwydryn A y mae'r mwyaf o'r ddiod oren.
Yng ngwydryn C, mae llai o'r ddiod oren a mwy o ddŵr.
Felly mae'r ddiod oren yn **fwy crynodedig** yng ngwydryn A.

a) Rhestrwch hydoddiannau eraill rydym yn eu defnyddio yn grynodedig neu'n fwy gwanedig.

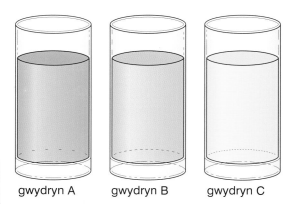

gwydryn A   gwydryn B   gwydryn C

Mae'r ddiod oren yng ngwydryn A yn blasu'n gryfach oherwydd bod **mwy o ronynnau oren yn yr un cyfaint o ddŵr.**

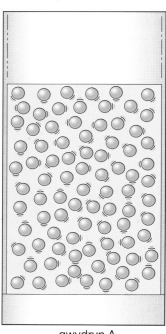
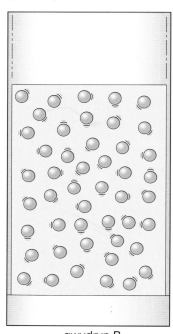
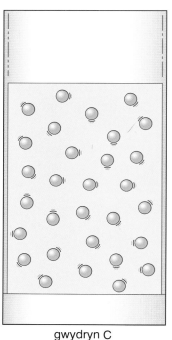

gwydryn A   gwydryn B   gwydryn C

Mae llawer o'r adweithiau cemegol a welwn yn yr ysgol yn digwydd mewn hydoddiant. Mae'r sylweddau wedi hydoddi mewn dŵr. Er enghraifft, hydoddiannau yw'r asidau rydych chi'n eu defnyddio. Sylwoch chi ar y labeli ar y poteli? Fe welwch chi enw'r asid ac yna'r cod, er enghraifft 0.5 M, 1 M neu 2 M. Mae'r cod yn dangos pa mor grynodedig yw'r asid. Yr uchaf yw'r rhif o flaen yr M, y mwyaf crynodedig yw'r hydoddiant.

b) Pa asid yn y llun sydd fwyaf crynodedig?
c) Beth y gallwch chi ei ddweud am nifer y gronynnau asid yn yr hydoddiant 2 M o'i gymharu â'r hydoddiant 1 M?

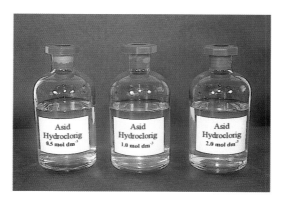

Poteli o asid hydroclorig gwanedig o wahanol grynodiad.

Ydych chi wedi gweld yr adwaith rhwng asid hydroclorig a darn o farmor (calsiwm carbonad)?

Mae'r calsiwm carbonad yn ffisian gan ryddhau nwy carbon deuocsid.

ch) O'r tri asid ar y dudalen flaenorol, pa un fydd yn adweithio gyflymaf â darn o farmor (calsiwm carbonad)?

Calsiwm carbonad yn adweithio ag asid hydroclorig gwanedig.

> **Wrth gynyddu'r crynodiad, mae cyfradd yr adwaith yn cynyddu.**

Edrychwch ar y diagram isod:

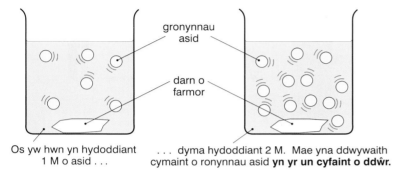

gronynnau asid

darn o farmor

Os yw hwn yn hydoddiant 1 M o asid . . .

. . . dyma hydoddiant 2 M. Mae yna ddwywaith cymaint o ronynnau asid **yn yr un cyfaint o ddŵr.**

Cofiwch fod y gronynnau mewn hylif yn symud o gwmpas. Mae'r gronynnau asid yn taro yn erbyn y darn o farmor yn fwy aml yn yr ail ficer uchod. Mae llai o le yno.

d) Tynnwch lun bicer fel y rhai uchod ar gyfer adwaith asid 0.5 M.

Adweithiau â nwyon

Fe gawn ni'r un effaith trwy gynyddu'r gwasgedd mewn adweithiau rhwng nwyon.

Edrychwch ar y diagram gyferbyn:

Trwy wasgu'r nwyon, mae yna nawr yr un nifer o ronynnau nwy ond mewn cyfaint llai. Felly mae mwy o wrthdrawiadau mewn cyfnod penodol o amser.

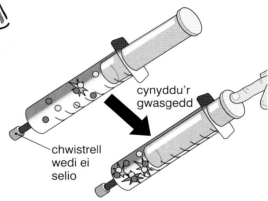

cynyddu'r gwasgedd

chwistrell wedi ei selio

Mae mwy o wrthdrawiadau mewn cyfnod penodol wrth i chi gynyddu gwasgedd y nwy.

> **Mewn adweithiau â nwyon, mae cynyddu'r gwasgedd yn cynyddu cyfradd yr adwaith.**

I'ch atgoffa

1 Copïwch a chwblhewch:

Wrth i ni gynyddu ...... hydoddiant, mae ei gyfradd adwaith yn ...... Y rheswm am hyn yw bod mwy o r...... yn yr un ...... o hydoddiant. Felly mae yna ...... yn fwy aml rhyngddyn nhw.

Mewn adweithiau â ......, wrth i ni ...... y gwasgedd, mae cyfradd yr adwaith yn cyflymu.

2 Mae'r adwaith rhwng darnau marmor ac asid hydroclorig i'w weld ar frig y dudalen hon. Mae'r ffisian yn mynd yn arafach ac arafach, ac yna'n stopio. Mae rhywfaint o'r darn marmor yn dal i fod ar ôl.

Eglurwch y sylwadau hyn.

(Cliw: Meddyliwch am y ffordd y mae crynodiad yr asid yn newid.)

Allwch chi ddychmygu bywyd heb oergell yn y gegin?
Beth fyddai'n digwydd i fwydydd, fel llaeth, petaech
yn eu cadw ar dymheredd uwch?
Mae'r tymheredd yn yr oergell yn arafu'r adweithiau
sy'n gwneud i fwyd ddifetha.

a) Pa fwydydd eraill sy'n difetha os nad ydyn ni'n eu cadw'n oer?

Ydych chi wedi gwneud arbrofion yn y labordy ble'r oeddech yn
gwresogi'r pethau sy'n adweithio â'i gilydd? Er enghraifft, mae
metelau fel tun neu blwm yn adweithio ag asid gwanedig cynnes.
Edrychwch ar yr adweithiau hyn:

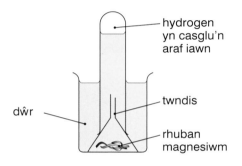

Rhuban magnesiwm yn adweithio'n araf â dŵr oer.

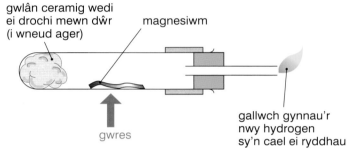

Rhuban magnesiwm yn adweithio'n gyflym ag ager.

b) Ai gyda dŵr oer neu ddŵr poeth mae magnesiwm yn
   adweithio gyflymaf?

c) Wrth godi'r tymheredd, beth sy'n digwydd i gyfradd yr adwaith?

Mae tymheredd yn cael effaith fawr ar gyfradd adwaith.
Mewn llawer o adweithiau, mae codi'r tymheredd 10 °C
yn unig yn gallu dyblu cyfradd yr adwaith.

Mae codi'r tymheredd yn cynyddu cyfradd adwaith.

Felly pam mae'n newid cymaint?

Meddyliwch yn ôl at y ddamcaniaeth gwrthdrawiadau (tudalen 126):
Wrth i ni wresogi'r gronynnau sy'n adweithio, maen nhw'n cael mwy o egni.
Maen nhw'n dechrau **symud o gwmpas yn gyflymach**.
(Mae'n ddigon tebyg i chi'n ceisio cerdded ar dywod poeth ofnadwy.
Buan iawn y byddwch chi'n dechrau hopian!)

ch) Beth fydd yn digwydd i nifer y gwrthdrawiadau mewn cyfnod penodol os bydd y gronynnau'n symud o gwmpas yn gyflymach?

d) Beth y gallwch chi ei ddweud am ba mor galed y maen nhw'n gwrthdaro?

Edrychwch ar y diagram hwn:

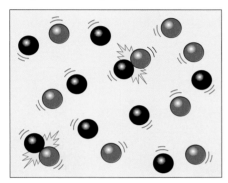 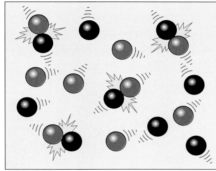

Adwaith ar 30 °C.   Adwaith ar 40 °C.

Ar dudalen 126, fe ddywedon ni nad yw pob gwrthdrawiad yn achosi adwaith. Os yw'r gronynnau yn gwrthdaro'n ysgafn, maen nhw'n bownsio oddi ar ei gilydd.
Ond os ydyn nhw'n symud o gwmpas yn gyflymach, bydd gan fwy o wrthdrawiadau ddigon o egni i achosi i ronynnau adweithio.
Felly dyna ddwy o effeithiau codi'r tymheredd.

Gwrthdrawiad ysgafn a dim adwaith.

> **Wrth i ni godi'r tymheredd, mae'r gronynnau yn gwrthdaro'n fwy aml.**

> **Wrth i ni godi'r tymheredd, mae'r gwrthdrawiadau yn fwy effeithiol. Maen nhw'n fwy tebygol o arwain at adwaith.**

Ond gall gwrthdrawiad cryfach achosi adwaith!

I'ch atgoffa

1 Copïwch a chwblhewch:

Wrth i ni godi'r tymheredd, mae cyfradd adwaith yn ......

Y rheswm am hyn yw bod gan y gronynnau fwy o ...... ac maen nhw'n symud o gwmpas yn ...... Mae hyn yn golygu bod y gronynnau yn gwrthdaro'n fwy ...... a bod eu gwrthdrawiadau yn fwy ...... o arwain at ......

2 Dychmygwch eich bod yn berchennog siop sglodion. Rydych chi eisiau coginio'r sglodion mor gyflym â phosib (oherwydd bod y cwsmeriaid yn diflasu disgwyl!).

Ysgrifennwch ddau beth y gallech eu gwneud i goginio eich sglodion yn gyflymach.

Weithiau mae cael arholiadau ffug yn ddigon o
gatalydd i wneud i chi weithio go iawn!
Mae 'catalydd' yn golygu rhywbeth sy'n rhoi
cychwyn ar broses.
Ym myd gwyddoniaeth:

> **Catalydd** yw sylwedd sydd fel arfer yn **cyflymu** adwaith.
> Ar ddiwedd yr adwaith, **ni fydd** y catalydd wedi newid yn gemegol.
> Felly mae'n bosib ei ddefnyddio dro ar ôl tro.

Ydych chi wedi clywed am **drawsnewidydd catalytig**?
(Edrychwch ar dudalen 89.)
Maen nhw'n cael eu rhoi ar systemau gwacáu ceir, er mwyn lleihau llygredd.
Mae'r catalyddion yn helpu rhai o'r nwyon sy'n achosi llygredd i adweithio ag
ocsigen cyn cael eu rhyddhau.

a) Pa nwyon sy'n cael eu trin gan drawsnewidydd catalytig?

Fe gewch chi gatalydd i gyd-fynd â phast i lenwi tyllau mewn ceir
weithiau. Os oes tolc bach ar y car, neu os ydych yn cael gwared ag
ychydig o rwd, gallwch lenwi'r twll â llenwad. Past meddal yw'r
llenwad. Ni fydd yn caledu nes i chi ychwanegu mymryn o gatalydd.
Yna mae'n adweithio a chaledu o fewn munudau.

Ydych chi'n gyfarwydd â gwallt 'melyn perocsid'?
Bydd hydoddiant hydrogen perocsid yn goleuo lliw eich gwallt.
Mae'n ymddatod, gan ryddhau nwy ocsigen.
Edrychwch ar ei adwaith yma:

Mae'r past llenwi yn caledu mewn munudau ar ôl ei gymysgu â'r catalydd. Sylwch cyn lleied o'r catalydd coch sydd ei angen.

⚠ hydrogen perocsid   ychwanegu catalydd manganîs(IV) ocsid

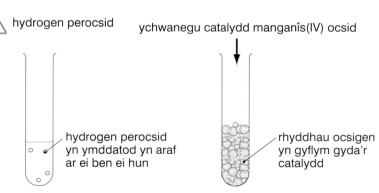

hydrogen perocsid
yn ymddatod yn araf
ar ei ben ei hun

rhyddhau ocsigen
yn gyflym gyda'r
catalydd

Mae manganîs(IV) ocsid yn gatalydd ar gyfer yr adwaith penodol hwn.
Dyma'r hafaliad gyda'r catalydd:

$$\text{hydrogen perocsid} \xrightarrow{\text{manganîs (IV) ocsid}} \text{dŵr + ocsigen}$$

> **Mae angen gwahanol gatalyddion ar gyfer gwahanol adweithiau.**

b) Pa nwy sy'n cael ei ryddhau pan fydd hydrogen perocsid yn ymddatod?

c) Sut gallech chi gael y manganîs(IV) ocsid yn ei ôl i'w ddefnyddio eto? (Cliw: Mae'n anhydawdd mewn dŵr.)

Sut mae catalydd yn gweithio?

O dudalen 126, rydych yn gwybod bod angen rhywfaint o egni ar ronynnau sy'n gwrthdaro cyn y gallan nhw adweithio. Yr enw ar y lleiafswm egni hwn yw **egni actifadu**.

> **Mae catalydd yn gostwng yr egni actifadu.**

Felly gyda chatalydd yn bresennol, mae angen llai o egni ar y gronynnau i adweithio. Mae hyn yn golygu bod gan fwy o ronynnau ddigon o egni i ddechrau adweithio. Felly mae'r adweithiau yn gyflymach.

Gallwch gynhyrchu yn fwy cyflym gyda chatalydd. Felly mae'r byd diwydiant yn gwneud mwy o arian.

Gallwch feddwl am hyn fel ras dros glwydi.
Os yw'r clwydi yn is, bydd mwy o bobl yn gallu neidio drostyn nhw a daw y ras i ben ynghynt.

I'ch atgoffa

1 Copïwch a chwblhewch:

Mae'r rhan fwyaf o gatalyddion yn ...... adweithiau ond nid ydyn nhw wedi ...... eu hunain ar ddiwedd yr adwaith.

Maen nhw'n gweithio trwy ...... yr egni sydd ei angen er mwyn i ronynnau ...... Yr enw ar y lleiafswm egni hwn sydd ei angen er mwyn i adwaith ddigwydd yw'r egni ......

2 Ewch ati i ddarganfod pa gatalydd sy'n cael ei ddefnyddio ym mhob un o'r prosesau diwydiannol hyn:

a) Proses Haber i wneud amonia.

b) Y broses gyffwrdd i wneud asid sylffwrig.

c) Gwneud asid nitrig.

ch) Gwneud margarin.

Crynodeb

Gallwn fesur cyfraddau adwaith trwy edrych ar ba mor gyflym mae cynhyrchion yn cael eu ffurfio.
Gallwn hefyd edrych ar ba mor gyflym y mae adweithyddion yn cael eu defnyddio.

Dyma sy'n cynyddu cyfraddau adwaith:

- cynyddu **arwynebedd arwyneb** solidau (trwy ddefnyddio darnau bach),

- cynyddu **crynodiad** hydoddiannau,

- cynyddu **gwasgedd** nwyon,

- cynyddu'r **tymheredd**,

- defnyddio **catalydd** (os gallwch ddod o hyd i un ar gyfer adwaith penodol).

Rydym yn egluro cyfraddau adwaith trwy ddefnyddio'r **ddamcaniaeth gwrthdrawiadau**.
Rhaid i ronynnau wrthdaro, â digon o egni, cyn y gall adwaith ddigwydd.
Yr enw ar y lleiafswm egni hwn yw'r **egni actifadu**.

Wrth gynyddu'r crynodiad (neu'r gwasgedd mewn adweithiau â nwyon), mae yna fwy o ronynnau yn yr un faint o le felly mae'r gronynnau yn gwrthdaro yn fwy aml.

Wrth godi'r tymheredd, mae'r gronynnau sy'n adweithio yn cael mwy o egni.
Maen nhw'n symud o gwmpas yn gyflymach, felly bydd mwy o wrthdrawiadau yn digwydd.
Hefyd, mae'r gwrthdrawiadau yn fwy tebygol o arwain at adwaith oherwydd eu bod yn gwrthdaro â mwy o egni.

Cwestiynau

1 Copïwch a chwblhewch:

Gallwn gynyddu ...... adwaith cemegol trwy godi'r ...... Mae hyn yn gwneud i'r gronynnau ...... o gwmpas yn fwy cyflym felly mae mwy o ...... mewn amser penodol. Pan fyddan nhw'n gwrthdaro, mae hi hefyd yn fwy ...... y bydd yna adwaith oherwydd bod gan y gwrthdrawiadau fwy o egni.

Wrth gynyddu ...... hydoddiannau, neu ...... nwyon, mae mwy o ...... yn yr un cyfaint, felly mae cyfradd yr adwaith yn ......

Mae catalyddion yn gostwng egni ...... adwaith. Mae gan fwy o ronynnau ...... o egni i adweithio. Gallwn ...... catalyddion dro ar ôl tro.

2 Eglurwch y datganiadau hyn:

a) Rhaid cadw llaeth mewn oergell bob amser.

b) Mae angen 3 cwpan o bowdr golchi yn lle 1 cwpan os yw eich dillad yn fudr iawn.

c) Mae'n cymryd tipyn o amser i gynnau glo ar y tân ond mae llwch glo mewn pwll glo yn gallu ffrwydro.

ch) Weithiau bydd glud i'w gael mewn dau diwb; un tiwb mawr ac un tiwb bach â'r label 'catalydd' arno.

d) Mae angen mwy o amser i wneud tost pan fydd y gridyll ar bŵer is.

dd) Mae diwydiannau yn buddsoddi llawer o amser yn chwilio am gatalyddion i'w defnyddio wrth wneud cemegau newydd.

3 Dychmygwch fod mwgwd dros lygaid pawb yn y dosbarth. Rydych chi'n cerdded o amgylch y dosbarth gan daro i mewn i bethau a bownsio oddi arnyn nhw. Rydych chi'n cynrychioli gronynnau asid mewn hydoddiant.

Mae'r byrddau yn y dosbarth yn cynrychioli darnau marmor. Mae pob un ohonyn nhw gyda'i gilydd yng nghanol yr ystafell.

Gan ddefnyddio'r model hwn:

a) Eglurwch sut mae'r asid yn adweithio â'r darn marmor.

b) Sut gallech chi gynyddu arwynebedd arwyneb y darn marmor? Eglurwch beth sy'n digwydd i gyfradd yr adwaith.

c) Sut gallech chi gynyddu crynodiad yr asid? Pam mae hyn yn cynyddu cyfradd yr adwaith?

ch) Beth sy'n digwydd os ydych yn codi'r tymheredd?

4 Edrychwch ar y graff hwn:

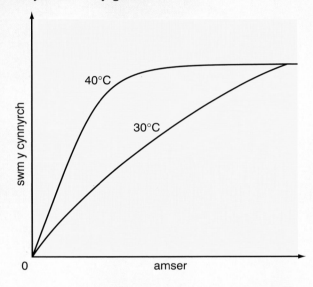

a) Ai ar 30 °C neu ar 40 °C roedd yr adwaith gyflymaf?
Sut gallwch chi ddweud o'r graff?

b) Eglurwch eich ateb i a) gan ddefnyddio'r ddamcaniaeth gwrthdrawiadau (soniwch am y gronynnau!).

c) Pryd oedd y naill adwaith a'r llall yn mynd gyflymaf?

ch) Pa adwaith a ffurfiodd fwyaf o gynnyrch?

d) Sut olwg fyddai ar y llinell petaech chi'n gwneud yr un adwaith ar 50 °C?

5 Bu criw o fyfyrwyr yn edrych ar adwaith a oedd yn cynhyrchu nwy. Dyma eu canlyniadau:

Amser (munudau)	Cyfaint y nwy (cm^3)
0	0
1	20
2	29
3	37
4	38
5	44
6	45
7	45
8	45

a) Plotiwch y canlyniadau hyn yn bwyntiau ar graff.

Rhowch gylch o amgylch y pwynt sy'n ymddangos yn anghywir. Yna cysylltwch y gweddill â 'llinell ffit orau' (cromlin yw hon yn yr enghraifft sydd yma).

b) Faint o amser a gymerodd yr adwaith i orffen?

c) Yn ystod pa funud roedd yr adwaith gyflymaf?

ch) Tynnwch lun y cyfarpar y gallai'r myfyrwyr fod wedi ei ddefnyddio i wneud eu harbrawf.

d) Fe wnaeth y myfyrwyr yr un arbrawf eto, ond gan ddefnyddio catalydd yr ail dro. Brasluniwch y llinell y byddech yn disgwyl ei gweld gan ddefnyddio'r catalydd.

6 Edrychwch ar y cartŵn:

Eglurwch sut mae'r wrach yn gwneud ei swynion mor sydyn!

ENSYMAU

▶▶▶ 11a Beth yw ensym?

Mae'n siŵr eich bod wedi clywed y gair 'ensym' mewn hysbysebion teledu am bowdrau golchi 'biolegol'.
Ond beth yw'r ensymau hyn sy'n gallu 'cael gwared â'r staeniau mwyaf styfnig!'?

a) Enwch 2 ffordd arall o ddefnyddio ensymau.

> **Catalyddion biolegol yw ensymau.**
> **Moleciwlau protein mawr ydyn nhw.**

Mae ensymau yn cael eu gwneud yng nghelloedd pethau byw.
Fydden ni ddim yn gallu byw hebddyn nhw.
Heb ensymau, ni fyddai'r holl adweithiau cemegol sy'n cadw ein cyrff i weithio yn gallu digwydd ar dymheredd y corff.
Er enghraifft, mae ensymau yn ein helpu i ddadelfennu bwyd yn foleciwlau bach. Rydym yn eu defnyddio i adeiladu moleciwlau mawr hefyd.
Mae ensymau yn gatalyddion gwych!
Mae pob moleciwl o ensym yn gallu helpu miloedd o foleciwlau i adweithio bob eiliad.

Wrth i chi gnoi bara, mae'r startsh yn dechrau cael ei ddadelfennu. Mae yna ensym o'r enw amylas yn eich poer.

b) Enwch ensym sydd yn eich poer.

Dyma ffeithiau am ensymau:

> **Mae pob ensym yn gweithio ar gyfer adweithiau penodol yn unig.**
>
> **Mae'r rhan fwyaf o ensymau yn gweithio orau ar dymereddau 'cynnes'.**
>
> **Mae pob ensym yn gweithio orau ar un pH penodol.**
>
> **Mae ensymau yn gatalyddion effeithlon iawn.**
>
> **Moleciwlau yw ensymau – dydyn nhw ddim yn fyw.**

c) Pam mae ensymau yn gweithio'n dda ar dymheredd cynnes?

ch) Ym mha ran o'ch corff y byddech chi'n dod o hyd i ensymau sy'n gweithio orau mewn amodau asidig?

Amodau optimwm (gorau)

Gallwn wneud arbrofion i weld pa mor dda y mae ensymau yn gweithio o dan wahanol amodau.

Ar wahanol dymereddau:

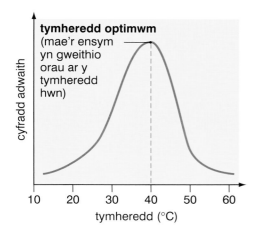

Ar wahanol pH:

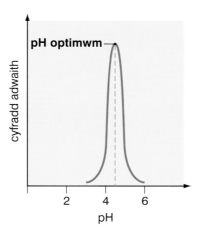

Defnyddiwch y graffiau i ateb y cwestiynau hyn:

d) Mae ensymau yn gweithio orau ar dymheredd penodol. Beth yw'r enw ar y tymheredd hwn?

dd) Pa werth pH yw'r gorau ar gyfer yr ensym yn yr ail graff?

Mae gan bob ensym ei siâp arbennig ei hun.
Mae'n cyfateb i siâp y moleciwl y mae'n ei helpu i adweithio.
Edrychwch ar y diagram hwn:

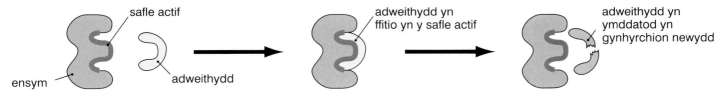

Os bydd ensym yn cael ei wresogi yn uwch na thua 45 °C, bydd ei siâp yn newid.
Mae'n ddigon tebyg i ysgwyd model papur bregus. Mae'n colli ei siâp.
Felly, nid yw ensymau yn gweithio gystal ar dymereddau uchel.
Dywedwn eu bod yn cael eu **dadnatureiddio**.

I'ch atgoffa

1 Copïwch a chwblhewch:

...... biolegol sydd i'w cael mewn celloedd yw ensymau. Maen nhw'n gweithio orau ar tua ...... °C ac ar un gwerth ...... penodol. Os byddwch yn eu gwresogi ormod, bydd eu ...... yn newid ac ni fyddan nhw mor effeithiol.

2 a) Brasluniwch graff i ddangos sut y mae effeithiolrwydd ensym yn newid â thymheredd.

b) Dychmygwch fod ensym fel model papur.

Beth sy'n digwydd i'r ensym wrth i chi godi ei dymheredd?

Ydych chi'n adnabod rhywun sy'n bragu cwrw neu win cartref?
Mae citiau bragu yn cynnwys paced o **furum** bob tro.

a) At beth y mae bragwyr yn ychwanegu'r burum wrth wneud cwrw?

Math o ffwng yw burum. Heb ocsigen, mae ensymau yn ei
gelloedd yn dadelfennu siwgr.
Mae'r siwgr yn cael ei droi'n alcohol a nwy carbon deuocsid.
Yr enw cemegol ar yr alcohol hwn yw **ethanol**.
Enw'r adwaith yw **eplesiad**.

Dyma'r hafaliad:

Eplesiad sy'n cynhyrchu'r ethanol mewn
diodydd meddwol (alcoholig).

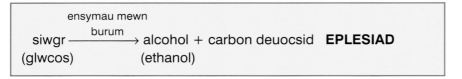

siwgr $\xrightarrow[\text{burum}]{\text{ensymau mewn}}$ alcohol + carbon deuocsid   **EPLESIAD**
(glwcos)   (ethanol)

b) Beth yw enw'r adwaith ble mae burum yn dadelfennu siwgr i
   wneud alcohol?

c) Pa nwy sy'n cael ei ryddhau yn yr adwaith hwn?

ch) Beth yw'r enw cemegol ar yr alcohol sy'n cael ei ffurfio?

Gallwch brofi'r nwy sy'n cael ei gynhyrchu fel hyn:

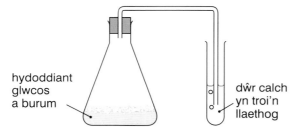

hydoddiant
glwcos
a burum

dŵr calch
yn troi'n
llaethog

Rhodri, wyt ti
wedi bod yn bragu
cwrw eto?

Rhaid gadael y fflasg wrth ymyl rheiddiadur.

Roedd Barry yn hoff o arbrofi
Gyda siwgr a burum – eplesu!
Y ddiod a yfodd,
Ei stumog a dyfodd,
Yna BANG! CO_2 dros y pantri.

d) Beth yw'r prawf ar gyfer nwy carbon deuocsid?

dd) Pam mae angen gadael y fflasg wrth ymyl rheiddiadur?

e) Pam nad ydym yn berwi'r fflasg gan ddefnyddio gwresogydd Bunsen?

Mae alcohol yn ymffurfio yn y fflasg, ond y crynodiad uchaf a gewch yw tua 15%. Y rheswm dros hyn yw bod yr alcohol yn gwenwyno'r burum.
(Cofiwch fod y burum yn fyw – ond nid yw ensymau yn bethau byw eu hunain.)
Er mwyn cael diodydd meddwol cryfach, fel fodca neu jin, rhaid distyllu'r cymysgedd sydd wedi'i eplesu.

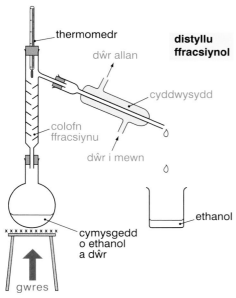

Mae'r alcohol (ethanol) yn berwi ar 78 °C. Mae dŵr yn berwi ar 100 °C. Felly mae'r alcohol yn berwi ymaith cyn y dŵr, a gallwn ei gasglu.

Mae eplesiad yn bwysig yn y diwydiant **gwneud bara** hefyd.
Ond mewn bara, y carbon deuocsid sy'n ddefnyddiol, nid yr alcohol.
Mae'r nwy carbon deuocsid yn cael ei ddal yn y toes ac yn gwneud i'r bara godi.
Edrychwch ar y ffotograff gyferbyn:

Ydych chi erioed wedi gwneud bara eich hun?
Rhaid i chi adael y toes mewn lle cynnes am tuag awr er mwyn iddo godi.
Yna mae'n barod i gael ei bobi yn y popty.

f) Pam mae angen gadael y toes mewn lle cynnes?
(Cliw: Meddyliwch am ensymau!)

Mae eplesiad yn gwneud i'r toes bara godi cyn ei bobi.

I'ch atgoffa

1 Copïwch a chwblhewch:

Mae ...... mewn celloedd burum yn gallu dadelfennu siwgr yn ...... (ei enw cemegol yw ......) a nwy ...... deuocsid.

Yr enw ar adwaith fel hyn yw ...... Mae'n cael ei ddefnyddio yn y diwydiant b...... i wneud diodydd meddwol. Hefyd mae'n gwneud i'r ...... godi wrth wneud ......

2 a) Pam mae'n rhaid distyllu cymysgedd wedi'i eplesu er mwyn gwneud gwirodydd (diodydd meddwol cryf)?

b) Eglurwch sut mae'r broses ddistyllu yn gweithio.

c) Lluniwch ddiagram o'r cyfarpar y gallech ei ddefnyddio i ddistyllu cymysgedd wedi'i eplesu.

ch) Lluniwch boster yn rhybuddio pobl am beryglon yfed gormod o alcohol.

Gwelsom sut y mae'r ensymau mewn burum yn cael eu defnyddio i wneud cwrw a bara. Mae'r adweithiau hyn yn cael eu defnyddio ers miloedd o flynyddoedd – ymhell cyn bod pobl yn gwybod am ensymau!

Roedden nhw hefyd yn defnyddio'r ensymau mewn bacteria i wneud caws a iogwrt.

Ydych chi'n hoffi blas iogwrt naturiol? Mae fymryn yn sur. Nid yw mor felys â diod o laeth.

Mae bacteria yn troi'r siwgr mewn llaeth, sef **lactos**, yn asid.

Enw'r asid yw **asid lactig**.

Rydym yn defnyddio ensymau ers miloedd o flynyddoedd.

Mae'n debyg mai yn y Dwyrain Canol y cafodd iogwrt ei wneud gyntaf.

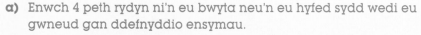

a) Enwch 4 peth rydyn ni'n eu bwyta neu'n eu hyfed sydd wedi eu gwneud gan ddefnyddio ensymau.

b) Enwch siwgr sydd mewn llaeth.

c) Pam mae iogwrt yn blasu'n fwy sur na llaeth?

Ym myd diwydiant, mae pobl wedi sylweddoli bod ensymau yn gallu arbed llawer o egni (ac arian).

Mae llawer o brosesau diwydiannol yn gweithio ar dymereddau uchel gan ddefnyddio catalyddion sy'n fetelau trosiannol.

Dychmygwch petaech yn dod o hyd i ensym fyddai'n gatalydd yn eu lle.

Meddyliwch am yr egni y byddech yn ei arbed!

(Cofiwch fod ensymau yn gweithio orau ar tua 40 °C.

Ond mae llawer o adweithiau ym myd diwydiant yn digwydd ar tua 400 °C!)

ch) Sut gallai ensymau arbed arian ym myd diwydiant a helpu'r amgylchedd?

Felly ymlaen â'r chwilio! Er enghraifft, mae'n bosib defnyddio micro-organebau i echdynnu copr o domenni gwastraff mewn mwyngloddiau copr.

Fel arfer, byddai'n rhy ddrud i brosesu'r gwastraff.

Edrychwch ar y tabl hwn:

Mae'n dangos ffyrdd eraill o ddefnyddio ensymau.

Diwydiant	Defnyddio ensymau ......
meddygol	gwneud cyffuriau a thrin canser
glanedydd biolegol	dadelfennu staeniau (mae **proteasau** yn ymosod ar brotein a **lipasau** yn ymosod ar fraster) meddalu ffabrig hefyd (mae **cellwlasau** yn dadelfennu'r darnau bach sydd fel pelenni ar ddillad)
melysion	dadelfennu syryp startsh yn syryp siwgr (glwcos) (**carbohydrasau** sy'n cael eu defnyddio) newid glwcos yn ffrwctos, sef siwgr arall sy'n fwy melys. Felly mae angen llai o siwgr i wneud bwyd yr un mor felys – sy'n ddefnyddiol ar gyfer bwydydd colli pwysau (**isomeras**) dadelfennu swcros yn glwcos a ffrwctos, a gwneud cemegau melysu artiffisial
cig	gwneud cig yn frau
bwyd babanod	dechrau treulio'r bwyd (er enghraifft, proteasau i ddadelfennu'r protein)

d) Pa ensym sydd mewn rhai bwydydd babanod?

dd) Pa ensym sy'n helpu pobl sy'n ceisio colli pwysau?

Mae ensymau mewn powdrau a hylifau biolegol i olchi dillad yn dadelfennu'r staeniau.

Mae bwydydd babanod yn cynnwys ensymau i helpu'r baban dreulio proteinau trwy ddechrau eu treulio.

I'ch atgoffa

1 Copïwch a chwblhewch:

Caiff ...... eu defnyddio mewn sawl diwydiant. Er enghraifft,

- wrth wneud ......, mae bacteria yn troi lactos yn asid ......
- newid syryp ...... yn syryp siwgr (gan ddefnyddio ensymau o'r enw ......)

2 Edrychwch ar y tabl uchod:

a) Pa ensymau sy'n dadelfennu protein?

b) Pa ensymau sy'n dadelfennu brasterau?

c) Pa ensym sy'n newid glwcos yn ffrwctos?

3 Gwnewch ymchwil i ddarganfod sut i wneud iogwrt neu gaws.

Crynodeb

- Mae'r adweithiau cemegol mewn celloedd byw yn cael eu catalyddu gan **ensymau**. Rydym yn galw ensymau yn gatalyddion biolegol.
- Moleciwlau protein mawr yw ensymau.
  Mae eu siapiau cymhleth yn cyfateb i siâp y moleciwlau y maen nhw'n eu helpu i adweithio.
- Maen nhw'n gweithio orau ar tua 40 °C (y tymheredd optimwm). Ond dros tua 45 °C, maen nhw'n cael eu difetha ac mae eu siâp arbennig yn newid. Maen nhw'n cael eu dadnatureiddio ac yn mynd yn llawer llai effeithiol.
- Mae pob ensym yn gweithio orau ar werth pH penodol hefyd (sef y pH optimwm).

Cofiwch nad yw ensymau yn bethau byw eu hunain – moleciwlau yw ensymau.

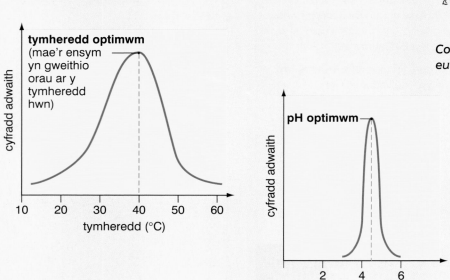

- **Eplesiad** yw'r adwaith ble mae celloedd burum yn troi siwgr (glwcos) yn alcohol (ethanol) a nwy carbon deuocsid.

$$\text{siwgr (glwcos)} \xrightarrow{\text{ensymau mewn burum}} \text{alcohol (ethanol)} + \text{carbon deuocsid}$$

Mae'r adwaith yn cael ei gatalyddu gan ensymau yn y celloedd burum.
Rydym yn defnyddio eplesiad i wneud:
– yr alcohol mewn gwin a chwrw, a'r
– swigod (o garbon deuocsid) sy'n gwneud i does bara godi.

- Mae ensymau yn gallu arbed costau egni ym myd diwydiant gan fod yr adweithiau yn gallu digwydd ar dymereddau cymharol isel.
  Mae mwy a mwy o ffyrdd o'u defnyddio. Er enghraifft, rydym yn defnyddio ensymau:
  – mewn powdrau a hylifau biolegol i olchi dillad er mwyn codi staeniau,
  – mewn rhai bwydydd babanod i ddechrau treulio'r proteinau,
  – i newid syryp startsh yn syryp siwgr,
  – i newid glwcos i'r siwgr arall, ffrwctos, sy'n felysach,
  – i wneud iogwrt (newid lactos mewn llaeth yn asid lactig).

1 Copïwch a chwblhewch:

C...... sydd i'w cael yng nghelloedd pethau byw yw ensymau. Moleciwlau ...... mawr ydyn nhw. Maen nhw'n gweithio orau o dan amodau cynnes yn hytrach nag ...... Mae ganddyn nhw hefyd werth ...... optimwm y maen nhw'n gweithio fwyaf effeithiol arno.

Y tu mewn i gelloedd b ......, mae ensymau yn dadelfennu ...... yn ...... a charbon deuocsid. Mae bragwyr yn defnyddio'r adwaith hwn, sef ......, i wneud cwrw a g ...... Hefyd, mae'n ddefnyddiol wrth wneud ...... gan fod y nwy .... yn gwneud i'r toes godi.

Adweithiau eraill sy'n defnyddio ensym yn gatalydd yw:

- gwneud ...... trwy droi'r siwgr ...... mewn llaeth yn ...... lactig
- dechrau treulio p ...... mewn rhai bwydydd ......
- gwneud y siwgr o'r enw ......, sy'n fwy melys na glwcos ac sy'n cael ei ddefnyddio mewn bwydydd ....

2 Dyma ddywedodd tad un o'ch ffrindiau: 'Rwy'n ysu am i'r gwin cartref 'ma fod yn barod. Bydd mor gryf â wisgi gan fy mod i wedi rhoi llawer mwy o siwgr nag arfer ynddo!'

a) Eglurwch pam y bydd wedi ei siomi.

b) Tynnwch lun y cyfarpar y gallwch ei ddefnyddio i wahanu alcohol oddi wrth gymysgedd eplesiad.

c) Beth yw enw'r broses yn rhan b)?

Rydych yn mynd i weld eich ffrind yr wythnos ganlynol, ac mae'r tad diamynedd yn dweud: 'Rydw i wedi cael llond bol ar ddisgwyl i'r gwin cartref fod yn barod. Beth am ei gyflymu trwy ei gynhesu mewn sosban!'

ch) Eglurwch pam nad yw hyn yn syniad da.

d) Pam mai'r cwpwrdd crasu dillad yw'r lle gorau i adael y gwin cartref i eplesu?

3 Bu criw o fyfyrwyr yn edrych ar adwaith gydag ensym yn gatalydd a oedd yn rhyddhau nwy.

Buon nhw'n casglu'r nwy oedd yn cael ei gynhyrchu mewn 2 funud, ar wahanol dymereddau.

Dyma eu canlyniadau:

Tymheredd (°C)	Cyfaint y nwy (cm^3)
20	8
30	21
40	32
50	20
60	5

a) Plotiwch y canlyniadau hyn ar graff.

Gwnewch gromlin gan ddefnyddio 'llinell ffit orau'.

b) Beth yw ystyr 'tymheredd optimwm'?

c) Beth yw tymheredd optimwm yr ensym yn yr arbrawf hwn?

ch) Enwch adwaith gydag ensym yn gatalydd sy'n rhyddhau nwy.

d) Pam mae ensymau yn eich stumog yn gweithio orau ar pH isel?

4 Edrychwch yn ôl trwy'r bennod hon a chwiliwch am enwau'r holl ensymau.

Ysgrifennwch yr adwaith y mae pob un yn ei gyflymu. Rhowch eich ateb mewn tabl fel hyn:

Enw'r ensym	Adwaith mae'n ei gatalyddu

5 Pam mae prosesau diwydiannol sy'n defnyddio ensymau yn arbed egni? Beth allai gostio llawer o arian yn y prosesau hyn?

6 Dyluniwch gartŵn sy'n cynrychioli moleciwl o broteas yn gwneud ei waith yn eich corff.

▶▶▶ 12a Egni ac adweithiau cemegol

Adweithiau ecsothermig

Oeddech chi'n gwybod eich bod yn defnyddio egni o danwydd wrth ddarllen y llyfr yma yr eiliad hon? Mae eich corff yn cael yr egni i weithio o'r bwyd rydych yn ei fwyta. Felly, mewn ffordd, y bwyd yw tanwydd eich corff.

> **Tanwydd yw sylwedd sy'n trosglwyddo egni sydd wedi ei storio yn ei foleciwlau yn egni defnyddiol i ni ei ddefnyddio.**

a) Enwch 5 tanwydd rydyn ni'n eu defnyddio.

Rydyn ni'n rhyddhau'r egni o'r rhan fwyaf o danwyddau trwy eu llosgi. Yr enw ar y rhain yw adweithiau **hylosgi**.
(Ydych chi'n cofio'r gwaith ym Mhennod 7 ar y triongl tân a llosgi tanwyddau ffosil? Edrychwch ar dudalen 86.)

b) Meddyliwch yn ôl am y triongl tân:
Pa nwy yn yr aer sy'n adweithio â thanwydd wrth iddo losgi?

Yn aml, rydym yn defnyddio'r egni sy'n cael ei drosglwyddo o danwydd i wresogi pethau. Pa danwydd sy'n cynhesu eich tŷ?

c) Beth sy'n digwydd i'r tymheredd o amgylch tanwydd wrth iddo losgi?

Rydyn ni'n galw adweithiau sy'n rhyddhau egni yn adweithiau **ecsothermig**. Mae'r egni yn aml yn cael ei ryddhau ar ffurf egni gwres, ond gallwch gael goleuni a sain hefyd. (Heb anghofio'r egni trydanol sy'n cael ei drosglwyddo o'r cemegau mewn celloedd a batrïau.)

> **Mae adweithiau ecsothermig yn rhyddhau egni.**

ch) Enwch rai adweithiau sy'n rhyddhau egni gwres, goleuni a sain.

d) Ceisiwch lunio rhestr o ffyrdd o ddefnyddio adweithiau cemegol sy'n rhyddhau egni, heblaw hylosgi. (I'ch helpu, edrychwch ar y syniadau ar dudalen 147.)

Mae'r egni o'r tanwydd yn y car cyflym yn cael ei drawsnewid yn wres, goleuni a sain yn ei beiriant pwerus (a digonedd o symudiad!).

Mewn adweithiau ecsothermig, mae'r tymheredd yn codi.

Adweithiau endothermig

Y gwrthwyneb i adwaith ecsothermig yw adwaith **endothermig**.
Felly:

> **Mae adweithiau endothermig yn cymryd egni i mewn.**

Os gafaelwch mewn tiwb profi ble mae adwaith
endothermig yn digwydd, bydd yn teimlo'n oer. Mae'r
cemegau yn cymryd egni o'ch bysedd (yn ogystal â'r
gwydr a'r aer). Mae'r tymheredd yn gostwng.

dd) Sut mae adwaith endothermig yn wahanol i adwaith
ecsothermig?

*Mewn adweithiau endothermig, mae'r
tymheredd yn gostwng.*

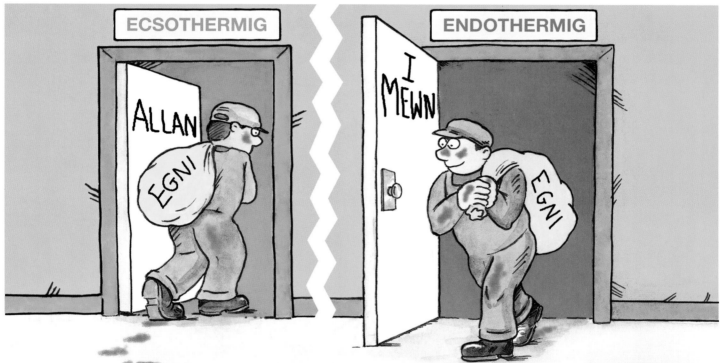

*Ecsothermig: Mae gwres yn 'cael ei roi allan'.
Mae'r tymheredd y tu allan yn codi.*

*Endothermig: Mae gwres yn 'cael ei gymryd i
mewn'. Mae'r tymheredd y tu allan yn gostwng.*

I'ch atgoffa

1 Copïwch a chwblhewch:

Mewn adwaith ......, mae egni yn cael ei roi allan
i'r amgylchedd ac mae'r tymheredd yn ......

Mewn adwaith ......, mae egni yn cael ei gymryd
o'r amgylchedd ac mae'r tymheredd yn ......

2 Rhoddodd Anna a Sara ddau hydoddiant mewn
bicer a chofnodi'r tymheredd.
Dyma'r canlyniadau:

Tymheredd cyn cymysgu = 21 °C
Tymheredd ar ôl cymysgu = 33 °C

a) Beth oedd y newid yn y tymheredd?

b) Ai ecsothermig neu endothermig oedd yr
adwaith?

Rydyn ni eisoes wedi gweld rhai o'r adweithiau ecsothermig
defnyddiol gawn ni pan fydd tanwyddau yn llosgi.
Dyma rai mathau o gludiant sy'n dibynnu ar egni
o adweithiau ecsothermig:

a) Gwnewch ymchwil i ddarganfod pa danwydd sy'n cael ei
ddefnyddio ym mhob llun uchod.

Mae pob tanwydd sy'n cael ei ddefnyddio uchod yn hydrocarbon. (Edrychwch ar dudalen 78.)
Pan fydd y tanwyddau yn llosgi, gallwn ddangos yr adwaith fel hyn:

tanwydd + ocsigen → carbon deuocsid + dŵr (+ GWRES)   **Adwaith ecsothermig**

Ond cofiwch, *nid* yw gwres yn sylwedd.
Felly nid yw yn un o'r cynhyrchion mewn adwaith cemegol.

Dyma adwaith ecsothermig defnyddiol arall:

Cyn gynted ag y bydd y car mewn damwain, bydd adwaith ecsothermig yn cynhyrchu nwy nitrogen. Mae'r nwy yn llenwi'r bag awyr mewn llai nag eiliad.

Mae tyllau bach yn y bag, fel bod rhywfaint o'r nwy yn dianc wrth i'r corff ei daro. Felly mae hyn yn lleihau'r ergyd i'r corff fwy byth.

b) Ym mhle mae'r bagiau awyr mewn ceir modern?

Gallwch hefyd ddefnyddio'r gwres a gaiff ei ryddhau mewn adwaith cemegol i gadw eich dwylo'n gynnes yn y gaeaf.

Mae teclynnau cynhesu dwylo fel hyn yn cael eu gwerthu mewn siopau gwersylla.

c) Pryd byddai teclyn fel hyn yn ddefnyddiol?

I'ch atgoffa

1 Copïwch a chwblhewch:

A + B → C (+ GWRES)

Adwaith ...... yw hwn.

2 Ysgrifennwch hafaliad fel yr un yng nghwestiwn 1 ar gyfer adwaith endothermig.

3 a) Chwiliwch am un ffordd o ddefnyddio adwaith endothermig.

b) Ewch ati i ymchwilio i sut y cafodd dynameit ei ddatblygu.

Mae llawer o adweithiau yn gweithio fel stryd un ffordd.
Mae'r adweithyddion (y cemegau ar y dechrau) yn adweithio
â'i gilydd ac yn ffurfio'r cynhyrchion (y cemegau ar y diwedd).
Un ffordd yn unig y mae hyn yn digwydd. Fydd y cynhyrchion
ddim yn adweithio i ailffurfio'r adweithyddion.

adweithyddion → cynhyrchion

a) Enwch adwaith sy'n mynd un ffordd yn unig.

Mae adweithiau eraill fel ffordd arferol. Mae'r traffig yn gallu mynd y
ddwy ffordd.
Felly mae adweithyddion yn ffurfio cynhyrchion. Ond, mae hi hefyd
yn bosib i'r cynhyrchion adweithio â'i gilydd a throi'n ôl i'r
adweithyddion oedd gennych chi ar y dechrau.
Yr enw ar y rhain yw **adweithiau cildroadwy**:

adweithion ⇌ cynhyrchion   *adwaith cildroadwy*

Mae rhai adweithiau yn rhai 'un ffordd' yn unig!

*Mae adweithiau eraill yn gildroadwy –
yn mynd y ddwy ffordd!*

Dychmygwch fod y blaenadwaith yn ecsothermig:

adweithyddion → cynhyrchion (+ GWRES) ECSOTHERMIG

yna mae'r ôl-adwaith yn endothermig:

cynhyrchion (+ GWRES) → adweithyddion ENDOTHERMIG

Bydd yr ôl-adwaith yn defnyddio **yr un faint o egni** ag a gafodd ei
ryddhau yn y blaenadwaith ecsothermig.

Gallwn ddangos hyn:

       ecsothermig
adweithyddion ⇌ cynhyrchion (+ GWRES)
       endothermig

b) Beth fyddai'r hafaliad cyffredinol ar gyfer adwaith cildroadwy
petai'r blaenadwaith yn endothermig?

O dan yr amodau cywir, mae'n bosib cael yr adweithyddion a'r cynhyrchion yn bresennol gyda'i gilydd, ac mae'n ymddangos nad yw eu swm yn newid.

Mewn gwirionedd, maen nhw'n adweithio y ddwy ffordd – ymlaen ac yn ôl – ar yr un gyfradd. Felly mae'n ymddangos fel petai dim yn digwydd.

Ar adeg fel hyn, dywedwn fod yr adwaith cildroadwy mewn **ecwilibriwm**. Bob tro y bydd adweithyddion yn troi'n gynhyrchion, bydd cynhyrchion yn troi'n adweithyddion yn eu lle.

c) Pam mae hi'n ymddangos fel petai dim yn digwydd pan fydd adwaith cildroadwy mewn ecwilibriwm?

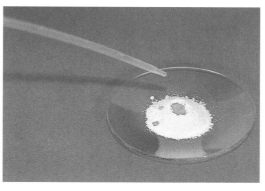

Prawf am ddŵr: copr sylffad anhydrus gwyn yn troi'n las.

Dyma ddwy enghraifft o adweithiau cildroadwy sydd efallai'n gyfarwydd i chi:

Copr sylffad

Ydych chi wedi defnyddio copr sylffad mewn arbrofion o'r blaen? Yr enw ar grisialau copr sylffad glas yw copr sylffad **hydradol**. Mae moleciwlau dŵr wedi'u bondio y tu mewn i'r grisialau.

Wrth wresogi'r grisialau glas, cawn bowdr gwyn. Mae'r dŵr yn anweddu. Ond wrth ychwanegu dŵr at y powdr gwyn (sef copr sylffad **anhydrus**), bydd yn troi'n las eto. Mae gennym ni gopr sylffad hydradol unwaith eto. Dyma un **prawf am ddŵr**.

copr sylffad hydradol (+GWRES) $\rightleftharpoons$ copr sylffad anhydrus + dŵr
      grisialau GLAS   powdr GWYN

Amoniwm clorid

Solid gwyn yw amoniwm clorid. Wrth i chi ei wresogi, mae'n troi yn ddau nwy di-liw. Mae'r nwyon yn adweithio â'i gilydd wrth oeri gan ailffurfio'r amoniwm clorid.

amoniwm clorid (+ GWRES) $\rightleftharpoons$ amonia + hydrogen clorid
   solid GWYN   dau nwy DI-LIW

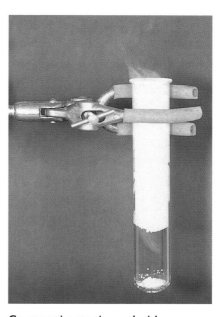

Gwresogi amoniwm clorid.

I'ch atgoffa

1 Copïwch a chwblhewch:

Yr enw ar adweithiau sy'n gallu 'mynd y ddwy ffordd' yw adweithiau ......

Os yw'r blaenadwaith yn ecsothermig, bydd yr ...... yn ...... â'r un faint o ...... yn symud y ddwy ffordd.

2 a) Beth yw'r prawf am ddŵr?

b) Ysgrifennwch hafaliad i ddangos yr adwaith sy'n digwydd wrth brofi am ddŵr.

c) A yw'r adwaith yn rhan b) yn ecsothermig neu'n endothermig?

ch) Sut gallwch chi brofi am ddŵr *pur*?

Crynodeb

Mae adweithiau sy'n rhyddhau egni, yn aml ar ffurf gwres, yn cael eu galw yn **ecsothermig**.
Mae tymheredd yr amgylchedd yn codi.

Mae adweithiau sy'n defnyddio egni yn cael eu galw yn **endothermig**.
Mae tymheredd yr amgylchedd yn gostwng.

Mae rhai adweithiau yn rhai **cildroadwy**.
Mae'r adweithyddion yn ffurfio'r cynhyrchion, ond gall y cynhyrchion hefyd adweithio â'i gilydd gan ailffurfio'r adweithyddion:

adweithyddion $\rightleftharpoons$ cynhyrchion

Mae'r prawf am ddŵr (copr sylffad anhydrus gwyn yn troi'n las) yn enghraifft o adwaith cildroadwy.

Os yw'r blaenadwaith yn ecsothermig, mae'r ôl-adwaith yn endothermig.
Os yw'r blaenadwaith yn endothermig, mae'r ôl-adwaith yn ecsothermig.

Mewn adwaith cildroadwy:
Bydd y swm o egni sy'n cael ei ryddhau mewn un adwaith yn cael ei ddefnyddio gan yr adwaith cildro.

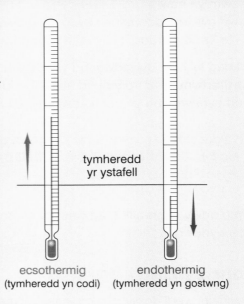

tymheredd yr ystafell

ecsothermig (tymheredd yn codi)

endothermig (tymheredd yn gostwng)

Cwestiynau

1 Copïwch a chwblhewch:

Yr enw ar adweithiau sy'n rhyddhau ...... yw adweithiau ecsothermig.
Yn yr adweithiau hyn, mae ...... yr amgylchedd yn ......

Ar y llaw arall, mae'r ...... yn ...... mewn adweithiau endothermig.

Mewn adwaith ......, mae'r adweithyddion yn ffurfio'r ...... ac mae'r ...... yn gallu ailffurfio'r adweithyddion.

Bydd yr un faint o egni yn cael ei ...... ag sy'n cael ei ...... pan fydd yr adwaith yn mynd yn ôl a ......

2 Bu myfyrwraig yn gwresogi copr sylffad hydradol mewn tiwb profi.

a) Sut olwg sydd ar gopr sylffad hydradol?

b) Beth sy'n cael ei ryddhau wrth i'r tiwb profi gael ei wresogi?

c) Beth rydyn ni'n galw'r solid sydd ar ôl?

Cafodd y fyfyrwraig ddau hylif di-liw. Un yn unig oedd yn cynnwys dŵr.

ch) Sut y gallai hi ddefnyddio'r arbrawf uchod i ddarganfod ym mha un roedd y dŵr?

3 Bu Owen a Cara yn arbrofi trwy ychwanegu gwahanol bowdrau at yr un cyfaint o asid gwanedig. Cafodd tymheredd yr asid ei nodi cyn ychwanegu'r powdr. Yna aethant ati i gofnodi'r tymheredd uchaf yn ystod yr adwaith.

Dyma'r canlyniadau:

Â phowdr A
Tymheredd cynt = 19 °C
Tymheredd uchaf = 22 °C

Â phowdr B
Tymheredd cynt = 19 °C
Tymheredd uchaf = 25 °C

Â phowdr C

Tymheredd cynt = 20 °C
Tymheredd uchaf = 22 °C

Â phowdr Ch

Tymheredd cynt = 20 °C
Tymheredd uchaf = 18 °C

a) Pa bowdrau wnaeth adweithio mewn adweithiau i) ecsothermig ii) endothermig?

b) Pa adwaith wnaeth ryddhau y mwyaf o egni gwres?

c) Eglurwch pam mae adwaith endothermig yn teimlo'n oer wrth i chi gyffwrdd â'r bicer sy'n cael ei ddefnyddio yn yr arbrawf.

4

Mae glo yn mynd yn boeth iawn wrth losgi.

a) Ai adwaith ecsothermig neu endothermig yw hwn?

b) Disgrifiwch y newidiadau egni mewn glo, o'r amser cyn iddo gael ei gynnau nes ei fod yn llosgi'n braf.

5 Bu criw o fyfyrwyr yn mesur y tymheredd yn ystod adwaith rhwng dau hydoddiant.

Dyma'r canlyniadau:

Amser (munudau)	Tymheredd (°C)
0.0	20
0.5	24
1.0	28
1.5	32
2.0	36
2.5	38
3.0	36
3.5	34
4.0	32

a) Plotiwch y canlyniadau hyn ar graff llinell. (Rhowch yr amser ar hyd y gwaelod.)

b) Beth oedd tymheredd yr ystafell?

c) Beth oedd y newid mwyaf yn y tymheredd a gafodd ei gofnodi?

ch) Faint o amser a gymerodd yr adwaith i gyrraedd y tymheredd uchaf?

d) A oedd yr adwaith yn ecsothermig neu'n endothermig?

dd) Sut gallai'r myfyrwyr ddefnyddio cyfrifiadur i fonitro'r arbrawf yma?

Beth yw manteision defnyddio cyfrifiadur i fonitro rhai arbrofion?

6 Wrth wresogi amoniwm clorid mewn tiwb profi, mae'n ymddatod yn ddau nwy di-liw.

a) Enwch y nwyon.

Mae'r amoniwm clorid yn ymffurfio eto, yn uwch ar ochrau'r tiwb profi, ble mae'n oerach.

b) Ysgrifennwch hafaliad geiriau i egluro'r newidiadau yn y tiwb profi.

Mae hydoddiant amonia crynodedig yn rhyddhau nwy amonia. Gallwn ei ddefnyddio i brofi am nwy hydrogen clorid.

c) Disgrifiwch beth y byddech yn ei weld yn y prawf.

7 a) Beth yw ystyr y term 'adwaith hylosgi'?

b) Rhestrwch 5 tanwydd.

c) Rhowch un defnydd ar gyfer pob tanwydd yn eich rhestr.

ch) Ffotosynthesis yw'r broses ble mae planhigion yn gwneud glwcos (siwgr). Mae'n adwaith endothermig.

O ble y mae planhigion yn cael yr egni sydd ei angen i'r adwaith ddigwydd?

GWRTEITHIAU

▶▶▶ 13a Pam mae angen gwrteithiau

Fyddwch chi'n mwynhau powlenaid o rawnfwyd i frecwast?
Yn aml iawn, cynnyrch gwenith sydd yn ein bwydydd brecwast.

a) Edrychwch ar bacedi grawnfwydydd brecwast. Pa gnydau eraill sydd ynddyn nhw?

Welsoch chi gaeau mawr o wenith yn cael eu cynaeafu ar ddiwedd yr haf? Pan fydd gwenith a chnydau eraill yn cael eu cynaeafu, bydd mwynau yn cael eu tynnu o'r pridd gyda nhw hefyd. Mae'r mwynau yn cynnwys elfennau hanfodol.

Wrth i blanhigion dyfu, maen nhw'n amsugno'r mwynau y maent eu hangen. Os bydd planhigyn yn marw a phydru yn y cae y tyfodd ynddo, bydd yr elfennau yn mynd yn ôl i'r pridd.

Ond ar fferm, mae'r cylch naturiol hwn yn cael ei dorri.
Does dim cyfle i'r elfennau hanfodol fynd yn ôl i'r pridd. Dyna pam mae'n rhaid i ffermwyr roi **gwrteithiau** ar y caeau.

b) Sut mae planhigion sy'n marw'n naturiol yn rhoi elfennau hanfodol yn ôl yn y pridd?

Un o'r prif elfennau sydd ei hangen er mwyn i blanhigion dyfu yw **nitrogen**. Efallai eich bod yn meddwl nad oes angen ychwanegu rhagor o'r elfen honno; wedi'r cyfan, nitrogen yw'r rhan fwyaf o'r aer. Ond nid yw'r rhan fwyaf o blanhigion yn gallu defnyddio nwy nitrogen o'r aer. Iddyn nhw, mae'n rhaid i'r nitrogen fod ar ffurf cyfansoddyn nitrogen hydawdd. Yna gall eu gwreiddiau ei dynnu o'r pridd, wedi ei hydoddi mewn dŵr.

c) Pa ganran o'r aer sy'n nwy nitrogen? (Edrychwch ar dudalen 96.)
ch) Chwiliwch am dri phlanhigyn sy'n gallu defnyddio nitrogen yn syth o'r aer. (Mae ganddyn nhw gnepynnau ar eu gwreiddiau sy'n amsugno nitrogen.)
d) Sut mae planhigion eraill yn cael eu nitrogen hanfodol?

Y diwydiant cemegol sy'n gwneud y gwrteithiau sy'n helpu i fwydo'r byd. (Edrychwch ar dudalen 157.)

Mae'r cnydau sydd yn y bwyd brecwast hwn wedi cael eu tyfu â chymorth gwrteithiau.

Does dim cyfle i'r cnydau hyn roi nitrogen yn ôl yn y pridd.

Dydy hi ddim yn deg! Allwn ni ddim cael nitrogen o'r aer fel ti. Dim rhyfedd dy fod ti'n lwcus!

Y drafferth â gwrteithiau ...

Mae'n rhaid i wrteithiau hydoddi mewn dŵr er mwyn i blanhigion eu defnyddio.

Yna gall y planhigion amsugno'r elfennau hanfodol mewn mwynau trwy eu gwreiddiau. Mae'r cyfansoddion nitrogen hydawdd yn aml ar ffurf **nitradau**.

Ond mae'r ffaith eu bod mor hydawdd yn gallu achosi problemau i ni. Wrth iddi fwrw glaw, mae'r gwrteithiau yn cael eu golchi (trwytholchi) o'r pridd. Maen nhw'n llifo i ddŵr daear ac yna'n mynd i nentydd ac afonydd. Erbyn hyn, rydyn ni'n gwybod bod hyn yn effeithio ar ein dŵr yfed mewn rhai mannau.
Mae pobl yn poeni bod hyn yn gallu achosi canser y stumog.

Mae rhai yn credu mai nitradau mewn dŵr sy'n achosi clefyd 'babanod glas' hefyd. Mae hyn yn digwydd pan fydd gwaed baban newydd ei eni yn brin o ocsigen.

Mae cwmnïau dŵr yn ceisio cael gwared â'r nitradau.
Ond mae rhai pobl yn dal i gael dŵr â mwy o nitradau ynddo nag y dylen nhw.

dd) Beth yw eich barn chi am dalu mwy am eich dŵr er mwyn gwneud yn siŵr bod y rhan fwyaf o nitradau yn cael eu tynnu o'ch dŵr yfed?

Mae'r gwrteithiau sy'n cael eu golchi i'r afonydd yn achosi problem arall o'r enw **ewtroffigedd**. Mae'r planhigion a'r algâu yn yr afonydd yn tyfu'n gyflym.
Pan fydd yr algâu yn marw, bydd bacteria yn eu dadelfennu.
Bydd y bacteria yn defnyddio'r ocsigen sydd wedi'i hydoddi yn y dŵr.
Felly ni fydd digon o ocsigen ar gyfer y pysgod a'r anifeiliaid eraill yn y dŵr, a byddan nhw'n marw.

e) Beth sy'n digwydd i blanhigion sy'n tyfu ar welyau afonydd pan fydd yr algâu wedi gorchuddio wyneb y dŵr yn llwyr?

Cafodd gwrteithiau eu golchi i'r afon hon o'r caeau. Dyna sy'n achosi'r holl algâu.

I'ch atgoffa

1 Copïwch a chwblhewch:
Er bod tua ......% o'r aer yn nitrogen, nid yw'r rhan fwyaf o ...... yn gallu ei ddefnyddio yn uniongyrchol.
Mae angen iddo fod ar ffurf cyfansoddion nitrogen h ...... Maen nhw'n eu hamsugno trwy eu ......
Mae'r cyfansoddion hyn yn gallu ll ...... ein dŵr wrth gael eu t ...... o'r pridd.

2 a) Beth yw enw'r math mwyaf cyffredin o wrteithiau sy'n cynnwys nitrogen?

b) Pam mae pobl yn poeni bod y cyfansoddion hyn yn mynd:
i) i'n dŵr yfed
ii) i'n hafonydd?

3 Ysgrifennwch erthygl ar gyfer cylchgrawn o dan y teitl 'Gwrteithiau: Y da a'r drwg'.

Fel y gwyddoch, nid yw'r rhan fwyaf o blanhigion yn gallu defnyddio nitrogen yn syth o'r aer.

Ond mae cemegwyr wedi dod o hyd i ffordd o droi nitrogen o'r aer yn gyfansoddyn hydawdd o'r enw **amonia** (NH_3). Nwy yw hwn. Yna gallwn ddefnyddio'r amonia i wneud gwrteithiau solid sy'n hawdd eu gwasgaru ar y caeau.

a) Nid yw nwy nitrogen yn hydawdd mewn dŵr. Enwch nwy hydawdd sy'n cynnwys nitrogen.

b) Beth yw fformiwla gemegol y nwy hwn?

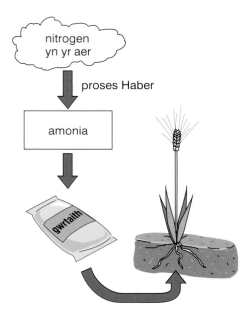

Mae nitrogen o'r aer yn cael ei drawsnewid yn nitrogen defnyddiol ar gyfer cnydau.

Cafodd y broses i newid nitrogen yn amonia ei darganfod gyntaf ym 1909. Cemegydd o'r Almaen, Fritz Haber, oedd y cyntaf i lwyddo, er mai 100 g yn unig a wnaeth.

nitrogen + hydrogen ⇌ amonia

c) Pa elfennau sy'n adweithio â'i gilydd i wneud amonia?

ch) Beth yw ystyr yr arwydd ⇌ ? (Edrychwch ar dudalen 148.)

Roedd hi'n bwysig iawn i'r Almaen wneud llawer o amonia. Ar y pryd, roedden nhw'n paratoi ar gyfer y Rhyfel Byd Cyntaf. Roedden nhw'n gwybod y byddai angen cyfansoddion nitrogen i wneud ffrwydron, a gwrteithiau i fwydo'r bobl. Roedden nhw'n mewnforio cyfansoddion nitrogen o Dde America. Ond efallai na fyddai hynny'n bosib ar ôl i'r rhyfel ddechrau.

Fritz Haber (1868–1934). Cafodd Wobr Nobel am Gemeg ym 1918 am wneud amonia o nitrogen a hydrogen. Bu'n rhaid iddo adael yr Almaen ym 1933 pan ddaeth Hitler i rym. Bu farw'n fuan wedyn.

Felly roedd brys i gynhyrchu mwy o amonia. Yn y diwedd, llwyddodd peiriannydd o'r enw Carl Bosch i adeiladu'r cynwysyddion dur enfawr oedd eu hangen er mwyn cael y gwasgedd uchel (er y ffrwydrodd ei ymgais gyntaf!).

Fe wnaeth y gwyddonwyr gynnal dros 6500 o arbrofion er mwyn dod o hyd i'r catalydd gorau ar gyfer y broses. Haearn yw'r catalydd sy'n cael ei ddefnyddio fel arfer.

d) Pam roedd hi'n bwysig i'r Almaen ddod o hyd i ffordd o wneud eu cyfansoddion nitrogen eu hunain?

dd) Beth oedd cyfraniadau Haber a Bosch wrth ddarganfod y broses?

Carl Bosch (1874–1940). Cafodd Wobr Nobel am Gemeg ym 1931 am ei waith ar adweithiau ar wasgedd uchel.

Edrychwch ar y diagram hwn sy'n dangos **proses Haber**:

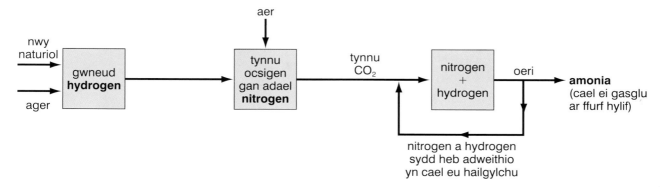

Yr enw ar y defnyddiau sydd eu hangen i gael yr adweithyddion yw'r **defnyddiau crai**. Y defnydd crai ar gyfer nitrogen yw aer. Daw'r hydrogen o nwy naturiol.

Mae'r adwaith yn gildroadwy. Felly wrth i nitrogen a hydrogen adweithio â'i gilydd i ffurfio amonia, mae'r amonia yn dadelfennu ac yn ailffurfio nitrogen a hydrogen.
Felly mae'n bwysig dewis yr amodau gorau.
Mae angen gwneud cymaint o amonia â phosib yn gyflym iawn.
Dyma'r amodau gorau:

Yr amodau sy'n cael eu defnyddio ar gyfer **proses Haber** yw:
- **tymheredd o tua 450 °C,**
- **gwasgedd o tua 200 atmosffer,**
- **catalydd, sef haearn.**

Sylwch: mae'r diagram llif yn dangos bod unrhyw nitrogen a hydrogen sydd heb adweithio yn cael eu hailgylchu.
Mae'r nwy amonia yn cael ei oeri yn hylif a'i gasglu.

e) Pam mae angen oeri'r amonia?

I'ch atgoffa

1 Copïwch a chwblhewch:

Caiff …… ei wneud ym mhroses Haber.

Mae'r adwaith yn un c ……

nitrogen + …… $\rightleftharpoons$ amonia

Dyma'r amodau gorau: tua …… °C, …… atmosffer a …… yn gatalydd.

2 a) O ble y cawn ni'r nwy nitrogen sydd ei angen ar gyfer proses Haber?

b) O ble y daw'r hydrogen ar gyfer y broses?

c) Sut mae amonia yn cael ei dynnu o'r cymysgedd o nwyon sy'n gadael y siambr adweithio?

Mae'r rhan fwyaf o'r amonia o broses Haber yn cael ei ddefnyddio i wneud gwrteithiau.

Mae amonia yn nwy alcalïaidd felly nid yw'n ddefnyddiol iawn fel gwrtaith ei hun.

Ond, gan ei fod yn alcalïaidd, mae'n **adweithio ag asidau**. (Edrychwch ar dudalen 55.)

Felly gallwn ddefnyddio'r **halwyn sy'n cael ei wneud** fel gwrtaith solid.

a) Pam nad yw amonia yn cael ei ddefnyddio fel gwrtaith yn aml iawn?

Dyma amoniwm nitrad – gwrtaith sy'n cynnwys nitrogen. Mae'n cael ei wneud trwy adweithio amonia ag asid nitrig mewn adwaith niwtralu.

Gwneud asid nitrig

Caiff amonia ei ddefnyddio yn fan cychwyn ar gyfer gwneud **asid nitrig (HNO₃)**. Mae hwn yn cael ei adweithio â rhagor o amonia i wneud gwrtaith. (Edrychwch ar y dudalen nesaf.)

Dyma ddiagram i ddangos y broses sy'n cael ei defnyddio i wneud asid nitrig:

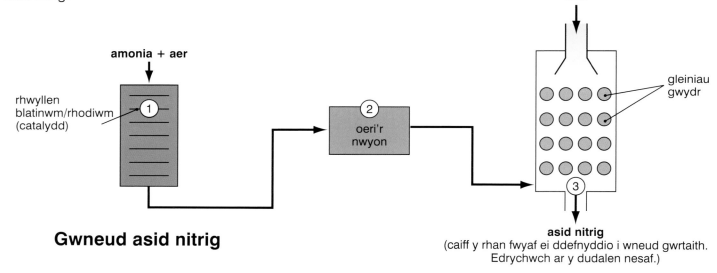

Gwneud asid nitrig

asid nitrig
(caiff y rhan fwyaf ei ddefnyddio i wneud gwrtaith. Edrychwch ar y dudalen nesaf.)

Cam 1

Mae'r amonia yn adweithio ag ocsigen yn yr aer.

Dywedwn fod yr amonia yn cael ei **ocsidio**.

Ni fydd yr adwaith hwn yn digwydd heb gatalydd.

Mae haenau rhwyllen wedi eu gwneud o fetelau gwerthfawr (platinwm yn gymysg â rhywfaint o rhodiwm) yn cael eu defnyddio yn gatalydd.

Mae'r tymheredd yn 900 °C yn y siambr adweithio.

$$\text{amonia + ocsigen} \xrightarrow{\text{platinwm / rhodiwm}} \text{nitrogen monocsid + dŵr}$$

Cam 2

Yna mae'r nitrogen monocsid yn cael ei gymysgu ag aer a'i oeri.
Mae'n ffurfio nitrogen deuocsid:

nitrogen monocsid + ocsigen → nitrogen deuocsid

Cam 3

Yn olaf, mae'r nitrogen deuocsid a rhagor o ocsigen
yn adweithio â dŵr i wneud asid nitrig:

nitrogen deuocsid + ocsigen + dŵr → asid nitrig

b) Beth sy'n cael ei ddefnyddio fel catalydd yn y broses sy'n
gwneud asid nitrig?

c) Pam mae'n werth defnyddio metelau gwerthfawr yn y broses?

Gwneud amoniwm nitrad

Nawr mae gennym ni'r defnyddiau crai ar gyfer gwneud gwrtaith.
Mae gennym hydoddiant amonia (alcali) ac asid nitrig.
Mae'r rhain yn adweithio â'i gilydd i roi'r halwyn amoniwm nitrad.

hydoddiant amonia + asid nitrig → amoniwm nitrad + dŵr

Mae hwn yn adwaith **niwtralu**. (Edrychwch ar dudalen 55.)

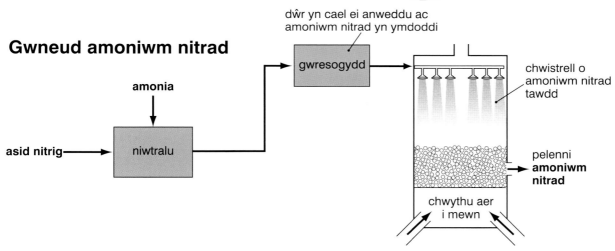

Gwneud amoniwm nitrad

amonia

asid nitrig → niwtralu → gwresogydd

dŵr yn cael ei anweddu ac
amoniwm nitrad yn ymdoddi

chwistrell o
amoniwm nitrad
tawdd

pelenni
**amoniwm
nitrad**

chwythu aer
i mewn

I'ch atgoffa

1 Copïwch a chwblhewch:

Caiff asid ...... ei wneud trwy ocsidio amonia ar
gatalydd ...... /rhodiwm. Mae'r ...... monocsid
sy'n ymffurfio yn cael ei ...... a'i adweithio â
rhagor o ...... a dŵr i wneud yr asid.
Ar ôl i'r asid gael ei n ...... gan amonia, bydd
gennym wrtaith o'r enw ....

2 a) Ysgrifennwch hafaliadau geiriau i ddangos y
tri cham wrth wneud asid nitrig.

b) Ysgrifennwch hafaliad geiriau i ddangos yr
adwaith ble mae asid nitrig yn cael ei droi'n
wrtaith.

c) Pam mae amoniwm nitrad yn fwy cyfleus i'w
ddefnyddio fel gwrtaith nag amonia?

▶▶▶ 13ch Faint o nitrogen?

Dychmygwch eich bod yn ffermwr sy'n prynu gwrtaith.
Rydych chi eisiau ychwanegu nitrogen at eich pridd i
helpu'ch cnydau i dyfu.
Yn naturiol, rydych chi eisiau'r gwerth gorau am eich arian.
Gallwn gyfrifo canran y gwrtaith sy'n nitrogen i weld pa un
yw'r gorau ar gyfer y cnydau.

Efallai y cewch chi ddewis o 3 gwrtaith:

Gwrtaith	Ei fformiwla gemegol
amoniwm nitrad	NH_4NO_3
amonia	NH_3
wrea	$CO(NH_2)_2$

Rydym yn gwybod màs pob atom o'i gymharu â'r
atom ysgafnaf, sef hydrogen.
Gallwn lunio graddfa, ble mae hydrogen (H) yn cael
gwerth 1. Ar y raddfa hon, gwerth nitrogen yw 14.
Mae nitrogen 14 gwaith mor drwm â hydrogen.

Enw'r rhif hwn yw'r **màs atomig cymharol**.
Ei symbol yw A_r.
Dyma rai gwerthoedd yn y tabl gyferbyn:

Atom	Màs atomig cymharol (A_r)
hydrogen	1
carbon	12
nitrogen	14
ocsigen	16

a) Faint yn drymach nag atom hydrogen yw atom carbon?

b) Pa elfen yn y tabl sydd â'r atomau trymaf?

Gan ein bod yn gwybod rhai o'r gwerthoedd ar gyfer màs atomig cymharol,
gadewch i ni edrych ar y gwrteithiau y gallwn eu dewis o'r tabl uchod.
Nawr fe allwn ni gyfrifo beth yw **màs fformiwla cymharol (M_r)** pob gwrtaith.
Mae hyn yn dangos beth yw màs y cyfansoddyn.
Yn syml iawn, rhaid i chi *adio masau'r holl atomau* yn y cyfansoddyn.
Beth am edrych ar amonia (NH_3) fel enghraifft:

Mae moleciwl amonia (NH_3) wedi ei wneud o
1 atom nitrogen a 3 atom hydrogen.
Felly, y màs fformiwla cymharol yw:

$$1 \text{ N} = (1 \times 14) = 14$$
$$+ \: 3 \text{ H} = (3 \times 1) \: = \underline{3}$$
$$17$$

Màs fformiwla cymharol (M_r) amonia yw 17.

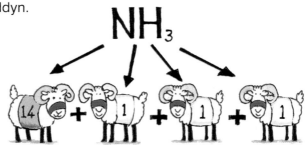

Adiwch y rhif ar gyfer pob atom i gael y màs fformiwla cymharol.

Ar gyfer wrea, sydd â'r fformiwla $CO(NH_2)_2$, bydd rhaid adio:

1 carbon, 1 ocsigen, 2 nitrogen a 4 hydrogen
12   +   16   + (2 × 14) + (4 × 1)

Felly màs fformiwla cymharol (M_r) wrea yw 12 + 16 + 28 + 4 = 60

Os oes yna gromfachau yn y fformiwla, rhaid lluosi'r holl atomau y tu mewn i'r cromfachau â'r rhif y tu allan. Felly mae $(NH_2)_2$ yn dangos 2 N a (2 ×2) = 4 H.

---

c) Cyfrifwch fàs fformiwla cymharol amoniwm nitrad, NH_4NO_3.
Dangoswch eich gwaith cyfrifo.
(Gawsoch chi 80 yn ateb?)

Cyfrifo canran y nitrogen mewn gwrtaith

Unwaith yr ydym yn gwybod màs fformiwla cymharol pob gwrtaith, gallwn gyfrifo canran y nitrogen sydd ym mhob un.
Edrychwch ar amonia eto.

Ei fàs yw 17. O hynny, mae 14 yn nitrogen.

Felly canran y nitrogen mewn amonia (NH_3) yw:

$$\frac{\text{Màs y nitrogen}}{M_r \text{ amonia}} \times 100 = \frac{14}{17} \times 100 = 82.4\%$$

A chanran y nitrogen mewn wrea – $CO(NH_2)_2$ – yw:

$$\frac{\text{Màs y nitrogen}}{M_r \text{ wrea}} \times 100 = \frac{28}{60} \times 100 = 46.7\%$$ (Sylwch fod 2 N mewn wrea.)

---

ch) Cyfrifwch ganran y nitrogen mewn amoniwm nitrad, NH_4NO_3.
Dangoswch eich gwaith cyfrifo.
(Gawsoch chi 35%?)

d) Pa un o'r 3 gwrtaith sydd â'r ganran uchaf o nitrogen?

dd) Pa bethau eraill y byddai'n rhaid i chi feddwl amdanyn nhw cyn penderfynu pa wrtaith i'w brynu?

Felly, i ganfod canran unrhyw elfen mewn cyfansoddyn, gallwch ddefnyddio'r fformiwla hon:

$$\frac{\text{Màs yr elfen}}{\text{Màs fformiwla cymharol y cyfansoddyn}} \times 100 = \textbf{\% yr elfen sy'n bresennol}$$

I'ch atgoffa

1 Copïwch a chwblhewch:

Mae gan atomau gwahanol elfennau wahanol ......
Gallwn eu cymharu trwy ddefnyddio ...... atomig
...... (ei symbol yw ......) Trwy adio'r rhain,
rydym yn cael màs ...... cymharol y cyfansoddyn
(ei symbol yw ....).

2 a) Beth yw màs fformiwla cymharol:
i) CO ii) CO_2 iii) N_2H_4 iv) CH_3NH_2?
(Defnyddiwch werthoedd A_r o'r dudalen flaenorol.)

b) Cyfrifwch ganran yr ocsigen mewn
i) CO a   ii) CO_2.

c) Pa ganran o nitrogen sydd mewn N_2H_4?

Crynodeb

Er bod tua 80% o'r aer yn nwy nitrogen, nid yw'r rhan fwyaf o blanhigion yn gallu defnyddio'r nitrogen hwn yn syth i'w helpu i dyfu. Felly rydym yn ychwanegu **gwrteithiau** sy'n cynnwys nitrogen at y pridd. Cyfansoddion hydawdd yw'r rhain. Mae'r planhigion yn gallu eu hamsugno trwy eu gwreiddiau.

Ond mae'r gwrteithiau hyn yn achosi llygredd yn ein cyflenwadau dŵr ac mewn afonydd.
Mewn afonydd a llynnoedd, mae gwrteithiau yn gwneud i algâu dyfu yn gryf.
Pan fydd yr algâu yn marw, bydd y micro-organebau sy'n dadelfennu'r algâu yn defnyddio'r holl ocsigen sydd wedi'i hydoddi yn y dŵr.
Yna bydd pysgod ac anifeiliaid dŵr eraill yn marw.
Y term am hyn yw **ewtroffigedd**.

Mae nitrogen yn cael ei droi yn amonia ym **mhroses Haber**.

nitrogen + hydrogen ⇌ amonia

Haearn yw'r catalydd. Mae'r tymheredd tua 450 °C a'r gwasgedd tua 200 atmosffer.

Caiff rhywfaint o'r amonia ei ddefnyddio i wneud **asid nitrig**.
Mae amonia yn cael ei ocsidio yn nitrogen monocsid. Yna mae hwnnw'n cael ei oeri a'i adweithio â rhagor o ocsigen a dŵr i wneud yr asid nitrig.

Wedi hyn, gallwn ddefnyddio'r adwaith niwtralu rhwng asid nitrig a rhagor o amonia i wneud gwrtaith o'r enw **amoniwm nitrad**.

Cwestiynau

1 Copïwch a chwblhewch:

Mae ......% o'r aer yn nitrogen ond nid yw'r rhan fwyaf o ...... yn gallu ei amsugno trwy eu ......

Ym mhroses ......, mae nitrogen yn adweithio â ...... i wneud amonia mewn adwaith c ......

Mae'r broses yn digwydd ar tua ...... °C a gwasgedd o tua ...... atmosffer. ...... yw'r catalydd.

Yna gallwn ddefnyddio amonia i wneud asid ......

I ddechrau mae'n cael ei ...... i wneud ...... monocsid. Mae hwn yn cael ei ...... a'i adweithio â rhagor o ...... a dŵr i wneud asid ......

Mae amonia ac asid nitrig yn adweithio â'i gilydd i wneud y gwrtaith amoniwm ...... mewn adwaith ......

2 Dyma i chi limrig:

Roedd bachgen o ardal Tŵr Gwyn
Yn llyncu bwyd hadau yn syn
Yn yfed plaleiddiaid
N, P, K, fesul gwydraid,
A nawr mae e'n boddi dan chwyn.

a) Beth yw'r elfennau hanfodol N, P a K?

b) Pa elfennau hanfodol y mae planhigion yn eu cael o'r cyfansoddion hyn?

　　i) amoniwm nitrad – NH_4NO_3

　　ii) potasiwm clorid – KCl

　　iii) amoniwm ffosffad – $(NH_4)_3PO_4$

　　iv) amoniwm sylffad – $(NH_4)_2SO_4$

3 a) Eglurwch pam mae angen gwrteithiau i helpu cnydau i dyfu.

b) Enwch ddau wrtaith sy'n cynnwys nitrogen.

c) Sut mae gwrteithiau yn mynd i ddŵr daear, nentydd ac afonydd?

ch) Pam mae pobl yn poeni am yfed dŵr sydd â gormod o nitradau wedi hydoddi ynddo?

d) Eglurwch beth sy'n digwydd i afonydd pan fydd gwrteithiau yn cael eu golchi iddyn nhw.

dd) Beth yw eich barn am gnydau wedi eu haddasu yn enetig?

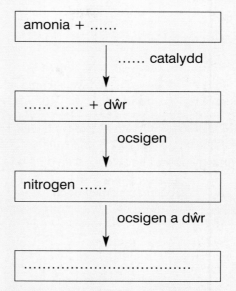

4 Dyma gwestiwn am broses Haber.

Edrychwch ar y graff hwn:

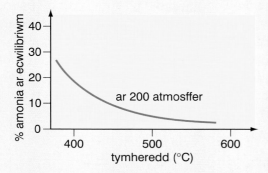

a) Beth sy'n digwydd i ganran yr amonia yn y cymysgedd adweithio wrth i'r tymheredd godi?

Edrychwch ar y graff hwn:

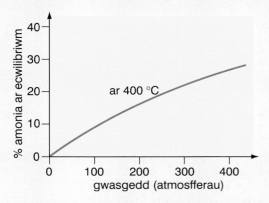

b) Beth sy'n digwydd i ganran yr amonia yn y cymysgedd adweithio wrth i'r gwasgedd godi?

5 Dyma gwestiwn am wneud asid nitrig.

Copïwch a chwblhewch y diagram llif hwn am y broses:

amona + ...

$\downarrow$ ...... catalydd

.... + dŵr

$\downarrow$ ocsigen

nitrogen ......

$\downarrow$ ocsigen a dŵr

....

6 Cyfrifwch fàs fformiwla cymharol y cyfansoddion hyn:

Dangoswch eich gwaith cyfrifo.

a) H_2O

b) HCl

c) H_2S

ch) $CaCO_3$

d) HNO_3

dd) $(NH_4)_2SO_4$

e) C_4H_{10}

f) $C_6H_{12}O_6$

(Dyma'r masau atomig cymharol:

H = 1, O = 16, Cl = 35.5, S = 32, Ca = 40, C = 12, N = 14.)

7 Cyfrifwch ganran y carbon yn y cyfansoddion hyn:

Dangoswch eich gwaith cyfrifo.

a) CH_4

b) HCN

c) CO_2

ch) Na_2CO_3

▶ Cyfraddau adwaith

1 Mae darnau o farmor (calsiwm carbonad) yn adweithio ag asid hydroclorig gwanedig.

$$CaCO_3(s) + 2HCl(d) \rightarrow CaCl_2(d) + H_2O(h) + CO_2(n)$$

calsiwm + asid → calsiwm + dŵr + carbon
carbonad hydroclorig clorid deuocsid

Penderfynodd myfyrwyr archwilio beth oedd effaith maint y darnau marmor ar gyfradd yr adwaith hwn. Fe ddefnyddion nhw gyfrifiadur i gofnodi'r data o'r glorian.

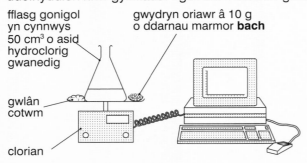

fflasg gonigol yn cynnwys 50 cm³ o asid hydroclorig gwanedig

gwydryn oriawr â 10 g o ddarnau marmor **bach**

gwlân cotwm

clorian

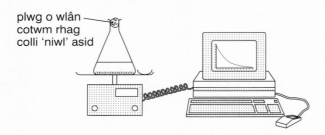

plwg o wlân cotwm rhag colli 'niwl' asid

Gwnaeth y myfyrwyr yr arbrawf dair gwaith, gan ddefnyddio darnau marmor o wahanol faint, **A**, **B** ac **C**. Roedd yr holl amodau eraill yr un fath. Mae'r graff yn dangos y tair set o ganlyniadau wedi eu hargraffu ar y cyfrifiadur.

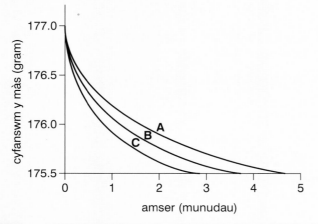

(a) Eglurwch pam roedd y màs yn lleihau wrth i bob adwaith ddigwydd. (1)

(b) (i) Sut mae cyfradd yr adwaith yn newid ag amser? (1)

(ii) Eglurwch pam y bu newid fel hyn yng nghyfradd yr adwaith. (1)

(c) Pa gromlin, **A**, **B**, neu **C**, sy'n dangos y canlyniadau ar gyfer y darnau marmor lleiaf? (1)

(ch) Eglurwch, yn nhermau gronynnau, pam mae maint y darnau marmor yn newid cyfradd yr adwaith. (2)

(AQA 2000)

2 (a) Mae calchfaen yn adweithio ag asid hydroclorig gwanedig i ffurfio carbon deuocsid. Mae ychydig o ddarnau bach o galchfaen yn cael eu hychwanegu at ormodedd o asid. Mae cyfaint y carbon deuocsid sy'n cael ei ryddhau yn cael ei fesur yn rheolaidd. Mae'r graff yn dangos canlyniadau'r arbrawf.

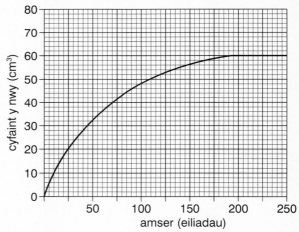

(i) Pam y gwnaeth yr adwaith ddod i ben? (1)

(ii) Faint o amser gymerodd hi i'r adwaith ddod i ben? (1)

(iii) Pryd mae'r adwaith gyflymaf? Dewiswch yr ateb cywir.

0–50   50–100   100–150

150–200   200–250 **neu** o eiliadau (1)

(b) Disgrifiwch DAIR ffordd o gyflymu adwaith. (3)

(EDEXCEL 1999)

3 Mae myfyrwyr yn ymchwilio i gyfradd adwaith.

Maen nhw'n defnyddio 40 cm³ o hydoddiant sodiwm thiosylffad mewn bicer.

Maen nhw'n gosod y bicer ar ben **X** du ar ddarn o gerdyn.

Yna maen nhw'n ychwanegu 5 cm³ o asid hydroclorig gwanedig a chychwyn y cloc.

I ddechrau, mae'r cymysgedd yn glir

Yn raddol, mae'r cymysgedd yn mynd yn fwy cymylog

Stopio'r cloc pan nad yw'n bosib gweld yr **X** o dop y bicer

Cafodd yr arbrawf ei gynnal ddwy waith gan ddefnyddio hydoddiant sodiwm thiosylffad o wahanol gryfder (crynodiad), fel y gwelwn yn y tabl isod. Cafodd y tri arbrawf eu cynnal ar 20 °C.

Arbrawf	Cryfder yr hydoddiant thiosylffad	Amser i'r X ddiflannu (eiliadau)
1	Cryfder llawn	63
2	Hanner cryfder	124
3	Chwarter cryfder	255

(a) Beth mae'r canlyniadau hyn yn ei ddangos am gyfradd yr adwaith hwn? (2)

(b) Petai'r adwaith wedi ei gynnal ar 40 °C, byddai wedi digwydd yn fwy cyflym. Eglurwch pam, yn nhermau gronynnau. (3)

(AQA 2001)

4 Mae rhai mathau o bast llenwi yn mynd yn galed ar ôl ychwanegu catalydd o diwb. Bu cwmni yn profi'r adwaith hwn er mwyn gweld sut roedd ychwanegu gwahanol feintiau o gatalydd yn effeithio ar yr amser y mae'n ei gymryd i'r past llenwi galedu. Mae'r canlyniadau yn y tabl.

CYFAINT Y CATALYDD GAFODD EI YCHWANEGU AT Y LLENWAD (cm³)	AMSER I'R PAST LLENWI GALEDU (munudau)
1	30
2	15
3	10
4	7
6	4

(a) Lluniwch graff gan ddefnyddio'r canlyniadau hyn.

(b) Defnyddiwch eich graff i awgrymu'r amser y byddai'n ei gymryd i'r past llenwi galedu gan ddefnyddio 5 cm³ o'r catalydd. (1)

(c) Beth yw effaith y catalydd ar gyfradd yr adwaith ? (1) *(AQA 1999)*

5 Mae Ann a Dewi yn ymchwilio i'r adwaith rhwng sodiwm thiosylffad ac asid hydroclorig.

Mae solid melyn yn ymffurfio yn ystod yr adwaith.

Edrychwch ar y diagram:

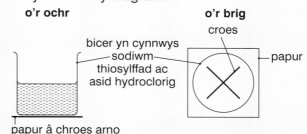

papur â chroes arno

Mae Ann a Dewi yn edrych i lawr ar y groes. Wrth i'r solid melyn ymffurfio, mae'r hylif yn y bicer yn mynd yn gymylog. Ar ôl peth amser, dydyn nhw ddim yn gallu gweld y groes.

Mae Ann a Dewi yn amseru'r cyfnod hwn.

Maen nhw'n gwneud yr arbrawf bedair gwaith.

Maen nhw'n defnyddio pedwar gwahanol grynodiad o hydoddiant sodiwm thiosylffad (**A**, **B**, **C** ac **Ch**).

Mae pob arbrawf yn cael ei gynnal ar 20 °C.

Mae'r canlyniadau yn y tabl.

Crynodiad	Amser i'r groes ddiflannu mewn eiliadau
A	42
B	71
C	124
Ch	63

(a) Edrychwch ar y tabl.

(i) Pa grynodiad o sodiwm thiosylffad oedd yn rhoi'r adwaith **arafaf**? Dewiswch **A**, **B**, **C**, neu **Ch**. (1)

(ii) Pa hydoddiant o sodiwm thiosylffad yw'r **mwyaf crynodedig**? Dewiswch **A**, **B**, **C**, neu **Ch**. Eglurwch eich ateb. (2)

(b) Mae newid y crynodiad yn newid cyflymder yr adwaith. Ysgrifennwch am ffyrdd eraill o gyflymu'r adwaith hwn. (2)

(OCR Suffolk 1999)

▶ **Ensymau**

6 Dyma gwestiwn am gatalas, sef ensym mewn llysiau.

Mae catalas yn gweithio fel catalydd ar gyfer hollti hydrogen perocsid.

hydrogen perocsid → dŵr + ocsigen

(a) Mae Sam yn gwneud arbrawf ar 25 °C.

Mae hi'n defnyddio 25 cm³ o hydoddiant hydrogen perocsid ac 1 cm³ o hydoddiant catalas.

Mae hi'n mesur cyfaint y nwy sy'n cael ei ryddhau bob munud am bum munud.

Dyma ei chanlyniadau.

Amser mewn munudau	0	1	2	3	4	5
Cyfaint y nwy mewn cm³	0	25	40	48	50	50

(i) Plotiwch y pwyntiau ar bapur graff. (2)

(ii) Gorffennwch y graff trwy dynnu'r llinell ffit orau trwy'r pwyntiau. (1)

(iii) Mae Sam yn gwneud yr arbrawf eto, ond y tro hwn ar 30 °C. Ar yr un grid, tynnwch lun y graff y byddai hi'n disgwyl ei gael. (2)

(b) Caiff ensymau eu defnyddio wrth wneud cwrw trwy eplesiad.

Mae ensymau mewn burum yn gweithio ar hydoddiannau siwgr.

Cwblhewch yr hafaliad geiriau ar gyfer eplesiad trwy ddewis geiriau o'r rhestr hon:

> **carbon deuocsid**
>
> **ethanol**
>
> **ocsigen**
>
> **hydoddiant siwgr**
>
> **dŵr**

Hydoddiant siwgr $\xrightarrow{\text{burum}}$ .... + ...

(2)
(OCR Nuffield 1999)

7 Roedd cwmni cynhyrchu gwin yn gwneud gwin trwy hydoddi siwgr, burum a sudd grawnwin mewn dŵr. Roedd rhaid rhoi'r cymysgedd mewn potel fawr lân. Cafodd gwresogydd ac aerglo eu gosod. Dechreuodd y cymysgedd eplesu gan ffurfio alcohol.

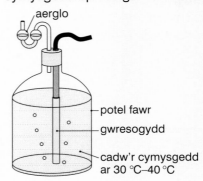

(a) Beth oedd pwrpas y burum? (1)

(b) Enwch y nwy gaiff ei ffurfio yn y broses. (1)

(c) Eglurwch pam roedd hi'n bwysig cadw tymheredd y cymysgedd ar 30 °C–40 °C. (2)

(ch) Eglurwch pam roedd angen aerglo. (2)

(d) Roedd swigod nwy yn dod trwy'r aerglo. Cawson nhw eu cyfrif am un munud bob dydd. Mae'r canlyniadau ar y graff.

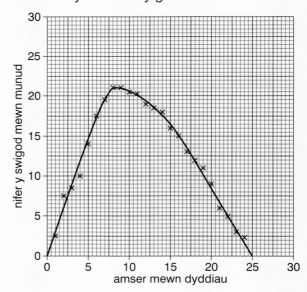

(i) Pryd oedd y gyfradd ffurfio alcohol ar ei huchaf? (2)

(ii) Pryd oedd yr alcohol yn stopio ymffurfio? (1)

(iii) Rhowch **ddau** reswm pam y stopiodd yr alcohol ymffurfio. (2)

(AQA SEG 1999)

▶ **Rhagor am adweithiau**

8 Cafodd y tymheredd ei gofnodi cyn ac ar ôl pedwar adwaith cemegol.

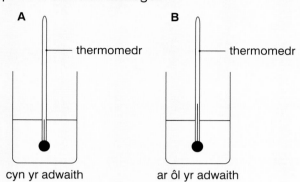

cyn yr adwaith   ar ôl yr adwaith

Adwaith	Thermomedr **A** Darlleniad (°C)	Thermomedr **B** Darlleniad (°C)
P	18	17
R	19	17
S	20	25
T	19	25

(i) Ym mha adwaith, **P**, **R**, **S** neu **T**, y mae'r mwyaf o egni yn cael ei ryddhau? (1)

(ii) Pa air sy'n cael ei ddefnyddio i ddisgrifio adweithiau ble mae egni yn cael ei ryddhau? (1)

(CBAC)

9 Edrychwch ar y diagram. Mae'n dangos arbrawf gwahanol.

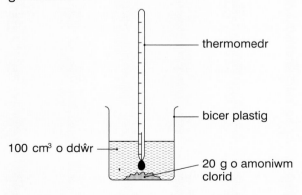

thermomedr

bicer plastig

100 cm³ o ddŵr

20 g o amoniwm clorid

Mae Ela yn mesur tymheredd y dŵr.

Mae hi'n ychwanegu 20 g o amoniwm clorid at y dŵr.

Mae Ela yn troi'r dŵr nes bod yr amoniwm clorid wedi hydoddi.

Yna mae hi'n mesur y tymheredd eto.

(i) Edrychwch ar y tabl canlyniadau.

tymheredd y dŵr ar y dechrau mewn °C	20
tymheredd yr hydoddiant ar y diwedd mewn °C	15
newid tymheredd mewn °C	

Pa rif sydd heb ei gynnwys yn y tabl? (1)

(ii) A yw hon yn broses endothermig neu ecsothermig? Eglurwch eich ateb. (1)

(OCR Suffolk 1999 Reserve Q)

10 Mae dringwyr mynyddoedd yn gallu cynhesu eu bwyd mewn cynwysyddion wedi eu selio sy'n gwresogi eu hunain.

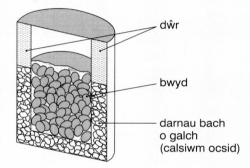

dŵr

bwyd

darnau bach o galch (calsiwm ocsid)

(a) Mae'r dŵr yn cael adweithio â'r calch. Mae'r gwres o'r adwaith yn cynhesu'r bwyd. Pa fath o adwaith sy'n achosi i'r tymheredd godi? (1)

(b) Bu myfyrwyr yn ymchwilio i effaith ychwanegu darnau calch o wahanol faint at y dŵr. Dyma ganlyniadau eu hymchwiliad.

Amser mewn munudau	Tymheredd mewn °C		
	Darnau calch mawr	Darnau calch bach	Powdr calch
0	18	18	18
1	19	20	28
2	21	23	43
3	24	27	63
4	28	32	88
5	33	38	100

Beth mae'r canlyniadau hyn yn ei ddangos? Eglurwch eich ateb. (2)

(c) Awgrymwch ac eglurwch un anfantais o ddefnyddio powdr calch i wresogi bwyd. (2)

(AQA SEG 2000)

▶ **Gwrteithiau**

11 Mae amonia, **NH₃**, yn gemegyn pwysig sy'n cael ei ddefnyddio i wneud gwrteithiau.

(a) Mae'r broses ddiwydiannol ar gyfer gwneud amonia yn defnyddio dau nwy.
Enwch y **ddau** nwy sy'n cael eu hadweithio â'i gilydd i wneud amonia:
...... a ......   (1)

(b) (i) O'r blwch hwn, dewiswch y metel sy'n cael ei ddefnyddio i gyflymu'r broses o wneud amonia.

alwminiwm   copr   haearn   aur

(1)

(ii) Rhowch y gair sy'n disgrifio sylwedd sy'n cyflymu adwaith cemegol ond sydd ddim yn newid yn gemegol yn ystod yr adwaith.   (1)

(c) Rhowch **un** rheswm pam mae ffermwyr yn ychwanegu gwrteithiau at y pridd.   (1)
(CBAC)

12 Wrth i boblogaeth y byd gynyddu, mae mwy o alw am wrteithiau.

(a) Mae faint o nitrogen sydd mewn gwrtaith yn bwysig.

(i) Sawl atom nitrogen sydd yn y fformiwla NH_4NO_3?   (1)

(ii) Cyfrifwch fàs fformiwla cymharol amoniwm nitrad, NH_4NO_3.

Masau atomig cymharol: H = 1; N = 14; O = 16.   (1)

(b) Mae amoniwm nitrad (NH_4NO_3) yn cael ei gynhyrchu trwy niwtralu asid nitrig (HNO_3) â hydoddiant amonia (NH_3).

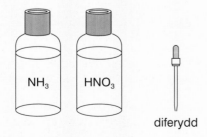

diferydd

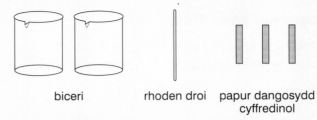

biceri   rhoden droi   papur dangosydd
                            cyffredinol

(i) Gan ddefnyddio'r pethau hyn, disgrifiwch sut y byddech yn gwneud hydoddiant niwtral o amoniwm nitrad (NH_4NO_3).   (4)
(AQA SEG 2000)

13 Mae'r siart llif yn dangos sut i wneud amoniwm nitrad.

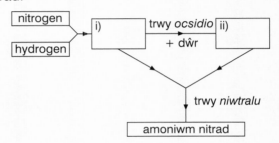

(a) Cwblhewch y siart trwy enwi i) a ii) yn y ddau flwch.   (2)

(b) Eglurwch pam mae llawer o ffermwyr yn defnyddio amoniwm nitrad.   (2)
(AQA 2001)

14 Mae amonia yn cael ei gynhyrchu trwy broses Haber.

(a) Dewiswch eiriau o'r rhestr i gwblhau'r brawddegau.

aer   haearn   nwy naturiol   ocsigen   platinwm   dŵr

Caiff amonia ei wneud o nitrogen a hydrogen.

Daw'r nitrogen o ......

Daw'r hydrogen o ......

Mae'r nwyon wedi'u puro yn cael eu gyrru dros gatalydd o ...... ar 450 °C a gwasgedd o tua 200 atmosffer.

Mae rhywfaint o'r nitrogen a'r hydrogen yn adweithio gan ffurfio amonia.   (3)

(b) (i) Cyfrifwch fàs fformiwla cymharol (M_r) amonia, NH_3.

(Masau atomig cymharol: H = 1, N = 14)

(ii) Cyfrifwch ganran y nitrogen mewn amonia.   (3)
(AQA 2000)

Adran Pedwar
Patrymau cemegol a bondio

Yn yr adran hon byddwch yn dod i wybod rhagor am y pethau sydd y tu mewn i atomau a sut mae hyn yn ein helpu i ddeall mwy am y byd. Byddwch yn dysgu am y bondiau rhwng atomau a rhagor am y Tabl Cyfnodol.

167

Y tu mewn i ATOMAU

▶▶▶ 14a Protonau, niwtronau ac electronau

Ydych chi wedi clywed am y term 'hollti'r atom'?
200 mlynedd yn ôl, doedd gwyddonwyr ddim yn credu bod y fath beth yn bosib.

Dyna pryd y dechreuodd **John Dalton** egluro ei syniadau am atomau.
Er mai'r hen Roegiaid oedd y bobl gyntaf i feddwl am atomau, tua 1800 dechreuodd pobl feddwl am wyddoniaeth trwy wneud arbrofion.
Eglurodd Dalton ei syniadau trwy ddweud bod atomau fel peli snwcer bach – mor fach fel na allai neb eu gweld.
Roedd atomau yn solid ac nid oedd yn bosib eu hollti yn ddim byd symlach.
Roedd pob elfen gemegol wedi ei gwneud o un math o atom.

a) Edrychwch ar syniad Dalton am elfennau cemegol uchod. Ydyn ni'n dal i ddefnyddio ei syniad? (Edrychwch ar dudalen 11.)

Cafodd John Dalton (1766–1844) ei eni yn Cumbria. Bu'n dysgu ym Manceinion am lawer o'i oes.

Erbyn hyn, fodd bynnag, rydyn ni'n gwybod ei bod yn bosib hollti atomau.
Yn wir, mae yna ronynnau sy'n llai nag atomau.
Dychmygwch fod yr holl elfennau cemegol (tua 100) yn cynnwys atomau, a gwahanol ronynnau y tu mewn i bob un o'r rheiny.
Byddai gwyddoniaeth yn gymhleth iawn.
Yn ffodus i ni, 3 phrif fath o ronyn yn unig sydd y tu mewn i unrhyw atom (sef gronynnau is-atomig).
Dyma'r **proton, y niwtron a'r electron**.

b) Os nad oes ond 3 math o ronyn y tu mewn i unrhyw atom, sut mae'n bosib cael cymaint o wahanol atomau, yn eich barn chi?

Erbyn hyn rydym yn credu bod unrhyw atom yn cynnwys:
- craidd bach, dwys â gwefr bositif. Ei enw yw'r **niwclews**.
- gronynnau llai, â gwefr negatif, sy'n troi mewn orbit o amgylch y niwclews. Enw'r rhain yw'r **electronau**.

Edrychwch ar y diagram gyferbyn:

c) Pa wefr sydd rhaid i'r niwclews ei chael er mwyn rhwystro'r electronau sydd â gwefr negatif rhag hedfan allan o'r atom?

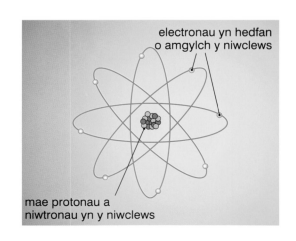

electronau yn hedfan o amgylch y niwclews

mae protonau a niwtronau yn y niwclews

Y tu mewn i'r niwclews

Cofiwch mai canol yr atom yw'r niwclews.

> Mae'r niwclews yn cynnwys 2 fath o ronyn:
> **protonau a niwtronau.**

Dyma'r gronynnau trwm yn yr atom.
Mae gan y protonau a'r niwtronau yr un màs.
Ond, **p**ositif yw'r wefr ar y **p**rotonau,
tra bo'r **niw**tronau yn **niw**tral.

Dyma fi, Penni **Proton**, gronyn mawr a dim ffws,
Mae gen i **wefr bositif**, fy arwydd yw'r 'plws'.
R'yn ni'n byw'n hapus braf **yn y niwclews** bach,
Y ni **a'r niwtronau**, fel tatws mewn sach!

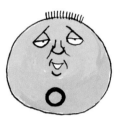

Helo, Ned **Niwtron**, a sut ydych chi?
Rwy'n **drwm** a dioglyd – un tew ydw i.
Does dim yn fy synnu, **dim gwefr** yn y byd,
Rwy'n eistedd ar y ffens, yn **niwtral** o hyd!

Electronau

Mae'r electronau sy'n gwibio o amgylch y niwclews
yn fach iawn, iawn. Byddai angen tua 2000 ohonyn
nhw i gael yr un màs â phroton neu niwtron.
Cofiwch mai gwefr negatif sydd arnyn nhw.

Fi yw Elfis yr **Electron**, fel ceiliog â chrib,
Rwy'n **hedfan rownd y niwclews** ar andros o wib!
Mae Penni'n eitha positif ac yn fy hoffi i,
Rwyf finnau braidd yn **negatif** ac felly'n ei hoffi hi!

I'ch atgoffa!

1 Copïwch a chwblhewch:

Mae yna …… math o ronynnau is-atomig mewn
atomau: ……, niwtronau ac ……

Mae'r …… a'r …… yng nghanol yr atom (sef y
……). Mae'r …… yn gwibio o'i amgylch.

2 Ymchwiliwch ac ysgrifennwch adroddiad ar:

a) Syniadau Democritws y Groegwr am atomau,
amser maith yn ôl.

b) Gwaith y gwyddonydd o Loegr, John Dalton.

TGCh

Er mai 3 math o ronyn is-atomig yn unig sydd
yna i ddysgu amdanyn nhw, mae'n anodd cofio
popeth. Dyma dabl i'ch helpu:
Mae'r gwefrau a'r masau yn gymharol i'w gilydd.

Gronyn is-atomig	Màs	Gwefr
proton	1	+1
niwtron	1	0
electron	0 (bron)	−1

α) Gallwch adio masau'r gronynnau is-atomig i ganfod màs atom.
Pam y gallwn ni anwybyddu màs yr electronau wrth adio?

Trefn yr electronau

Fel y gwyddoch, mae'r electronau yn hedfan o amgylch y niwclews.
Mae gwyddonwyr wedi darganfod eu bod yn symud o amgylch y niwclews
mewn **plisg** (maen nhw weithiau'n cael eu galw yn **lefelau egni**).
Mae'r plisg yn ymestyn allan o ganol yr atom.

Mae electronau yn llenwi'r plisg o'r canol tuag allan.
Felly y plisgyn agosaf at y niwclews sy'n llenwi gyntaf.
Yna mae plisg newydd yn cael eu llenwi.

Nifer benodol yn unig o electronau sy'n gallu ffitio
ym mhob plisgyn cyn iddo lenwi.

Cofiwch hyn:

Drwg gen i, mae'r plisgyn yma'n llawn. Beth am y nesaf?

Mae'r plisgyn 1af yn gallu dal **2** electron.
Mae'r 2il blisgyn yn gallu dal **8** electron.
Mae'r 3ydd plisgyn yn gallu dal **8** electron.

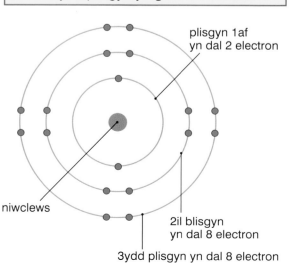

plisgyn 1af
yn dal 2 electron

niwclews

2il blisgyn
yn dal 8 electron

3ydd plisgyn yn dal 8 electron

b) Sawl electron sy'n gallu ffitio yn y plisgyn cyntaf (sydd weithiau'n cael ei alw'n 'lefel egni isaf')?

Edrychwch ar yr enghreifftiau hyn o atomau:

Heliwm (mae ganddo 2 electron).

Mae gan heliwm 2 electron yn ei atomau.
Mae'r rhain yn llenwi'r plisgyn 1af.

Carbon (mae ganddo 6 electron).

Mae gan yr atom carbon yma 6 electron.
Mae'r 2 gyntaf yn mynd i'r plisgyn 1af.
Yna mae 4 electron ar ôl i fynd i'r 2il blisgyn.

Dyma atom sodiwm:

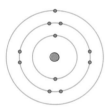

Sodiwm (mae ganddo 11 electron).

c) Eglurwch sut mae'r electronau yn llenwi'r plisg mewn atom sodiwm.

I'ch atgoffa!

1 Copïwch a chwblhewch:

Os oes gan …… wefr +1 a màs o 1, yna mae gan …… wefr 0 a màs o ……

Mae'r electronau mewn …… o amgylch y …… Mae'r plisgyn 1af yn gallu dal hyd at …… electron, a'r 2il a'r 3ydd plisgyn yn gallu dal hyd at …… electron.

2 Lluniwch ddiagram o'r atomau hyn i ddangos trefn yr electronau ynddyn nhw:

a) hydrogen (sydd ag 1 electron)

b) boron (sydd â 5 electron)

c) neon (sydd â 10 electron)

ch) magnesiwm (sydd â 12 electron)

d) clorin (sydd ag 17 electron)

dd) calsiwm (sydd ag 20 electron).

Wnaethoch chi fwynhau tynnu lluniau'r holl gylchoedd yn y cwestiwn olaf ar dudalen 171?

Mae gan gemegwyr ffordd arall o ddangos hyn i gyd.

Maen nhw'n defnyddio rhifau i ddangos faint o electronau sydd ym mhob plisgyn, gan gychwyn â'r plisgyn cyntaf a gweithio tuag allan. Gallan nhw ddangos yr **adeileddau electronol** fel hyn:

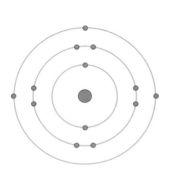

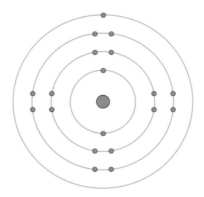

Adeiledd electronol alwminiwm yw 2, 8, 3

Adeiledd electronol potasiwm yw 2, 8, 8, 1

a) Ar beth rydych chi'n sylwi wrth adio'r holl rifau yn yr adeiledd electronol? Beth mae hyn yn hafal iddo?

b) Ysgrifennwch adeiledd electronol atom fflworin (sydd â 9 electron).

Mae gan gemegwyr ffordd law-fer o ddangos nifer y protonau, niwtronau ac electronau mewn atom hefyd.

Rhif atomig

Mae'r **rhif atomig** yn dangos nifer y protonau mewn atom. Weithiau mae'n cael ei alw yn rhif proton.

Mae pob atom yn niwtral. Does ganddyn nhw ddim gwefr gyffredinol. Felly mae'r rhif hwn hefyd yn dangos faint o electronau sydd yn yr atom (oherwydd bod yn rhaid i'r protonau positif gael eu canslo gan yr electronau negatif).

> **Rhif atomig = nifer y protonau (sy'n hafal i nifer yr electronau)**

Y ffordd law-fer o ysgrifennu hyn yw:

$$_3\text{Li}$$

Mae hyn yn dangos mai rhif atomig lithiwm yw 3.

c) Sawl proton sydd mewn atom lithiwm?

ch) Sawl electron sydd mewn atom lithiwm?

Rhif màs

Sylwch nad yw'r rhif atomig yn dweud dim am nifer y niwtronau mewn atom.
Rhaid i ni gyfrifo hwnnw trwy ddefnyddio'r **rhif màs**.

> **Rhif màs = nifer y protonau + niwtronau**

Dyma sut mae dangos y rhif màs:

^{7}Li

Mae hyn yn golygu bod gan yr atom lithiwm gyfanswm o 7 proton a niwtron yn ei niwclews.

d) Pam rydyn ni'n galw hwn yn rhif **màs**?

Ond faint o'r 7 gronyn yn niwclews lithiwm sy'n niwtronau?
I ateb hyn, mae'n rhaid i ni wybod y rhif atomig hefyd.
Rydym yn gwybod mai rhif atomig lithiwm yw 3.
Felly mae ganddo 3 phroton.
Felly, mae'n rhaid bod 4 niwtron i wneud ei rif màs yn 7.
Mae yna hafaliad i gofio hyn:

> **Nifer y niwtronau = rhif màs – rhif atomig**

Gallwn ddangos yr holl wybodaeth bwysig am atom fel hyn:

Rhif màs $\quad\quad$ $^7_3$Li
Rhif atomig

Mae'r adeiledd electronol yn rhoi'r darlun cyflawn:

2, 1

dd) Lluniwch ddiagram wedi'i labelu i ddangos yr holl wybodaeth am yr atom Li.

Ydych chi erioed wedi clywed y gair 'isotop' o'r blaen?
Efallai i chi glywed amdano wrth i bobl siarad am drin
canser neu lygredd o wastraff ymbelydrol.
Ond beth yw isotop?

Mae gan rai elfennau atomau sy'n cynnwys gwahanol
niferoedd o niwtronau.
Yr enw ar y rhain yw **isotopau**.
Maen nhw'n atomau o'r un elfen oherwydd bod ganddyn
nhw yr un nifer o brotonau.
Mae gan bob elfen gemegol ei nifer arbennig ei hun o
brotonau. Er enghraifft, mae unrhyw atom sydd ag 1 proton
yn gorfod bod yn atom hydrogen. Does gan y rhan fwyaf o
atomau hydrogen ddim niwtron o gwbl. Felly eu rhif atomig
yw 1 a'u rhif màs yw 1 ($_1^1$H). Edrychwch gyferbyn:

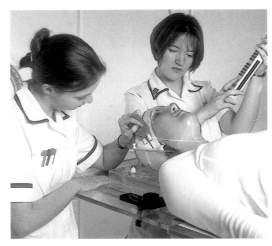

Caiff isotopau ymbelydrol eu defnyddio i ladd celloedd canser.

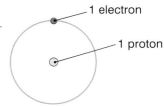

atom hydrogen – yr atom ysgafnaf o'r cyfan

1 electron
1 proton

a) Sawl electron sydd ym mhob atom hydrogen?

Ond mae yna ddau atom hydrogen arall sydd yn cynnwys niwtronau.
Mae yna 1 niwtron mewn $_1^2$H, a 2 niwtron mewn $_1^3$H.
Edrychwch ar y 3 isotop hydrogen hyn:

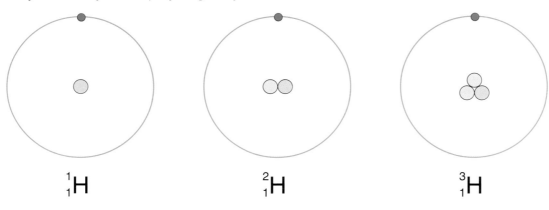

$_1^1$H $\qquad$ $_1^2$H $\qquad$ $_1^3$H

● = electron
○ = proton
○ = niwtron

b) Sut mae atom $_1^1$H yn wahanol i'r isotop $_1^3$H?

c) Beth y gallwch chi ei ddweud am rifau atomig a rhifau màs yr
isotopau uchod?

Felly gallwn feddwl am **isotopau** fel:
- atomau o'r un elfen sydd â gwahanol niferoedd o niwtronau

neu
- atomau â'r un rhif atomig ond gwahanol rifau màs

neu
- atomau â'r un nifer o brotonau ond gwahanol niferoedd o
niwtronau.

Mae'r tri diffiniad o isotop yn golygu yn union yr un peth!

Dyma enghraifft arall:

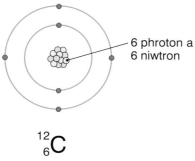

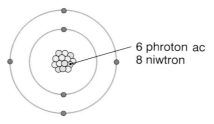

$^{12}_{6}C$ $^{14}_{6}C$

Dau isotop carbon.

Dyma isotopau yr elfen carbon.
Maen nhw'n union yr un fath heblaw bod un isotop
yn drymach na'r llall.

Gefeilliaid isotopaidd!

> **ch)** Pa isotop carbon yw'r trymaf o'r rhai uchod?
> Pam mae'r isotop hwn yn drymach?
>
> **d)** Pa un o'r ddau isotop sydd â'r nifer fwyaf o
> electronau?

Bydd adweithiau yr isotopau mewn elfen yr un fath.
Y rheswm dros hyn yw mai nifer yr electronau sy'n bwysig mewn
adweithiau cemegol.
(Mae rhagor am hyn yn y bennod nesaf.)
Felly bydd y ddau isotop uchod yn adweithio ag ocsigen wrth gael eu
gwresogi, a bydd y ddau yn ffurfio carbon deuocsid.

Weithiau byddwn yn dangos isotopau trwy roi enw'r elfen, ac yna ei
rhif màs.
Felly, dyma'r isotopau a welsom hyd yma:
hydrogen-1, hydrogen-2 a hydrogen-3
ac yna
carbon-12 a charbon-14.

*Nid yw pob isotop yn
ymbelydrol, ond mae isotopau
ymbelydrol ïodin yn dal i
achosi problemau iechyd
flynyddoedd ar ôl damwain
mewn atomfa yn Chernobyl
ym 1986.*

I'ch atgoffa!

1 Copïwch a chwblhewch:

Mae'r atomau mewn isotopau o ...... yn cynnwys
yr un nifer o ...... a ...... , ond gwahanol
niferoedd o ......

Mae hyn yn golygu bod ganddyn nhw yr un rhif
...... ond gwahanol rifau ......

Bydd yr ...... cemegol yn union yr un fath.

2 a) Llenwch y tabl i ddangos nifer y protonau,

niwtronau ac electronau sydd yn yr isotopau
magnesiwm hyn:

Isotop	Protonau	Niwtronau	Electronau
$^{24}_{12}Mg$			
$^{25}_{12}Mg$			
$^{26}_{12}Mg$			

b) Beth sy'n wahanol am yr isotopau?

Y tu mewn i atomau, mae yna **brotonau, niwtronau ac electronau**.
Dyma eu priodweddau:

Gronyn is-atomig	Màs	Gwefr
proton	1	+1
niwtron	1	0
electron	0 (bron)	−1

Mae'r protonau a'r niwtronau yng nghanol yr atom, sef y **niwclews**.
Dyma lle mae'r rhan fwyaf o'r màs.

Mae'r electronau yn gwibio o amgylch y niwclews mewn **plisg** (neu **lefelau egni**).
Mae'r plisgyn 1af yn dal hyd at **2** electron.
Mae'r 2il blisgyn yn gallu dal hyd at **8** electron.
Mae'r 3ydd plisgyn yn dal **8** electron.

Gallwn ddangos **adeiledd electronol** atom yn sydyn gan ddefnyddio rhifau,
e.e. 2, 8, 8, 1 ar gyfer yr atom potasiwm hwn:

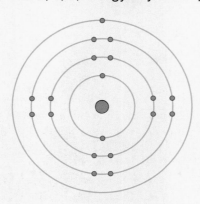

Mae gan yr atom potasiwm 2 electron yn ei blisgyn cyntaf, 8 electron yn yr ail blisgyn, 8 electron yn y trydydd plisgyn, ac 1 electron yn ei bedwerydd plisgyn (yr un allanol).

Mae'r **rhif atomig** yn dangos sawl proton (ac felly sawl electron) sydd mewn atom.

Mae'r **rhif màs** yn dangos nifer y protonau + niwtronau.

(Nifer y niwtronau = rhif màs − rhif atomig)

Gallwn ddangos y rhain fel hyn:

rhif màs   → $^{14}_{7}\text{N}$
rhif atomig   →

Mae **isotopau** unrhyw elfen yn cynnwys gwahanol niferoedd o niwtronau.

1 Copïwch a chwblhewch:

Yr enw ar …… atom yw ei niwclews.

Yn y niwclews, mae …… a ……
Mae'r …… yn gwibio o amgylch y niwclews mewn ……

Mewn atom ag adeiledd …… o 2, 6 mae yna …… electron yn y …… 1af a …… electron yn yr 2il ……

Mae rhif atomig unrhyw atom yn dangos nifer y ……, sy'n hafal i nifer y …… yn yr atom.

Mae'r rhif …… yn dangos cyfanswm nifer y …… a'r …… mewn atom.

Mae gan isotopau yr un rhif …… ond gwahanol rifau ……

2 Sawl proton, niwtron ac electron sydd yn yr atomau hyn:

a) hydrogen
(rhif atomig = 1, rhif màs = 1)

b) ocsigen
(rhif atomig = 8, rhif màs = 16)

c) neon
(rhif atomig = 10, rhif màs = 20)

ch) potasiwm
(rhif atomig = 19, rhif màs = 39)

d) sinc
(rhif atomig = 30, rhif màs = 65)?

3 Ysgrifennwch adeileddau electronol yr atomau canlynol:

a) heliwm (rhif atomig 2)

b) boron (rhif atomig 5)

c) fflworin (rhif atomig 9)

ch) sodiwm (rhif atomig 11)

d) alwminiwm (rhif atomig 13)

dd) argon (rhif atomig 18)

e) calsiwm (rhif atomig 20)

4 Sawl proton, niwtron ac electron sydd yn yr atomau canlynol?

Hefyd, ysgrifennwch adeiledd electronol pob atom mewn tabl fel hyn:

Atom	Protonau	Niwtronau	Electronau	Adeiledd electronol
$^{9}_{4}Be$				
$^{27}_{13}Al$				
$^{28}_{14}Si$				
$^{31}_{15}P$				

5 Dyma atom boron:

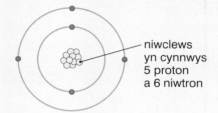

niwclews yn cynnwys 5 proton a 6 niwtron

a) Dangoswch yr wybodaeth uchod am atom boron (B) gan ddefnyddio llaw-fer, fel y gwnaethoch yn y tabl yng nghwestiwn 4.

b) Sawl proton, niwtron ac electron sydd mewn $^{119}_{50}Sn$?

6 Dyma ddau atom o'r elfen wraniwm:

$^{235}_{92}U$ ac $^{238}_{92}U$

a) Beth yw'r gwahaniaeth rhwng nifer y protonau, niwtronau ac electronau yn y ddau atom?

b) Enghreifftiau o beth yw'r ddau atom?

c) Mae wraniwm yn adweithio â fflworin i wneud UF_6. Pa atom fyddai'n adweithio gyflymaf?

ch) Ysgrifennwch adroddiad byr am ddefnyddio wraniwm mewn adweithydd niwclear.

PENNOD **15**

▶▶▶ 15a Colli ac ennill electronau

Ydych chi erioed wedi meddwl beth sy'n digwydd i atomau wrth iddyn nhw adweithio â'i gilydd?
Nawr eich bod yn gwybod beth sydd y tu mewn i atom, gallwch ddeall sut mae atomau yn bondio â'i gilydd.

Meddyliwch er enghraifft am sodiwm clorid:
Halen yw'r cyfansoddyn hwnnw wrth gwrs.
Gallwn ei wneud yn y labordy trwy adweithio sodiwm â chlorin.
Ydych chi'n cofio unrhyw beth am sodiwm neu glorin?
Rhaid trin y ddwy elfen hyn yn ofalus.
Ond eto, unwaith y maen nhw wedi adweithio â'i gilydd, maen nhw'n gwneud rhywbeth mor ddiniwed â halen.

Yn sengl, roedd sodiwm a chlorin yn bethau digon gwyllt. Nawr eu bod nhw gyda'i gilydd, maen nhw'n hollol wahanol!

sodiwm **+** clorin ➡ sodiwm clorid

a) Sut beth yw'r metel sodiwm?

b) Sut beth yw nwy clorin?

c) Disgrifiwch sodiwm clorid.

ch) Beth y gallwch chi ei ddweud am yr adweithyddion a'r cynhyrchion mewn adwaith cemegol?

Edrychwch ar yr atomau sodiwm a chlorin sydd gennym ar y dechrau:

Atom Na.
Mae ganddo
1 electron yn
ei blisgyn allanol

Atom Cl.
Mae ganddo
7 electron yn
ei blisgyn allanol

Mae gan atom sodiwm 11 electron (2, 8, 1).   *Mae gan atom clorin 17 electron (2, 8, 7).*

Mae gan yr atomau mwyaf sefydlog blisgyn allanol sy'n llawn electronau.

d) Faint o electronau sydd gan atom sodiwm yn ei blisgyn allanol?

dd) Faint o electronau sydd gan atom clorin yn ei blisgyn allanol?

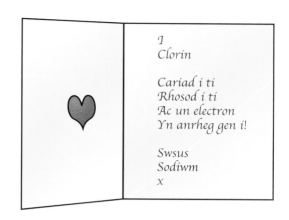

Byddai gan sodiwm blisgyn allanol llawn petai'n gallu cael gwared ag 1 electron.

Byddai gan glorin blisgyn allanol llawn petai'n gallu ennill 1 electron.

Allwch chi weld beth sy'n digwydd i'r electronau pan fydd sodiwm a chlorin yn adweithio â'i gilydd?

Ydych chi wedi dyfalu?!

Mae sodiwm yn rhoi ei electron allanol i glorin.

Yna mae gan y ddau blisgyn allanol llawn (ac mae pawb yn hapus!).

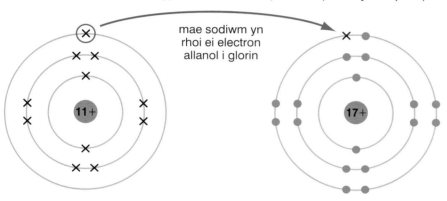

mae sodiwm yn rhoi ei electron allanol i glorin

Os bydd atom yn colli neu'n ennill electron, bydd gwefr ar yr atom.

Cofiwch fod electronau yn negatif a bod sodiwm wedi colli electron.

Ond mae ganddo 11 proton positif o hyd yn ei niwclews.

Felly, wrth gyfrif y wefr, rydyn ni'n cael:

10 electron (10−) ac 11 proton (11+) sy'n rhoi 1+.

Mae sodiwm yn ffurfio rhywbeth o'r enw **ïon sodiwm, Na⁺**.

Mae'r gwrthwyneb yn digwydd i glorin.

Unwaith y bydd wedi adweithio, mae ganddo electron ychwanegol.

Nawr mae ganddo 18 electron (18−) ac 17 proton (17+):

18− ac 17+ sy'n rhoi 1−.

Felly mae clorin yn ffurfio **ïon clorid, Cl⁻**.

I'ch atgoffa!

1 Copïwch a chwblhewch:

Mae atomau yn gallu trosglwyddo ...... i'w gilydd wrth iddyn nhw ...... â'i gilydd. Er enghraifft, mae sodiwm yn ...... ei electron ...... i glorin.

Mae hyn yn gwneud y sodiwm yn ïon ...... (â'r fformiwla ......) ac mae clorin yn ffurfio ïon clorid ...... (â'r fformiwla ......).

2 Eglurwch beth sy'n digwydd i'r electronau ym mhob atom pan fydd yr atomau canlynol yn adweithio â'i gilydd:

a) lithiwm (â 3 electron) a chlorin (ag 17 electron)

b) sodiwm (ag 11 electron) a fflworin (â 9 electron).

Ar y dudalen flaenorol, gwelsom sut mae atom sodiwm yn trosglwyddo electron i atom clorin wrth iddyn nhw adweithio. Yna mae'r atomau yn troi'n ronynnau wedi'u gwefru, o'r enw **ïonau**.

Gallwn ddangos sut mae'r ïonau yn ymffurfio fel hyn:

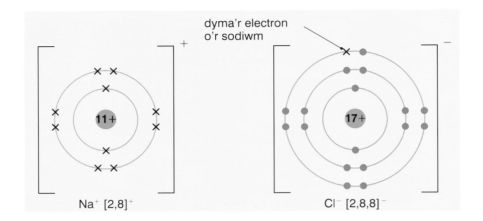

dyma'r electron o'r sodiwm

Na⁺ [2,8]⁺   Cl⁻ [2,8,8]⁻

Rydych yn gwybod bod gwefrau dirgroes yn atynnu ei gilydd. Mae'r ïon sodiwm positif a'r ïon clorin negatif yn cael eu hatynnu yn gryf at ei gilydd. Mae'r ïonau â gwefrau dirgroes yn atynnu ei gilydd nes eu bod yn 'glynu wrth ei gilydd'. Yr enw ar hyn yw **bond ïonig**.

> **Yr enw ar yr atyniad rhwng ïonau â gwefrau dirgroes yw bondio ïonig.**

Pethau dirgroes yn atynnu!

Mae'r cyfansoddyn sy'n ymffurfio yn cael ei alw yn gyfansoddyn ïonig.

> **Caiff cyfansoddion ïonig eu ffurfio pan fydd metelau yn adweithio ag anfetelau.**

Bob tro y daw metel ac anfetel ynghyd,
'Oes gen ti electron?' yw cri'r anfetel o hyd.
'Dim problem, fy ffrind,' medd y metel yn ffond,
A dyna uno ïonau a ffurfio y bond.

a) Ym mha rai o'r cyfansoddion hyn y byddech chi'n disgwyl cael bondio ïonig? Eglurwch eich rhesymeg.
sylffwr deuocsid
haearn clorid
hydrogen sylffid
magnesiwm bromid

Mae sodiwm yn adweithio â chlorin i ffurfio'r cyfansoddyn ïonig, sodiwm clorid.

Dellten ïonig enfawr

Yn yr adwaith rhwng sodiwm a chlorin, mae miliynau ar filiynau o ïonau yn cael eu ffurfio ac yn gosod eu hunain ar ffurf patrwm, drws nesaf i'w gilydd, mewn adeileddau enfawr. Enw'r adeiledd yw **dellten ïonig enfawr**.

ïon Cl⁻

ïon Na⁺

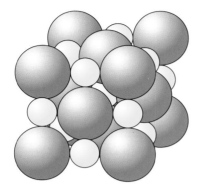

Rhan o'r ddellten ïonig enfawr mewn sodiwm clorid.

Mae'r grymoedd atynnol rhwng yr holl ïonau hyn, sydd â gwefrau dirgroes, yn ei gwneud hi'n anodd iawn i gyfansoddion ïonig ymdoddi.

b) Beth sy'n digwydd i'r gronynnau mewn solid pan fydd yn ymdoddi? (Edrychwch ar dudalen 41.)

> **Mae gan gyfansoddion ïonig ymdoddbwyntiau uchel a berwbwyntiau uchel.**

Unwaith y maen nhw wedi ymdoddi, mae'r *ïonau yn gallu symud o gwmpas*. Maen nhw hefyd yn gallu symud o gwmpas pan fyddan nhw wedi hydoddi mewn dŵr. (Edrychwch ar dudalen 41.)
Dyma pam:

> **Nid yw cyfansoddion ïonig yn dargludo trydan pan fyddan nhw'n solid, ond maen nhw'n gwneud hynny ar ôl ymdoddi neu hydoddi mewn dŵr.**

I'ch atgoffa!

1 Copïwch a chwblhewch:

Pan fydd metel yn adweithio ag ......, bydd miliynau o ïonau positif a ...... yn ffurfio dellten ...... enfawr.

Mae gan gyfansoddion ïonig ymdoddbwyntiau ......

Dydyn nhw ddim yn ...... trydan pan fyddan nhw'n ...... ond maen nhw'n gwneud hynny ar ôl ...... neu ...... mewn dŵr.

2 a) Rhif atomig magnesiwm yw 12. Beth yw ei adeiledd electronol?

b) Faint o electronau y mae'n eu colli wrth ffurfio ïon? Beth fydd ei wefr?

c) Rhif atomig ocsigen yw 8. Beth yw ei adeiledd electronol?

ch) Sawl electron y mae'n eu hennill wrth ffurfio ïon? Beth fydd ei wefr?

d) Eglurwch, gan ddefnyddio diagramau, sut y mae magnesiwm ocsid yn cael ei ffurfio.

Hyd yma, rydym wedi gweld sut mae metelau yn bondio ag anfetelau.
Mae metelau yn rhoi electronau i anfetelau gan ffurfio ïonau.
Ond beth sy'n digwydd mewn cyfansoddion fel dŵr, H_2O?
Mae hydrogen ac ocsigen yn anfetelau.
Mae angen i'r ddau ennill electronau.

Meddyliwch petaech chi a'ch ffrind eisiau'r un cylchgrawn, ond un yn unig
sydd ar ôl ar y silff. Beth wnewch chi?
Na, nid ffraeo! Ond rhannu.
A dyna sy'n digwydd yn achos atomau anfetelau, fel hydrogen ac ocsigen.

> Pan fydd atomau yn bondio trwy **rannu**
> **electronau**, yr enw arno yw **bondio cofalent**.

Edrychwch ar yr atomau hydrogen a fflworin hyn:

atom
hydrogen

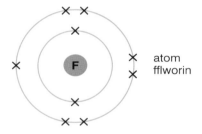

atom
fflworin

Hoffet ti rannu pâr o electronau â fi?

a) Sawl electron mae'r plisgyn 1af yn ei ddal?

b) Sawl electron sydd angen i'r atom hydrogen eu hennill er mwyn
llenwi'r plisgyn 1af?

c) Sawl electron mae'r 2il blisgyn yn ei ddal?

ch) Sawl electron sydd angen i'r atom fflworin eu hennill er mwyn
llenwi'r 2il blisgyn?

Mae'n bosib i'r ddau atom gael plisgyn allanol llawn trwy orgyffwrdd
a rhannu pâr o electronau. Mae pob atom yn rhoi un electron i'r pâr.

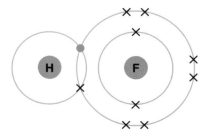

Mae atomau yn ffurfio bond cofalent *trwy orgyffwrdd* eu plisg allanol a *rhannu pâr o electronau*.

Mae yna wahanol ffyrdd o ddangos y bondiau cofalent:

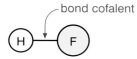

Weithiau caiff hwn ei alw'n ddiagram 'pêl a ffon'.

Neu gallwn ddangos yr electronau allanol yn unig, heb dynnu llun y cylchoedd ar gyfer y plisg:

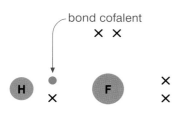

Yr enw ar hwn yw **diagram 'dot a chroes'**

d) Pam mae pobl yn defnyddio diagramau 'dot a chroes' yn hytrach na gwneud llun pob atom yn llawn?

Dyma foleciwl arall sydd â bond cofalent rhwng yr atomau:

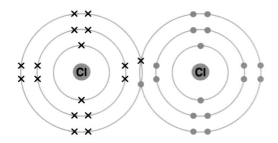

1 Copïwch a chwblhewch:

Mae bondiau cofalent yn ffurfio rhwng atomau an......

Mae'n rhaid i'r ddau atom hyn ...... electronau.
Maen nhw'n gwneud hyn trwy ...... eu plisg allanol.

Mae ...... o electronau yn cael ei ...... mewn bond cofalent.

Gallwn ddangos y bondio mewn diagram '...... a chroes'.

2 a) Dangoswch y moleciwl clorin uchod ar ffurf:
   i) diagram 'pêl a ffon'
   ii) diagram 'dot a chroes'.

b) Tynnwch lun moleciwl fflworin, F_2, gan ddangos ei holl electronau a'r plisg.

c) Tynnwch lun moleciwl HCl, gan ddangos ei holl electronau a'r plisg.
(Rhifau atomig: F = 9, H = 1, Cl = 17)

Bob tro rydych chi'n yfed diod o ddŵr oer, rydych chi'n yfed moleciwlau â bondiau cofalent.

Edrychwch ar yr atom ocsigen hwn:

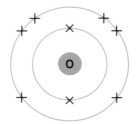

Bondiau cofalent sydd mewn moleciwlau dŵr.

a) Sawl electron sydd eu hangen ar ocsigen er mwyn cael plisgyn allanol llawn?

b) Cofiwch fod angen i atomau hydrogen ennill un electron. Felly, sawl atom hydrogen fydd yn gorfod rhannu ag ocsigen?

Edrychwch ar y bondiau cofalent mewn moleciwl dŵr:

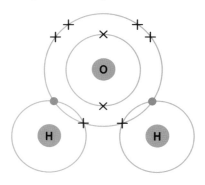

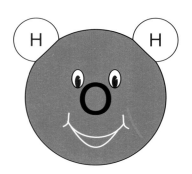

Welwch chi pam mai fformiwla dŵr yw H_2O (ac nid HO neu H_3O ac ati)?

Dyma foleciwlau cofalent eraill cyfarwydd:

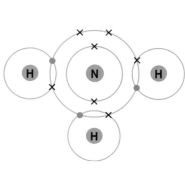

Amonia, NH_3

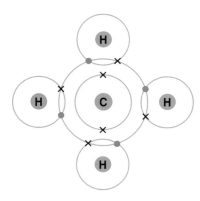

Methan, CH_4

Priodweddau sylweddau cofalent

Gadewch i ni edrych ar ymdoddbwyntiau a berwbwyntiau y moleciwlau cofalent welson ni hyd yma:

Moleciwl cofalent	Ymdoddbwynt (°C)	Berwbwynt (°C)
hydrogen fflworid (HF)	−83	20
clorin (Cl_2)	−101	−35
dŵr (H_2O)	0	100
amonia (NH_3)	−78	−33
methan (CH_4)	−182	−164

O gofio'r cyfansoddion ïonig welson ni yn gynharach, mae'r rhain i gyd yn werthoedd isel.
Er enghraifft, mae ymdoddbwynt magnesiwm ocsid dros 2850 °C!

c) Pa sylwedd yn y tabl uchod sydd â'r berwbwynt isaf?

ch) Pa sylwedd yn y tabl uchod sy'n elfen?

Felly gallwn ddweud:

> Mae gan sylweddau wedi eu gwneud o **foleciwlau** unigol **ymdoddbwyntiau isel** a **berwbwyntiau isel**.

Mae'r bondiau cofalent eu hunain yn gryf, ond gwan yw'r grymoedd *rhwng* y moleciwlau unigol.
Enw'r rhain yw cyfansoddion moleciwlaidd neu gyfansoddion **moleciwlaidd syml**.

Adeileddau cofalent enfawr

Mae gan rai sylweddau â bondiau cofalent ferwbwyntiau uchel. Ond mae'r **adeileddau enfawr** hyn yn cael eu dal at ei gilydd gan filiynau o fondiau cofalent. Nid oes moleciwlau unigol ynddyn nhw. Enghreifftiau yw diemwnt, graffit a silica (tywod).

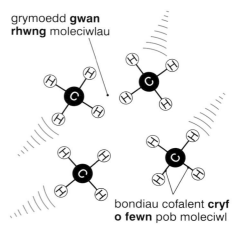

grymoedd **gwan rhwng** moleciwlau

bondiau cofalent **cryf o fewn** pob moleciwl

Adeiledd moleciwlaidd syml sydd mewn methan.

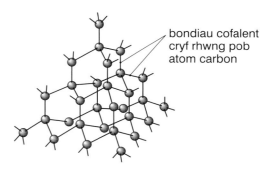

bondiau cofalent cryf rhwng pob atom carbon

I gael diemwnt i ymdoddi byddai'n rhaid i chi dorri miliynau o fondiau cofalent.

I'ch atgoffa!

1 Copïwch a chwblhewch:

Mae gan sylweddau wedi eu gwneud o ......
unigol, fel H_2O, ymdoddbwyntiau ...... a
berwbwyntiau ......
Mae eu bondiau...... yn gryf o fewn pob ......
ond grymoedd cymharol ...... sydd rhyngddyn
nhw.

Mae gan sylweddau ag adeileddau cofalent ......
fel diemwnt neu g......, ymdoddbwyntiau ......

2 Copïwch y tabl a rhoi tic yn y golofn gywir.

Sylwedd	Ymdoddbwynt uchel	Ymdoddbwynt isel
amonia		
sodiwm clorid		
methan		
ocsigen		
magnesiwm ocsid		

Rydyn ni wedi gweld yn barod ym Mhennod 2 pa mor bwysig yw metelau. Mae eu priodweddau yn ddefnyddiol iawn, felly rydyn ni'n defnyddio llawer ar fetelau.

a) Edrychwch yn ôl ar dudalen 18. Rhestrwch briodweddau cyffredinol metelau.

Pa bynnag fodel ddefnyddiwn ni i ddisgrifio sut mae atomau metel yn bondio â'i gilydd, mae'n rhaid iddo allu egluro'r priodweddau hyn.

Bondio metelig

O'ch gwaith ar fondio ïonig, rydych yn gwybod bod **atomau metel yn tueddu i golli electronau**.
Mewn cyfansoddion ïonig maen nhw'n rhoi electronau i atomau anfetelau.
Ond mewn can alwminiwm, atomau metel yn unig sydd yna.
Felly beth sy'n digwydd bryd hynny?

Mewn metelau, mae pob atom yn rhoi electronau o'i blisgyn allanol i 'fôr' o electronau. Yna mae'r electronau hyn yn rhydd i symud o gwmpas o fewn y metel.
Gallwn feddwl am hyn fel petai'r electronau yn 'glynu' yr adeiledd wrth ei gilydd.

Edrychwch ar y diagram hwn:

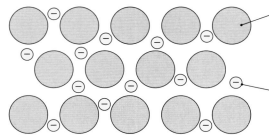

atomau metel (mae rhai pobl yn eu galw yn **ïonau positif**, gan eu bod yn cyfrannu electronau i'r 'môr' o electronau)

'môr' o electronau yn dal yr atomau metel at ei gilydd

> **Mae atomau (neu ïonau) metel yn cael eu bondio at ei gilydd gan electronau rhydd.**

b) Pam mae rhai pobl yn meddwl am y gronynnau mewn metel fel ïonau?

c) Rhif atomig alwminiwm yw 13.
Sawl electron sydd ym mhlisgyn allanol ei atomau?

ch) Sawl electron y mae pob atom alwminiwm yn ei gyfrannu i'r 'môr' o electronau?

Mae gan fetelau lawer o briodweddau defnyddiol.

Piti bod bondio metelig mor gryf!

Yr electronau rhydd hyn yw'r rheswm pam mae metelau yn ddargludyddion trydan da. Edrychwch ar y diagram hwn:

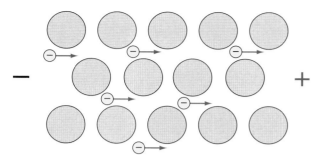

Mae electronau yn symud tuag at y wefr bositif.

d) Eglurwch beth sy'n digwydd pan fydd metel yn dargludo trydan.

Wrth i chi wresogi un pen i'r metel, mae ei atomau yn dirgrynu yn gyflymach yn y pen hwnnw.
Mae'r dirgryniad yn symud ar hyd y metel.
Ond mae'r electronau rhydd yn gallu trosglwyddo'r gwres yn gyflymach o lawer wrth iddyn nhw symud yn rhydd trwy'r metel.
Felly mae metelau yn ddargludyddion gwres da iawn.

Mae'r atomau (neu ïonau) metel wedi eu trefnu mewn adeileddau enfawr.
Felly, fel mewn adeileddau enfawr eraill, fel arfer mae ganddyn nhw ymdoddbwynt uchel:

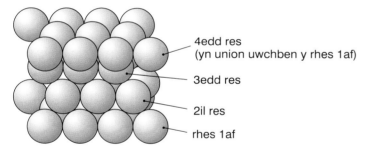

4edd res
(yn union uwchben y rhes 1af)

3edd res

2il res

rhes 1af

Adeiledd rheolaidd copr.

Wrth i chi daro'r metel â morthwyl, mae'r haenau o atomau (neu ïonau) yn gallu **llithro dros ei gilydd**. Dyna pam y gallwch chi guro metelau yn wahanol siapiau heb iddyn nhw dorri'n ddarnau.

I'ch atgoffa!

1 Copïwch a chwblhewch:

Mae atomau (neu ......)metel wedi eu bondio at ei gilydd gan electronau ...... Mae'r electronau yn dod o blisg ...... yr ...... metel.

Mae'r atomau wedi eu trefnu mewn adeileddau e......

2 Eglurwch pam mae metelau:

a) yn ddargludyddion gwres da

b) yn hydrin (gallwn eu taro yn wahanol siapiau â morthwyl).

3 Gwnewch restr o fetelau 'od', hynny yw y rhai sydd ddim â phriodweddau cyffredin y metelau.

Crynodeb

Bondio ïonig

Mae metelau yn bondio ag anfetelau mewn cyfansoddion ïonig.
Mae'r atom metel yn rhoi un neu fwy o electronau i'r atom anfetel.
Mae hyn yn digwydd wrth i'r elfennau adweithio â'i gilydd.
Yr enw ar y gronynnau wedi'u gwefru sy'n cael eu ffurfio yw **ïonau**.

Mae atomau metel yn ffurfio ïonau positif. (Er enghraifft, Na^+, Mg^{2+}, Al^{3+}.)
Mae atomau anfetelau yn ffurfio ïonau negatif. (Er enghraifft, Cl^-, O^{2-}.)

Mae'r ïonau yn ffurfio adeiledd rheolaidd o'r enw **dellt ïonig enfawr**.
Mae grymoedd atynnol cryf rhwng ïonau sydd â gwefrau dirgroes.
Felly mae gan gyfansoddion ïonig ymdoddbwyntiau uchel.
Dydyn nhw ddim yn darglduo trydan pan fyddan nhw'n solid, ond maen nhw'n gwneud hynny ar ôl ymdoddi neu hydoddi mewn dŵr.
Yna mae'r ïonau yn rhydd i symud o gwmpas a chludo'r wefr trwy'r hylif.

Sodiwm clorid

Bondio cofalent

Mae atomau anfetelau yn gallu bondio â'i gilydd trwy
rannu parau o electronau. Bondio cofalent yw hyn.

Mae llawer o sylweddau sydd â bondio cofalent wedi eu gwneud o foleciwlau bach unigol. (Er enghraifft, dŵr.)
Mae gan y rhain ymdoddbwyntiau isel a berwbwyntiau isel.

Mae adeileddau enfawr mewn sylweddau eraill sydd â bondio cofalent.
Mae eu hymdoddbwyntiau yn uchel iawn. (Er enghraifft, diemwnt.)

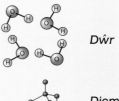

Dŵr

Diemwnt

Bondio metelig

Mae'r atomau (neu'r ïonau positif) mewn metel yn cael eu dal at ei gilydd gan 'fôr' o electronau rhydd. Mae'r electronau hyn:

- yn dal yr atomau (neu ïonau) at ei gilydd mewn adeileddau enfawr,

- yn gallu symud trwy'r metel pan fydd yn darglduo,

- yn gadael i'r atomau (neu ïonau) lithro dros ei gilydd pan fyddwn yn curo'r metel â morthwyl neu'n ei dynnu yn wifrau.

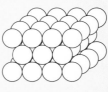

Sinc

Crynodeb o'r gwahanol adeileddau

Priodwedd	ïonig enfawr	moleciwlau syml	cofalent enfawr	metelig enfawr
Ymdoddbwynt	uchel	isel	uchel	uchel
Darglduo trydan	ddim pan fyddan nhw'n solid, ond maen nhw ar ôl ymdoddi neu hydoddi mewn dŵr.	nac ydyn	nac ydyn	ydyn

1 Copïwch a chwblhewch:

Yr enw ar y grym atynnol rhwng ïonau sydd â gwefrau ...... yw bondio ......

Yr enw ar y bond ble mae dau ...... yn rhannu ...... o electronau yw bond ......

Mewn metelau, 'môr' o electronau ...... sy'n achosi'r bondio.

2 Dangoswch sut mae'r electronau yn cael eu trosglwyddo rhwng yr atomau canlynol:

a) Lithiwm (sydd â 3 electron) a fflworin (sydd â 9 electron).

b) Sodiwm (sydd ag 11 electron) a chlorin (sydd ag 17 electron).

c) Magnesiwm (sydd â 12 electron) ac ocsigen (sydd ag 8 electron).

ch) Calsiwm (sydd ag 20 electron) a 2 atom clorin (sydd ag 17 electron yr un).

3 Beth fydd y wefr ar yr ïonau sy'n cael eu ffurfio gan yr atomau canlynol:

a) lithiwm (rhif atomig 3)

b) sodiwm (rhif atomig 11)

c) potasiwm (rhif atomig 19)

ch) alwminiwm (rhif atomig 13)

d) fflworin (rhif atomig 9)

dd) clorin (rhif atomig 17)

e) sylffwr (rhif atomig 16).

4 Copïwch y diagramau hyn a llenwch yr electronau yn y plisg allanol:

a) hydrogen clorid (HCl)

b) dŵr (H_2O)

c) amonia (NH_3)

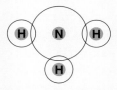

ch) methan (CH_4)

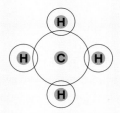

d) Dangoswch bob un o'r moleciwlau yn a) i ch) gan ddefnyddio diagramau 'pêl a ffon'.

dd) Dangoswch bob un o'r moleciwlau yn a) i ch) gan ddefnyddio diagramau 'dot a chroes'.

e) A fydd gan y moleciwlau yn a) i ch) ferwbwyntiau uchel neu isel?

5 Edrychwch ar sylweddau A i Ch yn y tabl:

Ymdoddbwynt (°C)	A yw'n dargludo trydan?	
	pan fydd yn solid?	pan fydd yn dawdd?
A −56	nac ydy	nac ydy
B 878	nac ydy	ydy
C 1076	ydy	ydy
CH 2050	nac ydy	nac ydy

a) Pa sylwedd (A, B, C neu Ch) sy'n cynnwys ïonau positif a negatif?

b) Pa un sy'n fetel?

c) Pa un sydd wedi ei wneud o foleciwlau bach?

ch) Pa un sydd ag adeiledd cofalent enfawr?

Y TABL CYFNODOL

▶▶▶ 16a Hanes y Tabl Cyfnodol

Fyddwch chi weithiau'n teimlo'r awydd i dacluso eich ystafell wely er mwyn cael tipyn o drefn ar bethau?

Na fyddwch? Wel, tua 200 mlynedd yn ôl roedd gwyddonwyr yn awyddus iawn i roi ychydig o drefn ar wyddoniaeth, yn enwedig cemeg. Roedden nhw'n chwilio am batrymau fyddai'n gwneud synnwyr o'r byd. Roedd llawer yn credu mai Duw a greodd y byd ac mai dyna pam roedd rhaid cael patrymau.

Ond bryd hynny, roedd llawer o elfennau cemegol eto heb gael eu darganfod. Hefyd roedd gwyddonwyr yn galw rhai sylweddau yn elfennau, ond cyfansoddion oedden nhw mewn gwirionedd. Felly dychmygwch y drafferth wrth geisio cael trefn ar y cyfan!

Roedd hi'n debyg i geisio gwneud jig-so, ond heb y llun ar y bocs i'ch helpu, a rhai darnau ar goll a rhai darnau oedd ddim yn perthyn i'r bocs o gwbl!

Sut hoffech chi wneud jig-so heb lun i'w ddilyn? Mae rhai darnau ar goll ac eraill ddim yn perthyn i'r jig-so o gwbl! Dyma oedd cyflwr cemeg ar ddechrau'r 1800au.

a) Beth yw'r gwahaniaeth rhwng elfen a chyfansoddyn?

b) Pam, yn eich barn chi, y gwnaeth gwyddonwyr 200 mlynedd yn ôl feddwl mai elfennau oedd rhai cyfansoddion?

Ar y dechrau, fe sylwon nhw fod grwpiau o 3 elfen oedd yn debyg. Yn ddiddorol iawn, roedd màs yr elfen ganol yn y grŵp o 3 yn cyfateb i gyfartaledd màs y 2 elfen arall. Yr enw ar y grwpiau hyn oedd 'triadau'. Ond patrwm ar gyfer rhai grwpiau o elfennau yn unig oedd hwn. Doedd y gweddill ddim yn dilyn y patrwm hwn, felly roedd angen chwilio ymhellach.

Roedd calsiwm, strontiwm a bariwm yn ffurfio 'triad'.

c) Pam roedd y 'grwpiau bach' cyntaf yn cael eu galw yn driadau?

Yna tua 1865, dywedodd cemegydd o Loegr, **John Newlands**, ei fod wedi darganfod rhywbeth. Trefnodd yr elfennau yn ôl eu màs atomig a gwelodd fod pob wythfed elfen yn debyg. Ond yn anffodus, dim ond ar gyfer tua'r 15 elfen gyntaf roedd y patrwm yn gweithio. Wedyn roedd yn chwalu.

Roedd gwyddonwyr eraill y cyfnod yn gwawdio ei syniad. Cyd-ddigwyddiad oedd y cyfan medden nhw. Dywedodd un y byddai'n cael gwell lwc trwy drefnu'r elfennau yn nhrefn yr wyddor.

John Newlands (1837–1898).

Daeth y darganfyddiad mwyaf cyffrous yn fuan wedyn, ym 1869, gan gemegydd o Rwsia – **Dmitri Mendeleev**. Fel Newlands, trefnodd yr elfennau yn ôl eu màs atomig. Ac fe gafodd yr un problemau.

Roedd Dmitri yn mwynhau chwarae'r gêm gardiau 'solitaire'. Roedd wedi gwneud cerdyn ar gyfer pob elfen. Ei syniad oedd y byddai'r elfennau yn adeiladu yn rhes ar ben rhes, fel y cardiau yn ei hoff gêm.

Bu'n pendroni am y broblem am ddyddiau. Yn y diwedd, aeth i gysgu wedi blino'n lân. Dyna pryd y cafodd freuddwyd anhygoel pan welodd y patrwm go iawn.
Pan oedd y patrwm yn chwalu, gadawodd fylchau, neu newidiodd y drefn fel bod elfennau tebyg yn ffurfio patrwm. Galwodd ei dabl **Y Tabl Cyfnodol**.
('Cyfnodol' oherwydd bod y patrwm yn 'ailadrodd yn rheolaidd'.)

Ond roedd hi'n anodd perswadio'r gwyddonwyr eraill. Doedden nhw ddim yn hoffi'r bylchau a'r ffaith bod angen newid trefn y masau weithiau er mwyn i'r cyfan weithio.

I egluro'r bylchau yn y tabl, dywedodd Dmitri fod yna elfennau ar gyfer y bylchau, ond nad oedd neb wedi eu darganfod hyd yma.
Gallai ragfynegi priodweddau'r elfennau coll gan ddefnyddio ei dabl.

Ym 1886, fe wnaeth gwyddonwyr ddarganfod yr elfen germaniwm. Roedd yn debyg iawn i ragfynegiad Dmitri. O'r diwedd, roedd y byd gwyddoniaeth yn barod i dderbyn ei Dabl Cyfnodol.

Dmitri Mendeleev (1834–1907).
(Rydych chi'n dweud 'Dimitri Mendel-ai-ef'.)
Ef oedd yr ieuengaf o 17 o blant.

1 Copïwch a chwblhewch:

Bu gwyddonwyr yn chwilio am ...... i egluro priodweddau ...... cemegol. Yn y diwedd fe wnaeth ...... Mendeleev ddarganfod y Tabl ......

2 a) Pam roedd gwyddonwyr yn gyndyn o dderbyn Tabl Cyfnodol Mendeleev pan gafodd ei gyhoeddi gyntaf?

b) Sut gwnaeth y cemegwyr sylweddoli ei fod yn ddefnyddiol?

▶▶▶ 16b Y Tabl Cyfnodol modern

Ond roedd yna un broblem o hyd â Thabl Cyfnodol Mendeleev.
Wrth roi popeth yn nhrefn eu màs atomig, doedd rhai elfennau
ddim yn dilyn y patrwm. Pam?
Cofiwch fod y tabl gwreiddiol wedi cael ei lunio ymhell cyn i ni
wybod beth sydd y tu mewn i atomau.
Heddiw, rydym yn gwybod mai'r rhif atomig sy'n bwysig wrth
roi trefn ar yr elfennau.

a) Beth yw rhif atomig elfen? (Edrychwch ar dudalen 172.)

Wrth wneud hynny, fe gawn ni'r Tabl Cyfnodol a welwch chi yma:

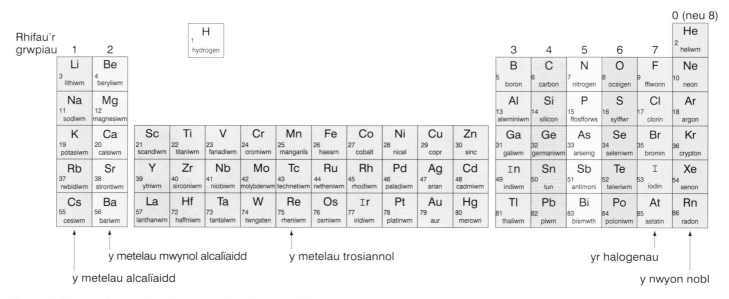

Mae pob lliw yn dangos teulu cemegol o elfennau tebyg.

Rydych chi'n 'darllen' y Tabl Cyfnodol fel llyfr:
Dechreuwch yn y gornel chwith uchaf, ewch o'r chwith i'r dde, gan
fynd i lawr fesul rhes.

Mae'r elfennau tebyg mewn colofnau o'r enw **grwpiau**.
Maen nhw fel 'teuluoedd' o elfennau.
Mae ganddyn nhw rifau, ac mae enwau ar rai hefyd.

Y rhesi ar draws y tabl yw'r **cyfnodau**.
Maen nhw wedi eu rhifo o'r brig, â H a He yn y cyfnod 1af.
Felly mae Li yng Ngrŵp 1 yn yr 2il gyfnod.

b) Ym mha grŵp a chyfnod y mae Al?

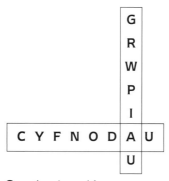

*Grwpiau tuag i lawr,
cyfnodau ar draws.*

Grŵp 1: Y metelau alcalïaidd

Rydyn ni wedi sôn am y metelau yng Ngrŵp 1 ym Mhennod 2.

c) Beth yw enw metelau Grŵp 1?

ch) Pam maen nhw'n cael yr enw hwnnw?

d) Pan fydd y metelau yn adweithio â dŵr, mae'r nwy sy'n cael ei ryddhau yn llosgi â 'phop' pan rowch sblint wedi ei gynnau ynddo. Beth yw'r nwy?

Edrychwch ar atomau y 3 elfen gyntaf yng Ngrŵp 1:

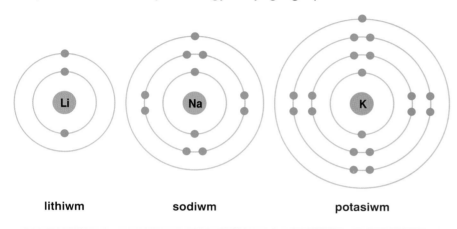

lithiwm	sodiwm	potasiwm

● = electron

○ = niwclews

dd) Beth y gallwch chi ei ddweud am nifer y plisg electronau ym mhob atom uchod?

e) Beth y gallwch chi ei ddweud am nifer yr electronau ym mhlisgyn allanol pob atom?

> **Wrth i ni fynd i lawr y Tabl Cyfnodol, mae pob rhes (cyfnod) yn dechrau llenwi plisgyn newydd o electronau.**

> **Mae nifer yr electronau ym mhlisgyn allanol atom yn dangos beth yw rhif y grŵp y mae'r elfen honno ynddo.**

Yn aml, gwelwn fod ***patrymau yn mynd i lawr grŵp***. Er enghraifft, mae metelau Grŵp 1 yn mynd yn fwy adweithiol wrth fynd i lawr y grŵp. Mae'r ymdoddbwyntiau yn gostwng wrth fynd i lawr y grŵp.

I'ch atgoffa!

1 Copïwch a chwblhewch:

Mae'r elfennau yn y Tabl ...... wedi eu trefnu yn ôl eu rhifau ...... (nid eu ...).

Mae'r grwpiau yn y colofnau f......, a'r ...... yn y ...... llorweddol.

2 a) Eglurwch pam mai'r wefr ar ïon Grŵp 1 yw 1+.

b) Darganfyddwch beth yw ymdoddbwyntiau'r metelau yng Ngrŵp 1 a'u cofnodi mewn tabl.

c) Lluniwch graff i ddangos patrwm yr ymdoddbwyntiau.

193

Ydych chi'n adnabod arogl nwy clorin – yr arogl mewn pwll nofio? Mae ychydig bach o gyfansoddion clorin yn cael eu hydoddi yn y dŵr i ladd germau. Mae'n nwy gwenwynig iawn. Dyma un o'r arfau cemegol cyntaf i gael eu defnyddio yn y Rhyfel Byd Cyntaf.
Mae clorin yn halogen o Grŵp 7 yn y Tabl Cyfnodol.
Ei fformiwla yw Cl_2. Mae'n foleciwl **deuatomig**.

Rhowch eich electronau i ni!

a) Sawl atom clorin sydd mewn moleciwl clorin?

Edrychwch ar aelodau eraill y 'teulu' halogen isod:
Maen nhw wedi eu hysgrifennu yn y drefn y maen nhw'n ymddangos yn y Tabl Cyfnodol.

Halogen (symbol)	Moleciwl	Lliw	Cyflwr (ar 25 °C)
fflworin (F)	F_2	melyn golau	nwy
clorin (Cl)	Cl_2	melyn/gwyrdd	nwy
bromin (Br)	Br_2	oren tywyll/brown (ag anwedd brown)	hylif
ïodin (I)	I_2	llwyd/du (ag anwedd fioled)	solid

b) A yw lliw yr halogenau yn mynd yn oleuach neu'n dywyllach wrth fynd i lawr y grŵp?

c) Edrychwch beth yw eu cyflwr ar 25 °C.
A yw ymdoddbwyntiau a berwbwyntiau yr halogenau yn mynd yn uwch neu'n is wrth fynd i lawr y tabl?

ch) Beth y gallwch chi ei ddweud am bob un o'r moleciwlau halogen?

Iawn, Iawn Capten!

Mae'r halogenau yn ffurfio moleciwlau 'deuatomig'. (Gefeilliaid atomig!)

Adweithiau â metelau

Mae'r halogenau yn anfetelau nodweddiadol.
Maen nhw'n adweithio â metelau i ffurfio **halwynau**.
Cyfansoddion **ïonig** yw'r rhain, ble mae'r halogen yn ffurfio ïon halid â gwefr **1–**.

Halogen	yn ffurfio'r ïon halid	enghraifft o'r cyfansoddyn ïonig
fflworin	fflworid (F^-)	sodiwm fflworid
clorin	clorid (Cl^-)	lithiwm clorid
bromin	bromid (Br^-)	sinc bromid
ïodin	ïodid (I^-)	potasiwm ïodid

d) Rhowch enghraifft arall o halwyn sy'n cael ei ffurfio gan bob halogen.

Fflworin yw'r mwyaf adweithiol o'r holl anfetelau. Mae'n adweithio â llawer o fetelau unwaith y bydd y nwy (fflworin) yn eu cyffwrdd. Mae'r halogenau eraill yn adweithio â metelau, ond fel arfer rhaid eu gwresogi. Dyma welwn ni:

> **Mae'r halogenau yn mynd yn *llai adweithiol* wrth fynd i lawr y grŵp.**

Adweithiau ag anfetelau

Mae patrwm yr adweithedd yr un fath mewn adweithiau ag anfetelau. Er enghraifft, bydd fflworin yn adweithio fwyaf ffyrnig â hydrogen.

hydrogen + fflworin → hydrogen fflworid (mae HF yn foleciwl cofalent)

Mae ïodin yn adweithio â hydrogen mewn adwaith cildroadwy araf. Mae'r halidau hydrogen sy'n cael eu ffurfio yn foleciwlau sy'n hydoddi mewn dŵr gan ffurfio asidau.

Adweithiau dadleoli

Gallwn roi'r halogenau i gystadlu â'i gilydd. Mae'r halogenau yn fwy sefydlog ar ffurf ïonau halid. Felly os oes gennych chi ïon halid mewn hydoddiant a halogen arall, bydd yr halogen llai adweithiol yn cael ei **ddadleoli** (ei 'gicio allan') o'r hydoddiant. Er enghraifft,

clorin + hydoddiant potasiwm bromid → hydoddiant potasiwm clorid + bromin

Mae clorin yn fwy adweithiol na bromin. Felly gall clorin ddadleoli'r ïon bromid o hydoddiant. Ar y llaw arall:

bromin + hydoddiant potasiwm clorid ⇸ dim adwaith

dd) Ysgrifennwch yr hafaliad geiriau ar gyfer clorin yn cael ei ychwanegu at hydoddiant potasiwm ïodid.

I'ch atgoffa!

1 Copïwch a chwblhewch:

Enw elfennau Grŵp 7 yw yr ......

Maen nhw'n nodweddiadol o ...... Maen nhw'n mynd yn ...... adweithiol wrth fynd i lawr y ......

Maen nhw'n ffurfio cyfansoddion o'r enw ...... ble mae gan yr ïonau wefr ......

Mae halogen mwy ...... yn gallu ...... halogen ...... adweithiol o ...... o'i halwyn.

2 a) Eglurwch pam mai'r wefr ar ïon Grŵp 7 yw 1–.

b) Cwblhewch yr hafaliad geiriau:
bromin + hydoddiant potasiwm ïodid →

3 Gwnewch waith ymchwil a lluniwch boster yn dangos ffyrdd o ddefnyddio halogenau.

TGCh

195

Gawsoch chi erioed falŵn arian yn dweud 'Pen-blwydd Hapus'?
Os cawsoch, mae'n debyg mai nwy **heliwm** oedd ynddi. (Dyna'r nwy sy'n gwneud i'ch llais swnio'n wichlyd!)
Yr un nwy sy'n cael ei ddefnyddio i lenwi'r awyrlongau sy'n hysbysebu pethau mewn sioeau ac ati.

Mae heliwm yn llawer llai dwys nag aer, felly dyna sy'n codi'r awyrlongau.

Heliwm yw'r nwy cyntaf yng Ngrŵp 0, sef y **nwyon nobl**.
Dyma'r grŵp cyfan o nwyon nobl:

He – heliwm
Ne – neon
Ar – argon
Kr – crypton
Xe – senon
Rn – radon

Mae'n well gan y nwyon nobl fod ar eu pen eu hunain.

Fel grŵp, mae'r nwyon nobl yn ddiflas iawn! Prin y maen nhw'n adweithio o gwbl. Dywedwn eu bod yn **anadweithiol**.
Dydyn nhw ddim hyd yn oed yn adweithio i ffurfio moleciwlau fel yr halogenau.
Atomau unigol yw'r nwyon nobl.
Maen nhw'n nwyon **monatomig**.
Edrychwch ar yr atomau nwyon nobl isod:

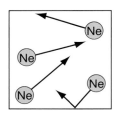

Nwyon 'monatomig' yw'r nwyon nobl.

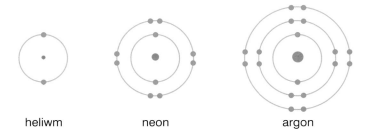

heliwm   neon   argon

α) Beth y gallwch chi ei ddweud am y plisgyn allanol ym mhob nwy nobl?

Mae'r nwyon nobl mor sefydlog oherwydd bod
plisg allanol eu hatomau yn *llawn* electronau.

Ond mae'r diffyg adweithedd yn eu gwneud yn ddefnyddiol hefyd. Er enghraifft, caiff nwy **argon** ei ddefnyddio mewn bylbiau golau. Petai'r bylbiau wedi eu llenwi ag aer, byddai'r ffilament metel yn adweithio ag unrhyw ocsigen oedd yno. Buan y byddai'n torri.

Caiff nwy argon ei ddefnyddio wrth weldio hefyd.
Mae'n cael ei ddefnyddio o gwmpas y darn sy'n cael ei weldio.
Mae'n rhwystro ocsigen rhag adweithio â metelau poeth iawn.

b) Pam mae heliwm yn cael ei ddefnyddio mewn awyrlongau?

c) Pam mae argon yn cael ei ddefnyddio mewn bylbiau golau?

ch) Sut mae argon yn helpu wrth weldio metelau?

Mae'r nwyon nobl yn tywynnu pan fydd folteddau uchel yn mynd ar draws tiwbiau o'r nwyon ar wasgedd isel. Er enghraifft, mae neon yn tywynnu'n goch llachar. Dyna sy'n rhoi'r lliwiau ar fyrddau hysbysebu lliwgar fel hyn:

Caiff argon ei ddefnyddio mewn bylbiau golau.

Caiff nwy crypton ei ddefnyddio mewn laserau i drin llygaid. Edrychwch ar y ffotograff gyferbyn:

Mae yna rai patrymau yn y nwyon nobl:
● maen nhw'n mynd yn fwy dwys wrth i chi fynd i lawr y grŵp,
● mae'r berwbwyntiau yn codi wrth i chi fynd i lawr y grŵp.

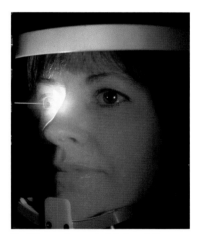

Caiff crypton ei ddefnyddio mewn laserau.

I'ch atgoffa!

1 Copïwch a chwblhewch:

Yr enw ar elfennau Grŵp 0 yw'r nwyon ......
Maen nhw'n an ...... iawn gan fod plisg allanol eu hatomau yn ......

Mae'r berwbwyntiau yn ...... wrth i chi fynd i lawr y ...... ac mae ...... y nwyon yn gwneud hynny hefyd.

2 a) Rhowch un ffordd o ddefnyddio:
   i) heliwm ii) neon iii) argon
   iv) crypton.

b) Darganfyddwch:
   i) pam mae rhai pobl yn poeni am nwy radon yn eu cartref
   ii) pa ardaloedd o'r wlad y mae nwy radon yn effeithio arnyn nhw.

TGCh

Crynodeb

Mae'r Tabl Cyfnodol modern yn trefnu'r elfennau yn **nhrefn eu rhifau atomig**.

Mae elfennau tebyg yn cael eu gosod mewn colofnau o'r enw **grwpiau**.

Mae pob rhes newydd yn cael ei galw'n **gyfnod**, gan ddechrau â H a He yn y cyfnod 1af.

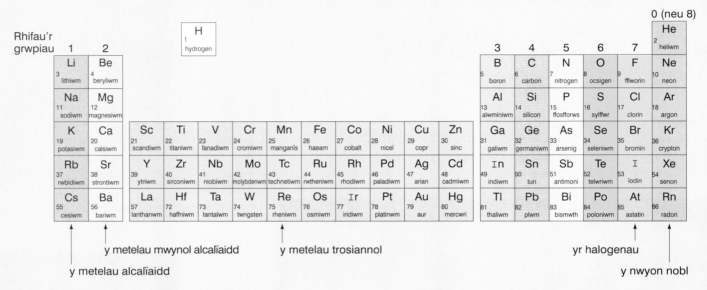

Mae pob lliw yn dangos teulu cemegol o elfennau tebyg.

Enw elfennau **Grŵp 1** yw'r **metelau alcalïaidd**.

Maen nhw'n adweithio ag anfetelau gan gynhyrchu cyfansoddion ïonig, sy'n ffurfio ïonau â gwefr 1+.

Maen nhw'n adweithio â dŵr gan ffurfio hydoddiant o'u hydrocsid a rhyddhau nwy hydrogen.

Maen nhw'n mynd yn **fwy adweithiol** wrth fynd i lawr y grŵp.

Mae'r ymdoddbwyntiau yn gostwng wrth fynd i lawr y grŵp.

Elfennau **Grŵp 7** yw'r anfetelau sy'n cael eu galw yn **halogenau**.

Maen nhw'n adweithio â metelau i ffurfio halwynau ïonig, gan ffurfio ïonau â gwefr 1–.

Maen nhw'n adweithio ag anfetelau eraill gan ffurfio moleciwlau, ble mae bondiau cofalent rhwng yr atomau.

Mae lliw ar eu hanwedd i gyd a moleciwlau deuatomig yw pob un, er enghraifft F_2.

Maen nhw'n mynd yn **llai adweithiol** wrth fynd i lawr y grŵp.

Mae'r ymdoddbwyntiau a'r berwbwyntiau yn cynyddu wrth fynd i lawr y grŵp.

Mae'r grwpiau yn deuluoedd o elfennau. Mae aelodau'r teulu yn debyg ond ddim yn union yr un fath.

Grŵp 0 (neu 8) yw'r **nwyon nobl** anadweithiol iawn.

Atomau unigol yw'r rhain (nwyon monatomig).

Mae heliwm yn llai dwys nag aer a chaiff ei ddefnyddio mewn awyrlongau a balwnau.

Dyma'r nwyon sydd mewn tiwbiau dadwefru trydan, lle maen nhw'n tywynnu'n llachar. Er enghraifft, mae neon yn tywynnu'n goch.

Mae berwbwyntiau a dwysedd nwyon nobl yn cynyddu wrth fynd i lawr y grŵp.

Cwestiynau

1 Copïwch a chwblhewch:

Mae'r Tabl ...... yn gosod elfennau mewn trefn yn ôl ...... atomig.

Grŵp ...... yw'r metelau alcalïaidd. Maen nhw'n mynd yn ...... adweithiol wrth fynd i lawr y grŵp.

Grŵp 7 yw'r ...... Maen nhw'n mynd yn ...... adweithiol wrth fynd i lawr y grŵp.

Grŵp 0 yw'r nwyon ...... ac maen nhw'n an...... iawn.

2 Cymharwch briodweddau elfennau Grŵp 1 a Grŵp 7 er mwyn dangos rhai o'r gwahaniaethau rhwng metelau ac anfetelau.

3 Ysgrifennwch gymaint â phosib o'r patrymau sydd i'w gweld wrth fynd i lawr y grwpiau hyn:

a) Grŵp 1

b) Grŵp 7

c) Grŵp 0

ch) Beth sy'n gyffredin am holl atomau elfennau pob grŵp?

(Cliw: Meddyliwch am eu plisg allanol.)

4 Edrychwch yn ôl ar Bennod 2 i'ch helpu i ateb y cwestiwn hwn.

a) Disgrifiwch beth y byddech chi'n ei weld wrth i sodiwm adweithio â dŵr.

b) Petaech yn ychwanegu dangosydd cyffredinol at yr hydoddiant sy'n weddill ar ôl yr adwaith yn a), pa pH y byddech chi'n ei ddisgwyl?

c) Ysgrifennwch hafaliad geiriau ar gyfer adwaith sodiwm â dŵr.

ch) Gallwch gasglu'r nwy sy'n cael ei ryddhau wrth i lithiwm adweithio â dŵr. Sut gallech chi ddangos mai hydrogen yw'r nwy?

d) Pa un fyddai'n adweithio fwyaf ffyrnig â dŵr: lithiwm, sodiwm neu botasiwm?

dd) Pam nad ydym ni'n defnyddio rwbidiwm neu gesiwm yn yr ysgol?

5 Pa elfen o Grwpiau 1, 7 neu 0 sy'n cael eu disgrifio yma:

a) Mae'n tywynnu'n goch llachar mewn tiwb dadwefru trydan.

b) Mae'n ffisian ar wyneb y dŵr; mae'r nwy sy'n cael ei ryddhau yn tanio a llosgi â fflam lliw lelog.

c) Mae'n cael ei ddefnyddio mewn bylbiau golau.

ch) Mae'n ffurfio ïon 1+ mewn halen cyffredin.

d) Mae'n cael ei ddefnyddio i ladd germau mewn dŵr.

dd) Dyma'r metel lleiaf adweithiol yn ei grŵp.

e) Grisialau llwyd tywyll yw'r elfen hon ac mae'n ffurfio anwedd fioled wrth gael ei chynhesu.

f) Dyma'r elfen anfetelaidd fwyaf adweithiol.

ff) Mae'n cael ei ddefnyddio i lenwi balwnau ac awyrlongau.

g) Mae'n hylif ar 20 °C.

6 Edrychwch ar ferwbwyntiau'r halogenau hyn:

Halogen	Berwbwynt (°C)
fflworin	−188
clorin	−35
bromin	59
ïodin	184

a) Lluniwch siart bar i ddangos y data uchod. Efallai yr hoffech roi llinell waelod y graff ar − 200 °C.

b) Pa batrwm welwch chi yn eich graff wrth fynd i lawr Grŵp 7?

7 a) Dychmygwch eich bod yn wyddonydd sy'n ysgrifennu llythyr at Dmitri Mendeleev ym 1870. Rydych chi wedi gweld ei Dabl Cyfnodol ond dydych chi ddim yn cytuno â'i syniadau. Cofiwch gynnwys y rhesymau pam yr ydych yn cwestiynu ei Dabl.

b) Ysgrifennwch eto at Dmitri ym 1886, ar ôl i'r elfen germaniwm gael ei darganfod. Eglurwch pam rydych chi bellach yn credu bod ei Dabl Cyfnodol yn ddefnyddiol wedi'r cyfan.

PENNOD 17

Halidau

▶▶▶ 17a Sodiwm clorid

Rydyn ni wedi sôn am **sodiwm clorid** o'r blaen ym Mhenodau 5 a 15.
Dyma'r halwyn rydyn ni'n ei ychwanegu at fwyd i roi blas arno (neu i
gadw rhai bwydydd). Fformiwla sodiwm clorid yw **NaCl**.
Gwelsom ei fod yn wahanol iawn i sodiwm neu glorin.
(Edrychwch ar dudalen 178.)

Sodiwm clorid yw'r prif halwyn sydd wedi'i hydoddi yn y môr.
Dim rhyfedd ein bod yn sôn amdano fel '**halen cyffredin**'.
Mae halen craig i'w gael o dan y ddaear hefyd.
Mae'n debyg i'r halen hwnnw gael ei ddyddodi rhwng haenau o
greigiau filiynau o flynyddoedd yn ôl wrth i foroedd hynafol sychu.

Gallwn gasglu'r halen mewn tair ffordd:

Anweddu dŵr môr

Mewn gwledydd poeth, mae dŵr môr yn cael ei ollwng i lagwnau bas.
Edrychwch ar y ffotograff gyferbyn:

Mae gwres yr Haul yn anweddu'r dŵr.
Mae'r solidau a oedd wedi hydoddi yn y dŵr yn cael eu gadael ar ôl.

Casglu halen o ddŵr môr.

a) Pam nad yw'r dull hwn yn cael ei ddefnyddio yng ngwledydd
    Prydain ryw lawer?

b) A fyddech chi'n cael sodiwm clorid pur?
    Eglurwch eich ateb.

Mwyngloddio o dan y ddaear

Mae hyn yn debyg i fwyngloddio am lo.
Rhaid cloddio siafft i lawr at y wythïen o halen craig.
Yna rhaid cloddio am yr halen, gan weithio ar hyd y wythïen.
Rhaid gadael colofnau mawr o halen craig i ddal y to.
O dan Sir Gaer, mae'r halen craig hyd at 2000 metr o drwch mewn
rhai mannau!

c) Ai sodiwm clorid pur yw'r halen craig sy'n cael ei
    fwyngloddio o'r ddaear? Sut gallwn ni ei buro?

Mwyngloddio halen craig.

Gallwn ddefnyddio'r halen craig o'r ddaear i'w roi ar y ffyrdd yn y gaeaf.

Mae halen yn gwneud rhewbwynt dŵr yn is, felly mae'n llai tebygol y bydd iâ yn ymffurfio. Mae angen tymheredd is er mwyn i iâ ymffurfio os oes halen ar y ffyrdd.

Mwyngloddio hydoddiant

Dyma ffordd arall o godi halen i'r arwyneb, o wythïen halen craig sydd o dan y ddaear.

Mae'n golygu hydoddi'r halen mewn dŵr poeth sy'n cael ei gludo i lawr at y wythïen mewn pibellau. Yna mae'r hydoddiant halen (o'r enw **heli**) yn cael ei anfon i'r arwyneb. Edrychwch ar y diagram hwn:

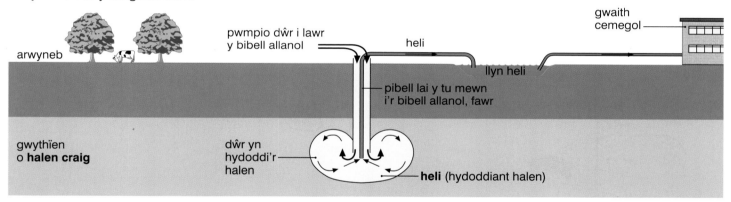

ch) Sut gallech chi gael sodiwm clorid solid trwy fwyngloddio hydoddiant?

I'ch atgoffa!

1 Copïwch a chwblhewch:

Enw arall am sodiwm ...... yw halen ......

Ei fformiwla gemegol yw ......

Gallwn gasglu halen trwy ...... dŵr môr, ei ...... o wythiennau o dan y ddaear neu ei hydoddi ac yna pwmpio'r h ...... i wyneb y ddaear.

2 Pa ddatganiadau sy'n wir am sodiwm clorid?

a) Mae'n solid brown.

b) Mae bondiau cofalent rhwng ei atomau.

c) Mae wedi ei wneud o risialau gwyn.

ch) Mae bondiau ïonig yn dal yr ïonau mewn dellten enfawr.

3 Ymchwiliwch i'r problemau y mae mwyngloddio hydoddiant yn gallu eu hachosi mewn cymuned.

Ydych chi wedi bwyta margarin heddiw?
Oeddech chi'n gwybod eu bod nhw'n defnyddio nwy hydrogen i'w wneud?
Ac y gallwch chi wneud yr hydrogen o heli?
Caiff margarin ei wneud o olewau – fel olew blodyn yr haul.
Gwaith yr hydrogen yw gwneud yr olew yn fwy trwchus er mwyn iddo daenu'n dda ar fara.

a) Beth yw heli?

b) Pam mae hydrogen yn cael ei ddefnyddio i wneud margarin?

Ar y dudalen flaenorol, gwelsoch sut rydym yn cael heli o wythiennau halen o dan y ddaear.
Mae'r heli (hydoddiant halen) yn cael ei storio mewn cronfa nes bod ei angen yn y ffatri gemegol gerllaw.
Yn y ffatri, mae trydan yn dadelfennu'r heli.

c) Beth yw enw'r broses ble mae hylif yn cael ei ddadelfennu gan drydan? (Edrychwch ar dudalen 40.)

Caiff hydrogen ei ddefnyddio i wneud margarin.

Gallwch wneud yr arbrawf hwn yn y labordy:

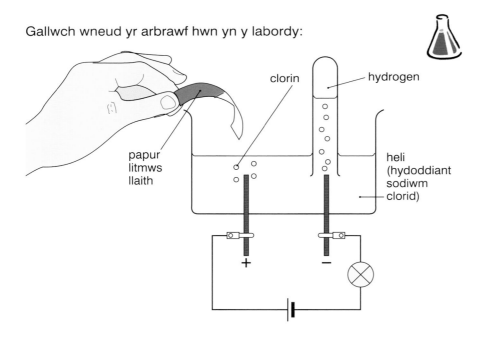

Ar yr electrod negatif: mae nwy hydrogen yn cael ei ryddhau.
(Bydd y nwy yn llosgi â 'phop' gwichlyd pan gaiff sblint wedi ei gynnau ei roi ynddo.)

Ar yr electrod positif: mae nwy clorin yn cael ei ryddhau.
(Y prawf ar gyfer y nwy hwn yw ei fod yn tynnu'r lliw o bapur litmws llaith.)

Mae'r hydoddiant o amgylch yr electrod negatif yn troi'n **alcalïaidd**.
(Gallwch brofi hyn â hydoddiant Dangosydd Cyffredinol.)
Y rheswm am hyn yw bod **hydoddiant sodiwm hydrocsid** yn cael ei ffurfio.

ch) I ba liw y bydd y Dangosydd Cyffredinol yn newid?

Ym myd diwydiant, mae'r electrolysis yn digwydd mewn llawer o gelloedd ar yr un pryd. Y celloedd mwyaf modern yw celloedd pilen. Edrychwch ar y diagram gyferbyn:

Mae rhwystr plastig (pilen):

– yn cadw'r nwy hydrogen a chlorin ar wahân
– yn rhwystro'r clorin rhag adweithio â'r sodiwm hydrocsid
– yn gadael i ïonau positif fynd trwyddo yn unig, felly mae'n bosib casglu sodiwm hydrocsid o'r gell.

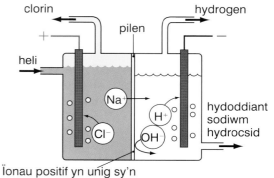

Ïonau positif yn unig sy'n gallu mynd trwy'r bilen

Edrychwch ar y cynhyrchion y gallwn eu gwneud gan ddefnyddio clorin, hydrogen a sodiwm hydrocsid:

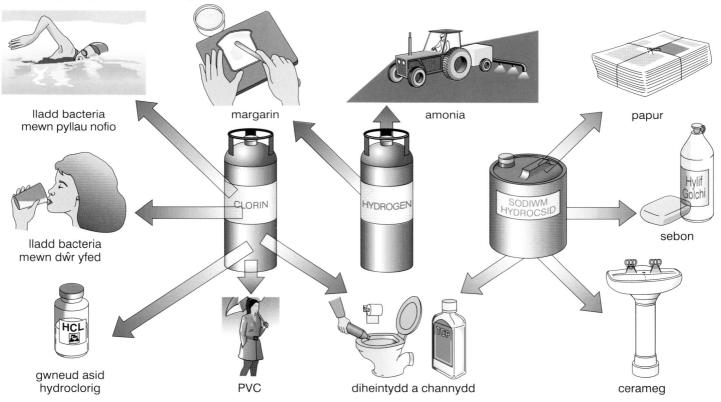

lladd bacteria mewn pyllau nofio

margarin

amonia

papur

lladd bacteria mewn dŵr yfed

sebon

gwneud asid hydroclorig

PVC

diheintydd a channydd

cerameg

I'ch atgoffa!

1 Copïwch a chwblhewch:

Trwy electroleiddio heli, rydym yn ffurfio hydrogen, ... a hydoddiant sodiwm ......
Gallwn brofi am y nwyon sy'n cael eu rhyddhau â sblint ...... sy'n gwneud ...... (ar yr electrod ......), ac â phapur dangosydd llaith sy'n ...... (ar yr electrod ......).

2 a) Rhestrwch y pethau rydych chi'n eu defnyddio bob dydd sydd wedi eu gwneud o'r cemegau ddaw o heli.

b) Pam mae'r diwydiant cemegol yn Sir Gaer yn cael ei alw'n ddiwydiant clor-alcali?

▶▶▶ 17c Arian halidau

Fel y gwyddoch o'r bennod ddiwethaf, cyfansoddion yr halogenau yw halidau.

Bob tro y byddwch yn edrych ar ffotograff, meddyliwch am halidau yr elfen arian. Mae papur neu ffilm ffotograffig yn cynnwys cymysgedd o'r halidau hyn. Mae'r arian halid yn cael ei ddadelfennu gan oleuni. Mae ïonau arian yn cael eu rhydwytho gan ffurfio atomau arian. Dyma sy'n aros ar y ffilm.

Er enghraifft:

arian bromid $\xrightarrow{\text{goleuni}}$ arian + bromin

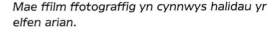

Mae ffilm ffotograffig yn cynnwys halidau yr elfen arian.

a) Ysgrifennwch yr hafaliad ar gyfer arian clorid yn ymddatod.

Yn wreiddiol, arian bromid oedd yn cael ei ddefnyddio ar ffilm 'du a gwyn', ond mae yna gymysgedd mwy cymhleth mewn ffilm lliw.

Yr un adwaith sy'n digwydd yn achos pelydrau X ac ymbelydredd. Ym 1896, cafodd ymbelydredd ei ddarganfod trwy roi arian bromid ar blât ffotograffig.

Digwyddodd Henri Becquerel adael darn o graig ar blât ffotograffig mewn drôr tywyll. Pan aeth i ddefnyddio'r plât, sylwodd fod rhyw 'niwl' arno. Yr atomau ymbelydrol yn y graig oedd wedi achosi hynny.

Gawsoch chi belydr X erioed? Nid yw pelydrau X yn mynd trwy esgyrn, felly mae'r esgyrn yn wyn ar y ffilm. Mae'r pelydrau X yn mynd trwy fannau eraill ac yn taro'r ffilm ffotograffig. Mae'r arian bromid yn ymddatod a'r rhannau tywyll yw'r metel arian sydd wedi ei adael ar y ffilm.

b) Pam mae pelydrau X yn ddefnyddiol i feddygon?

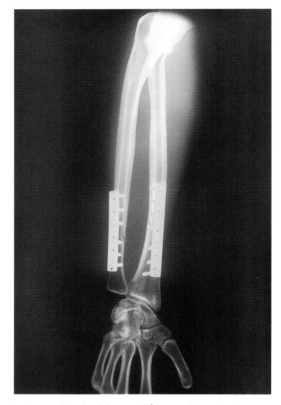

Beth welwch chi ar y plât pelydr X hwn?

I'ch atgoffa!

1 Copïwch a chwblhewch:

Mae'r arian ...... yn cael eu defnyddio mewn ...... a phapur ffotograffig. Maen nhw'n ymddatod mewn ...... i ffurfio ...... a'r halogen. Mae'r ïonau arian yn cael eu rh...... yn atomau arian.

2 a) Heblaw goleuni, beth arall sy'n achosi i arian halidau ymddatod?

b) Ymchwiliwch i'r gwaith cynnar ar ymbelydredd a'r gwyddonwyr fu'n gweithio yn y maes.

Crynodeb

Mae sodiwm clorid (halen cyffredin) i'w gael yn y môr ac o dan y ddaear ar ffurf halen craig. Gallwn ei bwmpio i fyny i'r wyneb ar ffurf heli (hydoddiant halen).

Mae'r heli yn cael ei electroleiddio ym myd diwydiant i ffurfio hydrogen, clorin a hydoddiant sodiwm hydrocsid.

Mae hydrogen yn cael ei ryddhau ar yr electrod negatif.
(Mae hydrogen yn gwneud 'pop' – ffrwydrad gwichlyd – pan rown sblint wedi ei gynnau ynddo.)
Mae nwy clorin yn cael ei ryddhau ar yr electrod positif.
(Mae clorin yn tynnu'r lliw o bapur litmws llaith.)

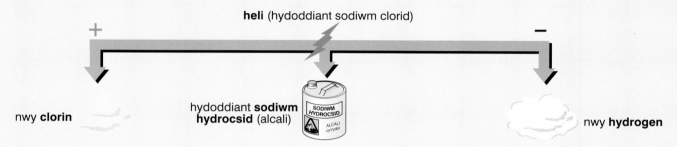

heli (hydoddiant sodiwm clorid)

nwy **clorin**

hydoddiant **sodiwm hydrocsid** (alcali)

nwy **hydrogen**

Caiff halidau arian eu defnyddio mewn ffilm a phapur ffotograffig.
Mae goleuni, pelydrau X neu ymbelydredd yn gwneud iddyn nhw ymddatod.

Cwestiynau

1 Copïwch a chwblhewch:

Enw arall am hydoddiant sodiwm clorid yw ……

Mae hwn yn …… crai pwysig yn y diwydiant cemegol, sy'n cynhyrchu ……, clorin a hydoddiant …… hydrocsid.

Mae'r …… arian yn cael eu defnyddio mewn ff …… Mae ……, pelydrau X ac …… yn gwneud iddyn nhw ymddatod.

2 a) Ysgrifennwch yr hafaliad ar gyfer yr adwaith sy'n digwydd os bydd arian ïodid yn cael ei adael mewn tiwb profi ar silff ffenestr.

   b) Pa wahaniaeth y byddech chi'n ei ddisgwyl petai'r arian ïodid yn cael ei gadw mewn cwpwrdd tywyll?

   c) Sut gwnaeth arian bromid helpu wrth ddarganfod ymbelydredd?

3 Wrth electroleiddio heli:

   a) Pa nwy sy'n cael ei ryddhau ar yr electrod negatif?
   Sut gallech chi brofi am y nwy hwn?

   b) Pa nwy sy'n cael ei ryddhau ar yr electrod positif?
   Sut gallech chi brofi am y nwy hwn?

   c) O gwmpas pa electrod y mae hydoddiant sodiwm hydrocsid yn ymffurfio?
   Beth fydd pH yr hydoddiant sodiwm hydrocsid?

   ch) Lluniwch ddiagramau pry cop i ddangos ffyrdd o ddefnyddio clorin, hydrogen a sodiwm hydrocsid.

   d) Mae'r gell bilen yn cael ei defnyddio ym myd diwydiant.
   Darganfyddwch pa fath arall o gell sy'n cael ei defnyddio.

▶ Y tu mewn i atomau

1 Dyma gwestiwn am elfennau ac atomau.

(a) Tua faint o wahanol elfennau sydd ar y Ddaear?

Dewiswch y rhif cywir o'r rhestr hon:

40   50   60   70   80   90

(1)

(b) Dyma rannau atom:

electron   niwtron   niwclews   proton

O'r rhestr, dewiswch yr un sydd:

(i)   heb wefr drydanol;

(ii) yn cynnwys dau o'r gronynnau eraill;

(iii) â bron ddim màs o gwbl. (3)

(c) Llwyddodd gwyddonwyr i wneud elfennau newydd mewn adweithyddion niwclear. Un o'r elfennau newydd yw ffermiwm. Mae'r symbol hwn yn cynrychioli atom o ffermiwm.

$$^{257}_{100}\text{Fm}$$

(i)   Sawl proton sydd yn yr atom hwn?

(ii) Sawl niwtron sydd yn yr atom? (2)

(AQA 1999)

2 Mae'r diagram yn dangos atomau carbon-12 a charbon-14.

Mae'r symbolau ○ ● ✕ yn cynrychioli'r gronynnau sydd mewn atomau.

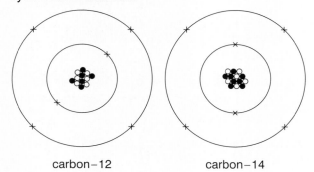

carbon–12   carbon–14

Defnyddiwch eiriau o'r rhestr i gwblhau'r brawddegau.

electronau   isotop   moleciwl   niwtronau

niwclews   orbit   protonau

Yr enw ar y gronynnau sydd â'r symbol X yn y diagram yw ......

Mae'r gronynnau sydd â'r symbol ○ a ● gyda'i gilydd yn gwneud ...... yr atom.

Mae gan garbon-14 fwy o ...... na charbon-12. (3)

(AQA 2001)

3 Dyma gwestiwn am yr elfen silicon.

(a) Gallwn ddangos isotop mwyaf cyffredin silicon fel hyn:

$$^{28}_{14}\text{Si}$$

(i)   Sawl proton a niwtron sydd yna mewn atom o'r isotop hwn?

Nifer y protonau ....
Nifer y niwtronau ....

(2)

(ii) Mae gan silicon isotopau eraill. Pa air sy'n cwblhau'r frawddeg ganlynol?

Mae gan isotopau o'r un elfen wahanol niferoedd o ...... (1)

(b) Copïwch a chwblhewch y diagram hwn i ddangos trefn yr holl electronau mewn atom o silicon.

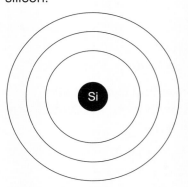

(2)

(AQA 2000)

▶ **Bondio**

4 Dyma gwestiwn am fagnesiwm ocsid a sut y mae'n cael ei ffurfio o atomau magnesiwm ac ocsigen.

(a) Gorffennwch y brawddegau trwy ddewis y geiriau gorau o'r rhestr hon

> **atomau**
>
> **cofalent**
>
> **enfawr**
>
> **uchel**
>
> **ïonig**
>
> **ïonau**
>
> **isel**
>
> **moleciwlaidd**

Mae magnesiwm ocsid yn enghraifft o sylwedd sydd â bondio i) ......

Mae ganddo adeiledd ii) ...... wedi ei wneud o iii) ......

Mae grymoedd cryf rhwng y gronynnau yn yr adeiledd yn golygu bod gan fagnesiwm ocsid ymdoddbwynt iv) ...... (4)

(b) Yn y tabl, mae gwybodaeth am drefn yr electronau mewn atom magnesiwm ac atom ocsigen.

Atom	Trefn yr electronau
Mg	2,8,2
O	2,6

Disgrifiwch y newidiadau sy'n digwydd yn nhrefn yr electronau wrth i fagnesiwm ocsid gael ei ffurfio o fagnesiwm ac ocsigen. (4)

(OCR Nuffield 1999)

5 **(a)** Defnyddiwch y Tabl Cyfnodol ar dudalen 192 i gwblhau rhannau (i), (ii), (iii) a (iv).

(i) Rhif màs potasiwm yw ...... (1)

(ii) Nifer y protonau mewn atom alwminiwm yw ...... (1)

(iii) Nifer y niwtronau mewn atom fflworin yw ...... (1)

(iv) Gan ddefnyddio **X** i ddangos electron, copïwch a chwblhewch y diagram canlynol i ddangos trefn yr electronau mewn atom **sylffwr**. (1)

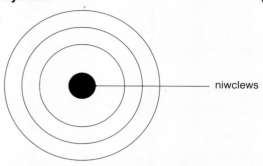

(b) Mae gan atomau clorin saith electron yn eu horbit (plisgyn) allanol. Nodwch **ddwy** ffordd wahanol y gall atomau clorin ffurfio bond cemegol. (2)

(CBAC)

6 Mae alwminiwm ocsid yn cynnwys ïonau alwminiwm (Al^{3+}).
Rhif atomig alwminiwm yw 13.
Rhif màs alwminiwm yw 27.

(i) Copïwch a chwblhewch y tabl i ddangos nifer y protonau, niwtronau ac electronau mewn atom alwminiwm (Al) ac ïon alwminiwm (Al^{3+}).

Fformiwla y gronyn	Nifer y protonau	Nifer y niwtronau	Nifer yr electronau
Al	....	....	....
Al^{3+}	....	....	....

(4)

(ii) Enwch y math o fondio sydd mewn alwminiwm ocsid. (1)

(iii) Nodwch UN briodwedd ffisegol y byddech yn disgwyl ei gweld mewn alwminiwm ocsid. (1)

(EDEXCEL 2000)

7 Dyma gwestiwn am atomau, moleciwlau ac ïonau.

Dewiswch atebion ar gyfer **a)** i **c)** o'r rhestr hon:

Ne Cu^{2+} CO_2 H_2O Cl^- Br^-

(a) Ysgrifennwch fformiwla ïon. (1)

(b) Ysgrifennwch fformiwla moleciwl. (1)

(c) Ysgrifennwch symbol un o'r nwyon nobl. (1)

(OCR Suffolk 1999)

▶ Y Tabl Cyfnodol

8 Ceisiodd John Newlands ddosbarthu'r elfennau ym 1866. Ceisiodd drefnu'r holl elfennau yr oedd yn gwybod amdanyn nhw yn nhrefn eu pwysau atomig. Dyma'r 21 elfen gyntaf yn Nhabl Newlands:

	COLOFN						
	a	b	c	ch	d	dd	e
Symbol	H	Li	Be	B	C	N	O
Pwysau atomig	1	2	3	4	5	6	7
Symbol	F	Na	Mg	Al	Si	P	S
Pwysau atomig	8	9	10	11	12	13	14
Symbol	Cl	K	Ca	Cr	Ti	Mn	Fe
Pwysau atomig	15	16	17	18	19	20	21

Defnyddiwch y Tabl Cyfnodol ar dudalen 192 i'ch helpu i ateb y cwestiynau hyn.

(a) Yn nwy o golofnau Newlands, mae'r tair elfen gyntaf yr un fath â'r rhai mewn dau o'r Grwpiau yn y Tabl Cyfnodol modern.
Pa ddwy golofn, **a** i **e**, yw'r rhain? (1)

(b) (i) Mae un o grwpiau'r Tabl Cyfnodol modern heb ei gynnwys o gwbl yn Nhabl Newlands. Beth yw rhif y Grŵp hwnnw? (1)

(ii) Awgrymwch reswm pam nad yw'r grŵp hwn o elfennau wedi ei gynnwys yn Nhabl Newlands. (1)

(c) Rhowch **un** gwahaniaeth rhwng haearn, Fe, a'r elfennau eraill yng ngholofn **e** yn Nhabl Newlands. (1)

(ch) Rhowch enw'r bloc o elfennau yn y Tabl Cyfnodol modern sy'n cynnwys Cr, Ti, Mn ac Fe. (1)
(AQA 2000)

9 Dewiswch o'r rhestr hon y Grŵp y mae pob elfen yn perthyn iddo yn y Tabl Cyfnodol.
(Bydd tudalen 192 yn eich helpu i ateb y cwestiwn yma.)

Grŵp 1 Grŵp 2 Grŵp 3 Grŵp 4 Grŵp 5 Grŵp 6 Grŵp 7 Grŵp 0

(a) Nwy di-liw sy'n ailgynnau sblint sy'n mudlosgi.
Mae hwn yng Ngrŵp ...... (1)

(b) Nwy melyn/gwyrdd sy'n anfetel. Mae'n ffurfio ïonau â gwefr 1–.
Mae hwn yng Ngrŵp ...... (1)

(c) Nwy di-liw sy'n bodoli fel atomau unigol. Mae'n anadweithiol iawn.
Mae hwn yng Ngrŵp ...... (1)

(ch) Metel sy'n sgleiniog ar ôl cael ei dorri. Mae'n adweithio'n ffyrnig â dŵr oer. Mae'n ffurfio ïonau â gwefr 1+.
Mae hwn yng Ngrŵp ...... (1)

(d) Nwy di-liw sy'n llenwi 78% o gyfaint yr aer.
Mae hwn yng Ngrŵp ...... (1)

(dd) Mae gan atomau'r elfen hon 12 proton yn y niwclews.
Mae hon yng Ngrŵp ...... (1)
(AQA 1999)

10 (a) Defnyddiwch yr elfennau yn y blwch i gwblhau'r tabl.

alwminiwm	argon	clorin
hydrogen	lithiwm	magnesiwm
ocsigen	silicon	sylffwr

Ysgrifennwch enw'r elfen sy'n cyfateb orau i bob disgrifiad. Gallwch ddefnyddio pob elfen unwaith neu ddim o gwbl.

Disgrifiad	Enw'r elfen
Dyma elfen sy'n fetel â dwysedd isel sy'n adweithio'n gyflym â dŵr.	(i)
Dyma elfen sy'n nwy adweithiol sy'n gwneud cannydd wrth gael ei ychwanegu at ddŵr.	(ii)
Dyma elfen sy'n nwy anadweithiol sy'n cael ei ddefnyddio mewn bylbiau golau.	(iii)
Dyma elfen sy'n adweithio â chopr i ffurfio copr ocsid.	(iv)
Dyma elfen â'r symbol cemegol S.	(v)

(5)
(AQA SEG 1998)

1 1 Mae lithiwm yn fetel adweithiol iawn.

(a) Mae lithiwm yn adweithio â dŵr oer.

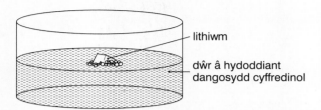

lithiwm

dŵr â hydoddiant dangosydd cyffredinol

(i) Pa un o briodweddau **ffisegol** lithiwm sydd i'w gweld yn ystod yr adwaith hwn? (1)

(ii) Pa un o briodweddau **cemegol** lithiwm y bydd y dangosydd cyffredinol yn ei ddangos? (1)

(b) Copïwch a chwblhewch y frawddeg trwy ysgrifennu'r rhifau coll.

Rhif atomig lithiwm yw 3, a'i rif màs yw 7.

Mae hyn yn golygu bod gan atom lithiwm ...... proton, ... electron a ...... niwtron. (3)

(AQA SEG 2000)

1 2 Mae'r diagram yn dangos rhai o'r elfennau yng Ngrwpiau 1 a 7 y Tabl Cyfnodol.

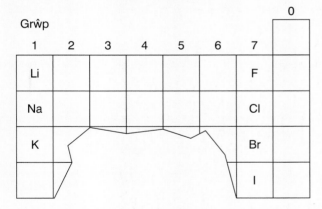

(a) Mae priodweddau cemegol yr elfennau yng Ngrŵp 1 yn debyg.

Disgrifiwch un adwaith cemegol sy'n dangos bod lithiwm, sodiwm a photasiwm yn adweithio mewn ffordd debyg.
Dywedwch beth y byddech yn eu hadweithio â nhw a pha sylweddau fyddai'n cael eu cynhyrchu.

- Beth y byddech yn eu hadweithio â nhw? (1)
- Pa sylweddau fyddai'n cael eu cynhyrchu? (2)

(b) Mae'r holl elfennau yng Ngrŵp 7 yn adweithio â hydrogen.

Mae fflworin yn adweithio yn y tywyllwch, yn ffrwydrol, ar dymereddau isel iawn.
Mae clorin yn adweithio'n ffrwydrol mewn heulwen, ar dymheredd ystafell.
Nid yw bromin ond yn adweithio mewn goleuni ar ôl cael ei wresogi i tua 200 °C.

Awgrymwch yr amodau sydd eu hangen i hydrogen ac ïodin adweithio.
Rhowch resymau dros eich ateb. (2)

(AQA 1999)

1 3 Mae clorin, bromin ac ïodin yn perthyn i Grŵp VII y Tabl Cyfnodol.

(a) Mae'r tabl isod yn dangos rhai o briodweddau elfennau Grŵp VII.
Llenwch y tabl trwy roi cyflwr cywir pob elfen ar dymheredd ystafell (20 °C).

Elfen	Ymdodd-bwynt (°C)	Berw-bwynt (°C)	Cyflwr (solid, hylif neu nwy)
bromin	−7	59	i) ....
clorin	−101	−35	ii) ....
ïodin	114	184	iii) ....

(3)

(b) Enwch **ddwy** briodwedd **ffisegol** sy'n gyffredin am **anweddau** yr elfennau yng Ngrŵp VII. (2)

(c) (i) Eglurwch, yn nhermau adeiledd electronol, pam mae priodweddau **cemegol** yr elfennau yng Ngrŵp VII yn debyg. (1)

(ii) Sut mae adweithedd yr elfennau yng Ngrŵp VII yn newid wrth fynd i lawr y grŵp o glorin i ïodin? (1)

(ch) Mae sodiwm yn llosgi'n ffyrnig mewn clorin i ffurfio sodiwm clorid.
Cwblhewch yr hafaliad symbolau ar gyfer yr adwaith, a'i wneud yn gytbwys.

...... Na + ... → ...... NaCl (2)

(d) Rhowch **un** enghraifft o ddefnyddio clorin ar raddfa fawr. (1)

(CBAC)

14 Nwy hydrogen oedd yn yr awyrlongau cyntaf. Heddiw maen nhw'n defnyddio nwy heliwm.

(a) Dyma rai symbolau cemegol:

Ar	Cl	H	He	O

Dewiswch y symbol cemegol ar gyfer:

i) hydrogen   ii) heliwm   (2)

(b) Ysgrifennwch un o'r priodweddau sy'n gwneud hydrogen a heliwm yn ddefnyddiol ar gyfer awyrlongau.

Priodweddau hydrogen a heliwm
di-liw
dwysedd isel
dim arogl

(1)

(c) Eglurwch pam mae heliwm yn cael ei ddefnyddio mewn awyrlongau erbyn hyn, a pham nad yw hydrogen yn cael ei ddefnyddio bellach.   (2)

(AQA SEG 2000)

15 Dewiswch o blith yr elfennau hyn i gwblhau'r tabl.

argon bromin hydrogen haearn sodiwm

(a)	metel alcalïaidd	(1)
(b)	nwy sy'n cael ei ddefnyddio mewn lampau ffilament (bylbiau golau)	(1)
(c)	elfen ag anwedd lliw	(1)

(AQA 1999)

16 Dyma ddiagram o fwlb golau.

(a) (i) Mae adeiledd atom argon yn cael ei ddangos isod. Defnyddiwch y geiriau yn y blwch i labelu'r gronynnau yn yr atom. Defnyddiwch bob gair **unwaith** yn unig.

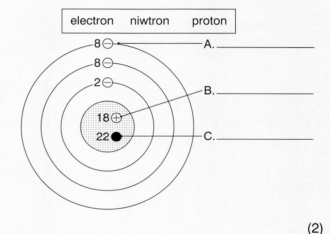

electron	niwtron	proton

(2)

   (ii) Mae argon yn anadweithiol. Pam?   (1)

(b) Ni fyddai ocsigen yn nwy addas i'w ddefnyddio mewn bwlb golau. Eglurwch pam.   (2)

(AQA SEG 2000)

17 (a) Disgrifiwch brawf cemegol ar gyfer clorin. Rhowch ganlyniad y prawf.   (2)

(b) Beth sy'n digwydd pan fydd nwy clorin yn cael ei ychwanegu at hydoddiant potasiwm ïodid?
Disgrifiwch beth y byddech yn ei weld a dywedwch pa sylweddau sy'n cael eu ffurfio.   (3)

(AQA 1999)

18 Dyma gwestiwn am fetelau ac anfetelau.

Defnyddiwch y Tabl Cyfnodol ar dudalen 192 i'ch helpu i ateb y cwestiynau yma.

(a) Ysgrifennwch enwau **dwy** elfen sy'n **fetelau**.

...... a ......   (1)

(b) Ysgrifennwch enwau **dwy** elfen sy'n **anfetelau**.

...... a ......   (1)

(c) Symbol yr elfen **seleniwm** yw Se.

Ym mhle mae seleniwm yn y Tabl Cyfnodol?

Pa fath o elfen yw seleniwm?   (1)

(ch) Ysgrifennwch am y **gwahaniaethau** rhwng priodweddau metelau ac anfetelau.

Ysgrifennwch am y priodweddau **ffisegol** a **chemegol**.   (4)

(d) Pan fydd copr (Cu) yn llosgi mewn ocsigen (O_2), mae copr ocsid (CuO) yn cael ei ffurfio.

Ysgrifennwch hafaliad symbolau cytbwys ar gyfer yr adwaith hwn.   (2)

(OCR Suffolk 1999)

19 Mae sodiwm (rhif atomig 11) a photasiwm (rhif atomig 19) yng Ngrŵp 1 y Tabl Cyfnodol oherwydd bod ganddyn nhw

(a) yr un nifer o electronau;

(b) yr un nifer o electronau yn eu plisg allanol;

(c) yr un nifer o niwtronau;

(ch) yr un nifer o brotonau.

(AQA SEG 2000)

20 Pa briodwedd sy'n lleihau wrth fynd i lawr Grŵp 7 y Tabl Cyfnodol?

(a) Rhif atomig;

(b) Berwbwynt;

(c) Ymdoddbwynt;

(ch) Adweithedd.

▶ **Halidau**

21 Mae'r diagram yn dangos electrolysis hydoddiant sodiwm clorid.

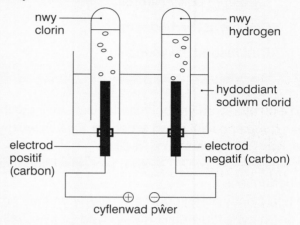

(a) Enwch y sylwedd sy'n cael ei adael yn yr hydoddiant ar y diwedd.   (1)

(b) Llenwch y tabl ar gyfer y ddau nwy sy'n cael eu cynhyrchu yn ystod electrolysis.

NWY	Y PRAWF AR GYFER NWY	SYLWEDDAU SY'N CAEL EU CYNHYRCHU O'R NWY
Hydrogen	llosgi â 'phop' gwichlyd	A. .... B. ....
Clorin	C.	1. cannydd 2. PVC

(3)

(AQA 1999)

22 Gallwn wneud ffilm ffotograffig trwy roi haen o arian clorid ar bapur.

Eglurwch beth sy'n digwydd i'r arian clorid pan fydd goleuni'n mynd ar y ffilm.   (2)

(AQA 2000)

Mae 20% o'r marciau yn yr arholiadau TGAU am waith cwrs.
Rhaid i'ch athrawon asesu eich sgiliau ymarferol.
Cewch farciau am waith mewn 4 o sgiliau:

C   **Cynllunio** dulliau arbrofi

G   Dod o hyd i **wybodaeth**

D   **Dadansoddi** gwybodaeth

GG   Gwerthuso gwybodaeth

Bydd eich athrawon yn rhoi marciau i chi trwy gymharu eich gwaith â rhestr o feini prawf arbennig. Cewch weld y meini prawf hyn yn yr adrannau sy'n dilyn.
Wrth wneud eich gwaith, ceisiwch roi sylw i bob maen prawf sy'n berthnasol.
Mae 2 farc am y maen prawf cyntaf. Wedyn mae'r marciau am bob un yn cynyddu wrth i'r gwaith fynd yn fwy cymhleth.

C Cynllunio

Dewis cyfarpar

Mae'n bwysig dewis y cyfarpar mwyaf addas.
Er enghraifft, os byddwch yn mesur 50 cm^3 o ddŵr, dylech ddefnyddio silindr mesur. Nid yw defnyddio bicer â marc 50 cm^3 arno yn syniad da. Pam?

Penderfynu sawl darlleniad y bydd ei angen

Bydd yn rhaid i chi feddwl faint o fesuriadau neu arsylwadau i'w gwneud yn eich arbrofion. Os ydych yn bwriadu dangos eich canlyniadau ar ffurf graff llinell, anelwch at gasglu 5 o fesuriadau gwahanol.
Os yw'r mesuriadau yn rhai anodd eu gwneud, dylech eu hailadrodd hefyd. Bydd cyfrifo cyfartaledd (cymedr) y mesuriadau yn eu gwneud yn fwy dibynadwy.

Diogelwch

Gwnewch yn siŵr fod eich arbrofion yn rhai diogel.
Rhaid i chi ddarganfod ymlaen llaw a yw'r cemegau rydych yn bwriadu eu defnyddio neu eu cynhyrchu yn rhai peryglus.
Bydd y symbolau ar dudalen 123 yn eich helpu.

Help! Allwch chi roi stop ar y swigod 'ma?

Mae sgiliau ymarferol yn bwysig!

Meini prawf ar gyfer sgìl C CYNLLUNIO'R GWAITH	
Mae'r disgyblion yn:	**Marciau a roddir**
● cynllunio dull syml ar gyfer casglu tystiolaeth	2
● cynllunio i gasglu tystiolaeth a fydd yn ateb y cwestiynau ● cynllunio i ddefnyddio cyfarpar addas neu ddulliau eraill o gasglu tystiolaeth	4
● defnyddio gwybodaeth wyddonol: – i gynllunio a chyflwyno eu dull – i nodi pa ffactorau allweddol sydd i gael eu hamrywio neu eu rheoli – i ragfynegi'r canlyniad os yw'n bosibl ● penderfynu ar nifer ac amrediad addas i'r darlleniadau (neu'r arsylwadau) sydd i'w casglu	6
● defnyddio gwybodaeth wyddonol fanwl: – i gynllunio a chyflwyno eu strategaeth (y cynllun sydd wedi ei ddewis) – i anelu at gael tystiolaeth fanwl a dibynadwy – i gyfiawnhau'r rhagfynegiad, os oedd un ● defnyddio gwybodaeth o ffynonellau eraill, neu o waith rhagarweiniol, yn eu cynllun	8

G Dod o hyd i **wybodaeth**

Mesur ac arsylwi yn fanwl gywir

Mae'n bwysig bod yn fanwl gywir, a gwirio pob canlyniad yn ofalus.

Dyma rai camgymeriadau cyffredin:
- peidio â sicrhau bod eich clorian ar sero cyn mesur màs,
- colli powdr cyn, yn ystod neu ar ôl darganfod ei fàs,
- peidio â darllen **gwaelod** y menisgws (y llinell grom) wrth fesur cyfaint hylif.

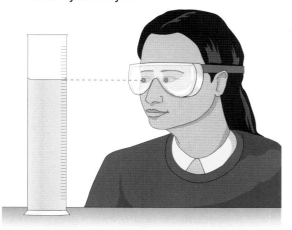

Dylech ystyried a fyddai defnyddio **peiriant cofnodi data** yn gwella ansawdd y dystiolaeth yr ydych yn ei chasglu.

Os yw un o'ch canlyniadau yn ymddangos yn anarferol, cofiwch ei ailadrodd. Os gwelwch mai camgymeriad oedd hwn, ni fydd rhaid i chi ei gynnwys yn eich canlyniadau terfynol.

(Ond cofiwch sôn amdano pan fyddwch yn gwerthuso eich gwaith!)

Cofnodi eich canlyniadau

Byddwch yn aml yn cofnodi eich canlyniadau mewn tabl.
Yng ngholofn gyntaf y tabl dylech roi'r hyn oedd yn cael ei newid (y newidyn annibynnol) yn eich arbrawf.
Yn yr ail golofn dylech roi'r hyn oedd yn cael ei fesur neu ei wylio'n newid (y newidyn dibynnol).
Edrychwch ar yr enghreifftiau hyn:

Metel	Amser i orffen adweithio (s)
sinc	220
magnesiwm	55
calsiwm	30
haearn	350

↑ *Rydych chi'n newid y metel bob tro.* ↑ *Rydych chi'n mesur beth oedd hyd yr adwaith.*

Crynodiad yr asid (M)	Cyfaint y nwy sy'n cael ei ryddhau (cm^3)
0.0	0
0.2	25
0.4	47
0.6	77
0.8	95

↑ *Rydych chi'n newid crynodiad yr asid bob tro.* ↑ *Rydych chi'n mesur faint o nwy sy'n cael ei ryddhau.*

Meini prawf ar gyfer sgìl G DOD O HYD I WYBODAETH	
Mae'r disgyblion yn:	**Marciau a roddir**
● defnyddio cyfarpar syml yn ddiogel i gasglu canlyniadau	2
● casglu digon o arsylwadau neu fesuriadau i ateb y cwestiynau ● cofnodi'r canlyniadau	4

● arsylwi neu fesur
  – gan gasglu digon o ddarlleniadau
  – yn fanwl gywir
  – gan wirio ac ailadrodd os bydd angen
● cofnodi'r canlyniadau yn eglur ac yn fanwl gywir
	6

● gwneud y gwaith ymarferol
  – yn fanwl gywir ac yn fedrus
  – er mwyn casglu a chofnodi tystiolaeth ddibynadwy
  – gan gasglu nifer ac amrediad da o ddarlleniadau
	8

213

D   Dadansoddi gwybodaeth

Llunio graffiau a siartiau bar

Wedi i chi gofnodi eich canlyniadau ar ffurf tabl,
bydd llunio graff yn dangos unrhyw batrymau i chi.

Mae'r dewis rhwng siart bar a graff llinell
yn dibynnu ar yr ymchwiliad dan sylw.
Dyma ffordd gyflym o benderfynu pa un i'w lunio:

> Os yw'r hyn rydych yn ei newid (y newidyn) yn cael ei ddisgrifio
> mewn geiriau, yna lluniwch **siart bar**.
> Os yw'r hyn rydych yn ei newid (y newidyn) yn cael ei fesur, yna
> lluniwch **graff llinell**.

Gadewch i ni edrych ar y canlyniadau o'r tablau ar y dudalen flaenorol:

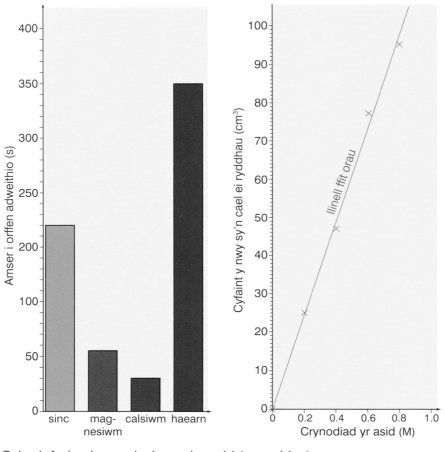

Sylwch fod yr hyn rydych yn ei newid (y newidyn)
bob amser yn cael ei osod ar hyd gwaelod eich graff.
Mae'r hyn rydych yn ei fesur (y newidyn) yn cael ei osod i fyny'r ochr.

Wedyn gallwch weld a oes yna gysylltiad rhwng y ddau newidyn.
Er enghraifft, edrychwch ar y graff llinell – y mwyaf yw crynodiad yr asid,
y mwyaf o nwy sy'n cael ei ryddhau.

Yna ceisiwch egluro unrhyw batrymau a welwch yn eich graffiau gan
ddefnyddio'r syniadau rydych wedi eu dysgu yn eich gwersi gwyddoniaeth.
Os gwnaethoch ragfynegi unrhyw beth, cyfeiriwch yn ôl ato yn eich casgliad.

Meini prawf ar gyfer sgìl D DADANSODDI GWYBODAETH	
Mae'r disgyblion yn:	**Marciau a roddir**
• nodi'n syml beth a gafodd ei ddarganfod	2
• egluro'r dystiolaeth trwy ddefnyddio'r canlyniadau sy'n cael eu dangos gan ddiagramau syml, siartiau neu graffiau • sylwi ar unrhyw dueddiadau a phatrymau sydd yn y canlyniadau	4
• defnyddio eu canlyniadau i lunio diagramau, siartiau, graffiau (â llinell ffit orau) neu i gyfrifo atebion • dod i gasgliad sy'n cytuno â'u tystiolaeth, a'i egluro gan ddefnyddio eu gwybodaeth wyddonol	6
• defnyddio gwybodaeth wyddonol fanwl er mwyn egluro casgliad dilys (a gafodd ei wneud trwy ddadansoddi'r dystiolaeth) • egluro i ba raddau y mae'r canlyniadau yn cytuno neu'n anghytuno ag unrhyw ragfynegiad a gafodd ei wneud cyn dechrau	8

GG Gwerthuso gwybodaeth

Ar ôl i chi ddod i'ch casgliadau, dylech ystyried pa mor dda y gwnaethoch chi'r ymchwiliad.

Gofynnwch y cwestiynau hyn er mwyn gweld a allech chi fod wedi gwella eich ymchwiliad:

- A oedd fy nghanlyniadau yn fanwl gywir?

- A oedd rhai yn ymddangos yn 'rhyfedd' o'u cymharu â'r lleill? Yr enw ar y rhain yw canlyniadau **afreolaidd**.

- A ddylwn i fod wedi ail-wneud rhai arbrofion er mwyn cael canlyniadau mwy dibynadwy?
  A ddylwn i wella'r dull a ddefnyddiais?

- Wrth gasglu canlyniadau, a oedd fy newis o amrediad gwerthoedd yn addas?

  Er enghraifft:
  petaech chi am weld sut y mae tymheredd yn effeithio ar rywbeth, fyddai dewis gwneud yr arbrofion ar 20 °C, 21 °C a 22 °C ddim yn rhoi amrediad da i chi!

- Os oes patrwm i'w weld yn fy nghanlyniadau, ai ar gyfer yr amrediad gwerthoedd a ddewisais i yn unig y mae'r patrwm yn bodoli?
  A fyddai'r patrwm yn parhau y tu hwnt i'r amrediad hwn?

- A fyddai'n werth i chi wirio eich graff trwy gasglu darlleniadau *rhwng* pwyntiau?

  Er enghraifft:
  os gwelwch chi fod yna newid sydyn rhwng dau bwynt, pam na wnewch chi arbrawf arall er mwyn cael pwynt hanner ffordd rhyngddyn nhw? Byddai hyn yn gwirio siâp eich llinell.

- Sut y byddai'n rhaid i mi newid fy ymchwiliad er mwyn cael atebion ar gyfer y cwestiynau uchod?

Meini prawf ar gyfer sgìl GG GWERTHUSO GWYBODAETH	
Mae'r disgyblion yn:	**Marciau a roddir**
● gwneud sylwadau perthnasol ynglŷn â'r dull a gafodd ei ddefnyddio neu'r canlyniadau a gafodd eu casglu	2
● trafod pa mor fanwl gywir yw'r canlyniadau, gan dynnu sylw at unrhyw ganlyniadau afreolaidd ● trafod a oedd y dull yn un da, ac yn awgrymu sut i'w newid er mwyn ei wella	4
● edrych ar y dystiolaeth ac yn: – trafod pa mor ddibynadwy yw hi, – egluro unrhyw ganlyniadau afreolaidd, – egluro a oes digon o dystiolaeth wedi ei chasglu i gefnogi casgliad pendant ● disgrifio, yn fanwl, waith pellach a fyddai'n rhoi rhagor o dystiolaeth i gefnogi'r casgliad	6

Dyfal donc ...

Wrth astudio gwyddoniaeth, bydd angen i chi ddefnyddio rhai sgiliau cyffredinol. Mae'r sgiliau dysgu cyffredinol hyn yn bwysig iawn, pa bynciau bynnag y byddwch chi'n eu hastudio a pha swydd bynnag y byddwch chi'n ei gwneud yn y pen draw.

Gan fod y Llywodraeth yn cydnabod pa mor bwysig yw'r sgiliau hyn, mae cymhwyster penodol wedi cael ei gyflwyno. Enw hwn yw'r **Cymhwyster Sgiliau Allweddol**. Mae yna chwech o sgiliau allweddol:

- **Cyfathrebu**
- **Cymhwyso rhif**
- **Technoleg gwybodaeth (TG)**
- **Gweithio gydag eraill**
- **Datrys problemau**
- **Gwella eich dysgu a'ch perfformiad eich hun**

Cewch weld beth y mae'n rhaid i chi ei wneud er mwyn bod yn llwyddiannus ar Lefel Un os darllenwch yr adrannau nesaf.

Cyfathrebu

Yn y sgìl allweddol hon bydd disgwyl i chi allu:

- **Cynnal trafodaethau**
- **Rhoi cyflwyniad**
- **Darllen a chrynhoi gwybodaeth**
- **Ysgrifennu dogfennau**

Byddwch yn gwneud hyn wrth weithio trwy eich cwrs a bydd cynhyrchu eich gwaith cwrs yn help.

Edrychwch ar y meini prawf hyn ar gyfer cyfathrebu:

Bydd y disgyblion yn ...
Cymryd rhan mewn trafodaethau.
Darllen a chasglu gwybodaeth.
Ysgrifennu gwahanol fathau o ddogfennau.

Cymhwyso rhif

Yn y sgìl allweddol hon bydd disgwyl i chi allu:

- **Casglu gwybodaeth a'i dehongli**
- **Gwneud gwaith cyfrifo syml**
- **Dehongli a chyflwyno canlyniadau eich gwaith cyfrifo**

Bydd y disgyblion yn ...
Dehongli gwybodaeth syml o ffynonellau gwahanol.
Gwneud gwaith cyfrifo syml.
Dehongli canlyniadau a chyflwyno eu casgliadau.

Technoleg gwybodaeth

Yn y sgìl allweddol hon bydd disgwyl i chi allu:

- **Defnyddio'r rhyngrwyd a CD-ROMau i gasglu gwybodaeth**
- **Defnyddio TG i gynhyrchu dogfennau yn effeithiol**

Bydd y disgyblion yn ...
Darganfod, archwilio a datblygu gwybodaeth.
Cyflwyno gwybodaeth, yn cynnwys testun, rhifau a delweddau.

▶▶▶ Adolygu a sefyll eich arholiadau

Erbyn i chi gyrraedd ystafell eich arholiad Gwyddoniaeth, bydd marciau eich gwaith cwrs eisoes wedi eu sicrhau.
Os ydych chi'n astudio Gwyddoniaeth Fodylol, byddwch hefyd wedi cael marciau eich profion. Ond, er hynny, yr arholiad terfynol yw rhan fwyaf eich TGAU.
Felly mae'n bwysig eich bod yn paratoi'n drylwyr ac yn teimlo'n barod ar y diwrnod.

Cynlluniwch eich adolygu yn ystod yr wythnosau sy'n arwain at yr arholiadau. Peidiwch â gadael pethau'n rhy hwyr!

Mae'r cwestiwn cyntaf ar ddiwedd pob pennod yn y llyfr hwn yn ffordd dda o adolygu'r Crynodebau. Mae'r rhain yn cynnwys y nodiadau hanfodol y bydd arnoch eu hangen.
Yna rhowch gynnig ar y cwestiynau sy'n perthyn i'r un bennod yn yr adran papurau arholiad (ar y tudalennau lliw). Os cewch chi drafferth, gofynnwch i ffrind neu un o'ch athrawon am help.

Nid yw eistedd yn llonydd (yn enwedig o flaen y teledu!) yn darllen nodiadau ysgol yn ddigon ar gyfer y rhan fwyaf o bobl. Mae ymarfer eich gwybodaeth a rhoi profion i'ch hunan wrth adolygu yn ffordd well o wneud pethau.
Peidiwch â cheisio adolygu am oriau heb gael egwyl.
Gweithiwch am 25 munud, yna gorffwyswch am 10 munud.
Mae hyn yn well na cheisio adolygu'n ddi-dor.

Felly dyma ni ar ddiwrnod yr arholiad, a chithau wedi gorffen eich gwaith adolygu (o leiaf, mae hi bellach yn rhy hwyr i boeni am hynny!).
Beth fydd ei angen arnoch chi? Cofiwch ddod â'r rhain:

- Dau bin ysgrifennu (rhag ofn i'r inc ddarfod yn un ohonyn nhw!).
- Pensil ar gyfer llunio diagramau.
- Rhwbiwr a phren mesur.
- Oriawr er mwyn rhannu eich amser yn ystod yr arholiad.
  (Gallai fod yn anodd i chi weld y cloc yn yr ystafell arholiad.)
- Cyfrifiannell (â batri da ynddo).

Byddwch yn teimlo'n well os byddwch yn gwybod yn union beth i'w ddisgwyl. Felly casglwch gymaint â phosibl o wybodaeth am eich papurau arholiad ymlaen llaw.
Gallwch ddefnyddio tabl fel hwn:

Penderfynwch beth yw'r ffordd orau i chi *ddysgu!*

Dyddiad, amser ac ystafell	Pwnc, rhif y papur a pha haen	Hyd	Mathau o gwestiynau: – strwythuredig? – atebion un gair? – atebion hirach? – traethodau?	Sawl adran?	Unrhyw ddewisiadau	Tua faint o amser i bob tudalen
4 Mehefin 9.30 Y Neuadd	Gwyddoniaeth (Ddwyradd) Papur 2 (Cemeg) Haen Sylfaenol	$1\frac{1}{2}$ awr	Cwestiynau strwythuredig (ag atebion un gair ac atebion hirach)	1	dim dewis	4–6 munud

Yn yr arholiad

Cofiwch ddarllen y manylion sydd ar glawr blaen y papur arholiad yn ofalus iawn.

Edrychwch ar yr enghraifft gyferbyn.

Ym mha ffyrdd y mae eich papur arholiad chi yn wahanol i hwn?

Dyma rai awgrymiadau ar sut i ateb cwestiynau yn yr arholiad:

Ateb cwestiynau 'strwythuredig':

- Darllenwch yr wybodaeth ar ddechrau pob cwestiwn yn ofalus. Gwnewch yn siŵr eich bod yn deall beth yw ystyr y cwestiwn, a beth y mae disgwyl i chi ei wneud.

- Defnyddiwch eich oriawr i rannu eich amser yn addas fel nad ydych yn brin o amser ar y diwedd. Os bydd gennych chi amser dros ben, defnyddiwch hwnnw'n ddoeth.

- *Pa mor fanwl y bydd disgwyl i chi fod?*
  Mae'r cwestiwn yn rhoi cliwiau i chi:
  – Rhowch atebion byr i gwestiynau sy'n cychwyn fel hyn: '**Nodwch** . . .' neu '**Rhestrwch** . . .' neu '**Enwch** . . .'.
  – Rhowch atebion hirach pan welwch chi '**Eglurwch** . . .' neu '**Disgrifiwch** . . .' neu '**Pam** . . .?'.

- Peidiwch ag egluro unrhyw beth os yr unig reswm dros roi'r eglurhad yw eich bod yn gwybod sut i wneud hynny! Cewch farciau am roi yr union ateb y mae'r cwestiwn yn gofyn amdano, a dim rhagor.

- Edrychwch i weld faint o farciau sy'n cael eu rhoi am bob rhan o'r cwestiwn. Fel arfer, bydd hyn mewn cromfachau, e.e. [2]. Mae hyn yn rhoi gwybod i chi faint o farciau y gallai'r arholwr eu rhoi i chi am eich ateb.

- Hefyd mae nifer y llinellau gwag sydd wedi eu cynnwys ar gyfer yr ateb yn rhoi syniad o faint y mae disgwyl i chi ei ysgrifennu.

- Wrth i chi gyfrifo unrhyw ateb, dangoswch y camau bob tro. Os gwnewch chi hyn, cewch farciau am y ffordd y byddwch chi wedi ceisio datrys y broblem, hyd yn oed os bydd eich ateb terfynol yn anghywir.

- Ceisiwch ysgrifennu rhywbeth ar gyfer pob rhan o bob cwestiwn.

- Dilynwch y cyfarwyddiadau sy'n cael eu rhoi yn y cwestiwn. Os bydd yn gofyn am un ateb, yna rhowch un ateb yn unig. Weithiau fe gewch chi restr o atebion posibl gan ofyn i chi ddewis nifer penodol o'u plith. Os rhowch chi fwy na'r nifer hwnnw o atebion, bydd unrhyw atebion anghywir yn canslo'r atebion cywir!

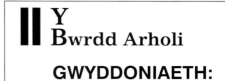

Y Bwrdd Arholi

GWYDDONIAETH:

CEMEG
Haen Sylfaenol

4 Mehefin 9.30 a.m.

Amser: 1 awr 30 munud

Atebwch **BOB** cwestiwn.

Wrth gyfrifo, dangoswch yn eglur sut y cawsoch eich ateb.

Cewch ddefnyddio cyfrifiannell.

Dangosir sawl marc sydd am bob rhan o gwestiwn ar ymyl dde'r tudalennau.

Ym mha ffyrdd y mae eich papur arholiad chi yn wahanol i hwn?

Adnoddau anadnewyddadwy Ffynonellau egni na allwn eu hadnewyddu unwaith y maen nhw wedi cael eu defnyddio, e.e. tanwyddau ffosil.

Adwaith Newid cemegol sy'n ffurfio un neu ragor o sylweddau newydd.
adweithyddion → cynhyrchion

Adweithydd Sylwedd sy'n adweithio ag un arall mewn adwaith cemegol.

Alcali Bas sy'n hydoddi mewn dŵr. Mae rhif pH hydoddiant alcali yn fwy na 7. Yn gemegol, dyma'r gwrthwyneb i asid.

Asid Pan fydd wedi ei hydoddi mewn dŵr, mae rhif pH hydoddiant asid yn llai na 7. Yn gemegol, dyma'r gwrthwyneb i alcali.

Atom Y gronynnau sy'n gwneud elfennau. Mae pob atom yn cynnwys protonau, electronau a niwtronau.

Bas Ocsid, hydrocsid neu garbonad metel. Os yw bas yn hydoddi mewn dŵr, caiff ei alw'n *alcali*.

Catalydd Sylwedd sy'n cyflymu adwaith heb ei fod wedi'i newid yn gemegol ar ddiwedd yr adwaith.

Craig igneaidd Craig sy'n ymffurfio wrth i graig dawdd oeri a ffurfio grisialau.

Craig waddod Craig sy'n cael ei ffurfio pan fydd defnyddiau yn setlo (gwaddodi) mewn dŵr, gan ffurfio haen ar ôl haen.

Cyfansoddiad Y math o elfennau a faint o bob elfen sydd mewn cyfansoddyn.

Cyfansoddyn Sylwedd sy'n cael ei wneud wrth i ddau neu ragor o wahanol fathau o atomau fondio â'i gilydd yn gemegol.

Cyflyrau mater Y tri chyflwr mater yw solid, hylif a nwy.

Cyfnod Yr holl elfennau ar draws un rhes yn y Tabl Cyfnodol.

Cyfres adweithedd Rhestr o fetelau yn nhrefn eu hadweithedd. Mae'r metel mwyaf adweithiol yn cael ei roi ar ben y rhestr.

Cynhesu byd-eang Nwyon 'tŷ gwydr' yn ymgasglu, gan achosi i dymheredd cyfartalog y Ddaear godi.

Cynnyrch Sylwedd sy'n cael ei wneud mewn adwaith cemegol.

Dadelfeniad thermol Sylwedd yn cael ei ddadelfennu gan wres.

Dadleoli Pan fydd un elfen yn cymryd lle elfen arall mewn cyfansoddyn. Er enghraifft,
magnesiwm + copr sylffad →
magnesiwm sylffad + copr

Ecsothermig Adwaith sy'n *rhyddhau* egni gwres i'r amgylchedd.

Electron Gronyn bychan â gwefr negatif mewn orbit o amgylch niwclews atom mewn plisg (neu lefelau egni).

Elfen Sylwedd sy'n cynnwys un math o atom yn unig.

Endothermig Adwaith sy'n cymryd egni gwres *i mewn* o'r amgylchedd.

Ensymau Cataلyddion biolegol sy'n cyflymu adweithiau mewn planhigion ac anifeiliaid.

Eplesiad Yr adwaith pan fydd siwgr (glwcos) yn cael ei droi'n alcohol (ethanol) a nwy carbon deuocsid.

Erydiad Creigiau yn cael eu treulio gan ddarnau eraill o graig yn symud drostyn nhw.

Grŵp Yr holl elfennau mewn colofn yn y Tabl Cyfnodol.

Hafaliad Ffordd gyflym o ddangos y newidiadau sy'n digwydd mewn adwaith cemegol.
e.e. hydrogen + ocsigen → dŵr (hafaliad geiriau)
$2H_2 + O_2 \rightarrow 2H_2O$ (hafaliad cytbwys)

Hylosgiad Adwaith ble mae sylwedd yn llosgi mewn ocsigen (neu aer).

Ïon Gronyn wedi'i wefru (sy'n cael ei ffurfio wrth i atomau golli neu ennill electronau).

Lafa Craig dawdd sy'n cael ei bwrw allan o losgfynydd sy'n echdorri.

Magma Craig dawdd o dan arwyneb y Ddaear.

Moleciwl Grŵp o atomau wedi eu bondio'n gemegol.

Newid cemegol Newid (adwaith) ble mae un neu ragor o sylweddau newydd yn cael eu gwneud, e.e. pren yn llosgi.

Newid ffisegol Newid ble nad oes sylwedd newydd yn cael ei ffurfio, e.e. iâ yn ymdoddi.

Niwclews Canol atom, sy'n cynnwys y protonau a'r niwtronau.

Niwtral Hydoddiant neu hylif nad yw'n asidig nac yn alcalïaidd ac sydd â gwerth pH 7. (Hefyd, mae'n golygu 'ddim yn cludo gwefr drydanol'.)

Niwtralu Adwaith cemegol asid â bas (alcali), ble maent yn canslo ei gilydd.

Niwtron Gronyn dwys, niwtral yng nghanol (niwclews) yr atom.

Ocsidio Adwaith ble mae ocsigen yn cael ei ychwanegu at sylwedd.

Proton Gronyn dwys, â gwefr bositif, sydd y tu mewn i niwclews atom.

Rhif pH Rhif sy'n dangos pa mor gryf yw asid neu alcali.
Mae gwerthoedd pH asidau o dan 7; mae pH 7 yn hydoddiant niwtral; mae gwerthoedd pH alcalïau yn fwy na 7.

Rhydwytho Adwaith ble mae sylwedd yn colli ocsigen.

Tabl Cyfnodol Tabl sy'n dangos yr elfennau cemegol yn nhrefn eu rhifau atomig.

Tanwydd ffosil Tanwydd sydd wedi ei wneud o blanhigion neu anifeiliaid a fu farw filiynau o flynyddoedd yn ôl, e.e. glo, olew, nwy naturiol.

Hoffwn ddiolch i'r unigolion canlynol am eu cymorth a'u cefnogaeth tra oeddwn i'n ysgrifennu'r llyfr hwn.

Sarah Coulson, Michael Cotter, Beth Hutchins, Derek McMonagle, Stewart Miller, Nick Paul, Claire Penfold, Mark Pinsent, Simon Read, Judy Ryan a Susannah Wills.

Cydnabyddir caniatâd y Byrddau Arholi canlynol i ailargraffu cwestiynau o hen bapurau arholiad:

AQA	Y Cynghrair Asesu a Chymwysterau
AQA (SEG)	Y Cynghrair Asesu a Chymwysterau (SEG)
CBAC	Cyd-bwyllgor Addysg Cymru
EDEXCEL	London Qualifications Ltd yn masnachu fel **Edexcel**
OCR	Bwrdd Arholiadau Rhydychen, Caergrawnt ac RSA

Noder nad yw cwestiynau AQA yn dod o arholiadau 'byw' y fanyleb gyfredol. Cyflwynwyd manyleb newydd yn 2003.

Cydnabyddiaethau lluniau

Advertising Archive: 6g; **Jon Arnold Images** (www.jonarnold.com): 17; **Art Directors & Trip**: 12, 14t, 20g, 21t a g, 22, 29t a c, 34, 37t, 52, 55g, 56c, 70g, 129, 147g, 167, 180, 196; **Biopol**: 92g; **J Allen Cash Photolibrary**: 140; **Martyn Chillmaid**: 21t a g, 23, 55t, 58t, 78tcd, gd a gcch, 86t, 90, 132, 156; **Bruce Coleman Collection**/K Burchett: 78gch, /CM Pampaloni: 56t; **Collections**: 26gc, 35t, 73ch, /A Sieneking: 78gcd, 87; **Corbis UK Ltd**: 31d, 88g, 101g, 151, /Sygma: 10d, 73t; **James Davis Travel Photography**: 39; **Ecoscene**: 73d, 92t, 99, 153, /Papilio/Robert Pickett: 68; **Empics**: 31tch; **Mary Evans Picture Library**: 154t a g, 168; **Eye Ubiquitous**: 20t, 42c, 46g, 74, 136; **GeoScience Features Picture Library**: 26t, cch a gch, 101t, ct a cg, 102g, 104tch, td a gd; **Getty**/Food Pix: 14g, /Image Bank: 10t, 69, 72g, /Barros & Barros: 58g, /A van der Varen: 88t, /Stone: 31gch, 80, 89, 101, /M Brooke: 59d, /A Husmo: 76g, /C Keeler: 78cd, /H Staartjes: 82, /P Tweedie: 78td, /K Wood: 78tcch; **Growbag**/Simon Roberts: 121ch a d; **Hulton Getty**: 8g; **ICI**: 200g; **Image State**: 36, 46t, 59ch, 139, 152, 186, 197ch; **Impact Photos**: 35g, 201; **Frank Lane Picture Agency**: 78tch; **Jeff Moore** (jeff@jmal.co.uk): 8t, 13, 14c, 26gd, 56g, 70t, 128, 149t a g; **PA News Photos**: 175; **Panos Pictures**: 42g; **Photos for Books** (info@photosforbooks.com): 18, 26cd, 37g, 42t, 50g, 51, 54, 72t, 141ch, 197t, 202, 204t; **Pictor International**: 45, 96, 138; **Popperfoto**: 113g; **Railways-Milepost 92½**: 29 y ddau; **Rex Features**: 86g, 141d, 184; **Lawrie Ryan**: 44; **Science Photo Library**: 6t, 9, 10c, 26c, 27, 30, 32, 50t, 67, 76t, 92c, 100, 103g, 108, 109, 113t, 114, 174, 200t, 204g; /Lawrence Livermore National Laboratory: 191, /W & D McIntyre: 197d; **Spectrum Colour Library**: 102; **Stock Boston**/Tom Wurl: 147t; **University of Pennsylvania Library**/Edgar Fahs Smith Collection: 190; **Tony Waltham Geophotos**: 103t, 115; **Wellcome Trust Medical Photographic Library**: 75.

Ymdrechwyd yn ddyfal i gysylltu â phob deiliad hawlfraint, ac mae'r cyhoeddwyr yn ymddiheuro am unrhyw ddiffygion; byddant yn falch o'u cywiro pan ddaw'r cyfle cyntaf.

Sicrhawyd y caniatâd i gynnwys yr holl ddeunydd uchod yn addasiad Cymraeg y llyfr gan Zooid Pictures Ltd.

Rwy'n ddiolchgar iawn i Hannah Sherry, Peter Williams a'r Adran Gemeg yn Ysgol Benenden am eu cymorth i gynhyrchu rhai ffotograffau.